DAVID

Clara

Dominik

ALLES IST MÖGLICH

DER WEG ZUR MIR SELBST

ILSE KOPATZ

ALLES IST MÖGLICH

DER WEG ZU MIR SELBST

Ein juristisch notwendiger Hinweis:
Dieses Buch informiert über die Entdeckung von Selbstheilungsprozessen. Die dargestellten Zusammenhänge zwischen Lebenshaltungen und Krankheit bzw. Heilung dienen der Selbsterkenntnis und Erweiterung des Bewusstseins. Sie können jedoch weder eine korrekte medizinische Diagnose noch eine entsprechende Behandlung ersetzen, für die im Bedarfsfall eine qualifizierte Fachperson aufgesucht werden muss. Die Autorin übernimmt keine Haftung für Schäden jeglicher Art, die durch die Nutzung der Buchinhalte und die Missachtung dieses Hinweises entstehen sollten.

Druckhaus Schiner KREMS www.schiner.at

HERSTELLUNG: DRUCKHAUS SCHINER, KREMS. UW 714. GEDRUCKT NACH DEN RICHTLINIEN DES ÖSTERREICHISCHEN UMWELTZEICHENS „SCHADSTOFFARME DRUCKERZEUGNISSE“

ClimatePartner
klimaneutral gedruckt
Die CO_2-Emissionen dieses Produkts wurden durch CO_2-Emissionszertifikate ausgeglichen.
Zertifikatsnummer: 945-10086-0910-1005
www.climatepartner.com

FSC www.fsc.org
MIX
Aus verantwortungsvollen Quellen
FSC® C100690

ISBN 978-3-200-01959-1

Lektorat: Mag. Cornelia Sommer-Hubatschke
Coverfoto: Björn Goldhausen
Covergestaltung: heindldesign
Illustratorin: Mag. Sabine Sommer

Gesamtherstellung: Druckhaus Schiner GmbH, Krems/Austria

Dieses Buch habe ich für DICH geschrieben!

<u>Und ich widme es:</u>

Meinen Eltern, die mich meinen Weg gehen lassen.

Maria, Eva, Sabine und Ferdinand, meinen Geschwistern, die mich immer unterstützen.

Und vor allem
Rupi, meinem Liebling, danke, dass du mich auf meinem Weg so liebevoll begleitest.

INHALT

VORWORT

Danke Ilse!

In diesem Buch schenkst Du uns schrittweise ein Mitlernen - Mitwachsen in die Erkenntnis hinein: „Heilung geschieht im Annehmen dessen „was ist" - im „Sich-auf-den-Weg-Machen".
Nur allzu leicht zerbricht unsere Lebensideologie, und wir finden uns in unausweichlichen Nöten wieder: ob wir nun im Rollstuhl sitzen, mit der Diagnose Krebs hadern, das „Älterwerden" nicht akzeptieren können oder Hab und Gut verloren haben.
In allem begegnet uns das sich ewig wiederholende „Schauspiel des Lebens", sich nach Wandlung sehnend, in einer wertfreien Betrachtungsweise endlich gesehen und angenommen zu sein.
Dafür habe ich in diesem Buch gute Anregungen gefunden.
Diese Zeilen beinhalten einen verborgenen Schatz, wie wir in uns Wandlungs-Impulse für den Umgang mit Schmerzen hören und leben lernen.
Du motivierst zum Offensein für neue Wege - ein Entdecken der in jedem Menschen angelegten Schöpfungskraft - ein sich Erinnern - wir sind nicht nur unser Körper, unser Name, unser Titel, ...- solchem Prestige-Denken schenken wir allzu oft unsere gesamte „Ego Aufmerksamkeit".
Deine Worte rufen Vergessenes wach: Das „Verbunden-Sein" mit dem wahren Schöpfungswesen in uns schenkt uns die Liebe zum Leben, mit all seinen Erfahrungen.
Diese Liebe, Freude und Dankbarkeit führt zur Heilung von Seele, Geist und Körper – zum Heil-Sein im göttlichen Willen.

Danke für Deine Herzensimpulse.

„Alles ist möglich - Ein Weg zu **uns** selbst".

Elke Alvarado-Puggl

EINLEITUNG

Ich habe mich dazu entschlossen, meiner inneren Stimme zu folgen, die mir zugeflüstert hat, dass es an der Zeit ist, alle meine Erfahrungen, die ich in den letzten 6 Jahren in meinem Leben zugelassen habe, mit dir zu teilen.

Ich spreche dich ganz bewusst und absichtlich mit „du" an, weil ich der Meinung bin, dass das „du" dem Herzen näher liegt. Und da dieses Buch eine Herzensangelegenheit meinerseits ist, habe ich mir die Freiheit herausgenommen, dich mit „du" anzusprechen.

Ich habe, bis zu einem ganz bestimmten Tag in meinem Leben, ein gutes und normales Leben geführt.
Dieser Tag - dieser kurze Moment - hat alles in meinem Leben durcheinander gewirbelt.
Aus heutiger Sicht darf ich dir mitteilen, dass **dieses Ereignis das größte Geschenk in meinem Leben war.**
Ich bitte dich jetzt darum, dass dir während der ganzen Lektüre der letzte Satz immer in Erinnerung bleibt, denn nur aus dieser Sichtweise heraus, wirst du all das richtig verstehen, das ich dir in diesem Buch vermitteln möchte.
Ich habe durch dieses Ereignis sehr viele Geschenke in meinem Leben - meistens in Form menschlicher Hilfestellungen - erfahren dürfen, die ich dir zusammengefasst als ein kleines Dankeschön in Form dieses Buches präsentieren darf.

Anfangs habe ich Hilfe im Außen gesucht, und wie du in den folgenden Kapiteln nachlesen kannst, auch gefunden, bis ich dann nach und nach dazu geführt worden bin, dass dieses Ereignis eigentlich nur den einen Grund hatte:

Wieder zu mir selbst zu finden!

Ich kann dir jetzt schon so viel verraten, dass dieser Weg der Selbstfindung sehr, sehr spannend und aufschlussreich für mich gewesen ist und weiterhin bleiben wird.
Ich bin zu immensem Wissen gekommen, das so viele Aha - Momente nach sich gezogen hat, für die ich unendlich dankbar bin.
Ich habe gelernt, warum ich mir ein Leben auf dieser Erde ausgesucht habe, und welche Rolle ich dabei spiele.
Ich habe bestimmte Erfahrungen machen dürfen, von denen ich dir zwar berichte, deren Schönheit und Einzigartigkeit aber kaum mit Worten beschreibbar sind.
Mir wurde für diese spezielle Herausforderung ein liebevoller Partner zur Seite gestellt, Rupi (wir waren vor diesem speziellen Ereignis, das mein und somit unser Leben komplett auf den Kopf gestellt hat, bereits 3 Jahre ein Paar), der all die beschriebenen Erfahrungen mit mir teilte, weil er fast immer persönlich bei den Therapien anwesend war und zum Großteil dieselben Therapien an sich selbst machen ließ.
Und aufgrund meiner intensiven Beschäftigung mit mir selbst wurden mir mit der Zeit „Werkzeuge" an die Hand gegeben, deren Wert ich sehr zu schätzen weiß.

Ich zeige dir hier meinen ganz persönlichen Weg auf. Ich schreibe bewusst „meinen Weg", weil nur ich diesen Weg gehen kann. Nur ich habe dieses Ereignis und alle Erfahrungen, die darauf folgten, aus meiner ganz persönlichen Sichtweise erlebt.

Was möchte ich dir mit dieser Aussage verdeutlichen?
Ich möchte, dass du, nachdem du dieses Buch das erste Mal durchgelesen hast – übrigens empfehle ich es dir vom 1. bis zum 23. Kapitel der Reihe nach zu lesen, weil es in einer gewissen Art und Weise chronologisch aufgebaut ist – dir jene Kapitel nochmals durchliest, die dich am meisten angesprochen haben.
Die 23 Kapitel meines Buches sind aufgrund der vielfältigen Therapieangebote entstanden, die ich im Laufe der letzten 6 Jahre in Anspruch genommen habe. Jeder Therapeut hat eine etwas andere Sicht auf mein Befinden gehabt, wobei alle Therapeuten eine sehr positive Ausstrahlung auf mich ausübten, für die ich ihnen sehr dankbar bin. Denn gerade in so einer „Ausnahmesituation", in der ich mich von einer Sekunde auf die andere befand, war es im Nachhinein immens wertvoll, solch positiv gestimmten Menschen zu begegnen, die mir immer wieder die Hoffnung machten, dass ich wieder gesund werden kann. Während dieser 6 Jahre habe ich zwei ganz besondere Menschen (Elke – Kapitel 21 und Gabi – Kapitel 22) kennen lernen dürfen, die ich sehr schätze, und deren Therapie ich bis zum heutigen Tag nutze. Beide haben mir gezeigt, dass der Mensch wesentlich mehr ist als nur ein Körper. Der Mensch ist zusätzlich noch Geist und vor allem Seele; und die beiden haben es unabhängig voneinander geschafft, mir diese Werte auf eine so sanfte und heilsame Weise zugänglich zu machen, die ihresgleichen sucht.
Dieses Buch ist eigentlich nur dazu geschrieben worden, dich daran zu erinnern, wer du wirklich bist. Es geht mir weder um die verschiedensten Therapieformen noch um deren Anwendung, sondern vielmehr darum, dir aufzuzeigen, dass ich zwar eine Weile gebraucht habe, zu erkennen, warum mir all das passiert ist und welche Aufgabe ich noch habe, ich es letztendlich doch

geschafft habe, meinen wahren Kern wahrzunehmen und nach ihm zu leben. Wenn du dich auf all die folgenden Kapitel einlässt, wirst du genau diese meine Entwicklung nachvollziehen können.

Da dies ja mein erstes Buch ist, und ich von Anfang an ein grobes Konzept vor Augen hatte, bin ich, immer wenn ich an diesem Buch gearbeitet habe, mit der Einstellung ans Schreiben gegangen: „Alles, was jetzt wichtig ist, daran erinnere ich mich". Und somit wurden diese Informationen Teil dieser Ausgabe. Zum Großteil berichte ich dir von meinen persönlichen Erfahrungen, die ich in den letzten 6 Jahren mit all meinen Therapeuten gemacht habe, und zum Teil lasse ich das Wissen verschiedenster Bücher einfließen, die ich in den letzten Jahren gelesen habe und die mich immer wieder beschäftigt haben. Das Wichtigste bei all dem Schreiben war mir, dass ich im Hier und Jetzt präsent war - meine vollkommene Aufmerksamkeit galt dem Schreiben - ich konzentrierte mich in dieser Zeit vor dem Computer ausschließlich auf das Schreiben - und somit war ich offen für all die Inspirationen, die mir während des Schreibens kamen. Ich ließ es einfach geschehen. Und du hältst nun das Endprodukt dieses konzentrierten Schreibens in deinen Händen.

Ich habe dieses Buch voll gepackt mit wichtigen Informationen, die dich dein Leben besser verstehen und gestalten lassen, damit du bewusst fröhlicher, gesünder, reicher und liebevoller sein kannst. Sieh dieses Buch als Wegbegleiter. Lass es zu, dass es dich ein Stückchen deines Weges begleitet. Ich garantiere dir, dass du sehr viel Freude damit haben wirst.

Ich habe mir sehr viel Mühe gegeben, so einfach, so klar und so positiv wie nur möglich zu schreiben, damit du es verstehen, verinnerlichen und in deinem Leben anwenden kannst. Denn genau auf diesen letzten Punkt kommt es im Leben an.
Ich bin mir all dieser wertvollen Informationen, die ich in den folgenden Seiten verpackt habe, bewusst, und wende sie, so gut es mir möglich ist, in meinem Leben an.
Dieses Buch ist dir aber nur dann von Wert, wenn du all die Hilfestellungen, die ich dir von Kapitel zu Kapitel anbiete, auch in die Tat umsetzt.
Ich bitte dich, dass du egal welche Information du dir auch aussuchst, um sie in dein Leben zu integrieren, sie zumindest eine Weile (mindestens 1-3 Monate) lang zu praktizieren. Das menschliche Gehirn braucht mindestens 21 Tage, um sich neu zu verkabeln - um ein neues Verhalten beziehungsweise neue Informationen zu verinnerlichen. Dazu ist es notwendig, dieses neue Verhalten oder diese neuen Informationen oft zu wiederholen, damit sie dir zur Gewohnheit werden und schlussendlich automatisch ablaufen. Du wendest sie dann in deinem Leben an, ohne großartig darüber nachdenken zu müssen.

Ich kann dir nur noch den einen Rat mit auf deinen Lebensweg geben: Sei offen, fühle dich so gut, wie es dir zu jedem Zeitpunkt in deinem Leben möglich ist, und dir werden zur rechten Zeit die richtigen Menschen und Umstände begegnen, die du für deine Entwicklung benötigst. Bei mir hat das zu 100% funktioniert.
Aus diesem Grund ist es für dich wichtig, dass du deinen ganz persönlichen Weg gehst, so wie ich den meinen mit all den Therapeuten gegangen bin, die für mich in dieser Zeit notwendig waren. Ich habe mich dazu entschlossen, die genaueren Angaben

über meine Therapeuten – „Wegbegleiter" – wegzulassen, weil dich dieses Buch in erster Linie daran erinnern wird, dass du es selbst **in dir** hast, was du aus deinem Leben machst.

Die nun folgenden Kapiteln werden dich davon überzeugen und dir Anreiz genug sein, dein Leben in deine eigenen Hände zu nehmen und das aus deinem Leben zu machen, wozu du auch hierher gekommen bist.

Ach ja, die ***kursiv fett*** gedruckten Aussagen, sind einfach ein Ausdruck meiner Freude über all das mir Widerfahrene. Lass dich von dieser Freude anstecken, denn der eigentliche Sinn unseres Lebens ist, Freude zu empfinden und diese Freude auch anderen zugänglich zu machen, indem du sie lebst.

Dieses Buch hat die Absicht, dir zu helfen, dich selbst wieder zu entdecken!

Und dabei wünsche ich dir von ganzem Herzen viel Freude!

Ilse

1

DIE WICHTIGSTE ERFAHRUNG MEINES LEBENS

Ich darf mir erlauben, dir eine Frage zu stellen:
„Wie spürst du das „LEBEN" in dir?"
Du wirst dir jetzt denken, was für eine Frage - ich lebe hier auf Erden, das genügt, um diese Frage zu beantworten.
Du könntest auch sagen, dass du das „Leben" in dir spürst, wenn sich deine Beine schwer und müde anfühlen, nachdem du einen Marathon hinter dich gebracht hast, wenn du vor Freude platzen könntest, weil du eine sehr wichtige Prüfung mit Bravour bestanden hast oder wenn du das Gefühl des tiefsten Vertrautseins spürst, weil du dich im Kreise deiner Liebsten aufhältst.
All diese Antworten sind möglich, und es gibt noch unendlich mehr davon. Du wirst dich jetzt zu Recht fragen, warum ich diese Frage gewählt habe und wie ich persönlich das „Leben" spüre.
Ich spüre das „Leben" genauso wie jeder Mensch aufgrund meiner Empfindungen beziehungsweise meiner Gefühle, die die jeweiligen Lebenserfahrungen mit sich bringen.
Jetzt wirst du meinen, dass das zwar eine plausible Antwort ist, und du wirst mir sogar beipflichten, aber da kommt sicherlich noch etwas!
Und du behältst Recht. Da kommt noch etwas. Ich habe die Frage natürlich sehr bewusst gestellt, denn ich nehme das „Leben" seit geraumer Zeit etwas anders wahr, als ich dies bis zu einem bestimmten Zeitpunkt tat. Ich spüre das „Leben" so etwa ab dem

unteren Ende meines Brustbeines bis in meine Zehenspitzen als ein sehr starkes Kribbeln beziehungsweise Strömen.
Wie ist das gemeint?

Hier die Erklärung:
Ich hatte Ende August 2004 einen Motorradunfall, und die Diagnose lautete Querschnittslähmung.
Bevor du jetzt einen falschen Gedanken fasst oder dich ein Gefühl negativer Art überkommt, lass ich dich wissen, dass ich diesen wichtigen Lebensabschnitt heute als ein riesengroßes Geschenk betrachte. Wieso dem so ist, wirst du bei der weiteren Lektüre dieses Buches erfahren.
Jetzt möchte ich nochmals auf das besondere Spüren des „Lebens“ in einem Teil meines Körpers zurückkommen.
Als ich nach meinem Unfall am Rücken liegend in einer Wiese lag, wurde mir gleich einmal bewusst, dass meine Beine ihre motorische und sensorische Funktion verloren hatten. In demselben Moment überkam mich aber ein sehr eigenartiges Gefühl - so in etwa: **„Alles ist gut, so wie es ist.“** Ich kann es heute nur mit diesen Worten beschreiben. Nachdem ich mit dem Christopherus ins Krankenhaus geflogen wurde (nebenbei sei erwähnt, dass ich eigentlich immer schon mal mit einem Hubschrauber fliegen wollte), fanden alle notwendigen Untersuchungen statt, und das zuständige Ärzteteam beschloss, mich erst am nächsten Morgen zu operieren, da mein körperlicher Zustand sehr stabil war. Diesen Umstand verdankte ich meinem sehr sportlichen Leben vor dem Unfall. Dann folgten eine gut verlaufende Operation und einige Tage auf der Zwischenintensivstation, bis wir dann auf ein normales Zweibettzimmer verlegt wurden.

Ich schreibe „wir", weil ich das Glück hatte, mit einer chinesischen jungen Frau das Zimmer zu teilen, die die gleiche Verletzung hatte wie ich. Im Nachhinein betrachtet war es ein Segen, mit einer „Gleichgesinnten" das Zimmer teilen zu dürfen.
Zirka nach einer Woche wurden wir auf ein normales Zimmer verlegt, und da verspürte ich das anfangs erwähnte „Leben" in meinen Beinen in Form eines leichten Kribbelns wieder. ***Hurra!***
Der Neurologe des Hauses meinte, dass es ein gutes Zeichen sei (für mich selbstverständlich auch), aber für weitere Prognosen sei es noch zu früh. Denn da gibt es den so genannten „spinalen Schock", der ebenfalls zu einer Lähmung führen kann. Das kannst du dir in etwa so vorstellen, dass der Spinalkanal unter Schock steht, und seine Funktionsweise dadurch teilweise eingeschränkt ist. Dieser spinale Schock kann bis zu 3 Monaten dauern. Falls es einem bestimmt ist, kommen dann alle Funktionen wieder mehr oder weniger gut zurück. Aufgrund dieser medizinischen Tatsache ist man zu Beginn einer solchen Verletzung mit der Formulierung der Diagnose eher vorsichtig.
Nach einem dreiwöchigen Krankenhausaufenthalt kam ich dann direkt in ein Rehabilitationszentrum, in dem ich darauf vorbereitet worden bin, meinen Alltag so gut es geht selbstständig zu bewältigen.
Gleich bei der Erstuntersuchung durch eine Ärztin wurde aufgrund einiger spezifischer Tests festgestellt, dass ich vorläufig in die Kategorie „kompletter" Querschnitt einzuteilen bin. Das war - wie du dir sicher vorstellen kannst - ein heftiger Schlag ins Gesicht ***(Autsch!)***. Kompletter Querschnitt bedeutet, dass der Körper ab der Verletzungshöhe funktionslos ist. In meinem speziellen Fall haben der 4. und der 5. Brustwirbel das Rückenmark gequetscht, und daher ist ab dieser Höhe weder

Sensibilität noch die Möglichkeit der Bewegung der Beine vorhanden.
Das Paradoxe ist jedoch, dass ich genau in diesem Bereich dieses starke Kribbeln verspüre, das immer stärker und stärker wird. ***Juchhu!***
Am nächsten Tag stand ein Treffen mit einem Psychologen am Programm, der sofort erkannte, dass ich psychisch stabil war, weil wir uns sehr viel über Fußball unterhielten, und er mich dann schließlich mit den Worten entließ, dass es zur Zeit noch zu früh wäre, eine endgültige Diagnose zu stellen und mir anbot, jederzeit ein Gespräch mit ihm zu suchen, sofern ich das wollte. Wie du dir vorstellen kannst, sind wir uns nur mehr ab und zu auf der Station oder irgendwo im Haus begegnet. Ich habe ihn freundlich gegrüßt, und dabei habe ich es auch belassen.
Anschließend hatte ich noch ein Gespräch mit einem Neurologen, der mir meine Verletzung und ihre Folgen genau erklärte. Er meinte auch, dass im Bereich der Rückenmarksverletzungen viel geforscht wird. Zum Beispiel gelang es bereits bei Ratten, eine so genannte nervliche Umleitung um die Verletzungsstelle herzustellen, um wieder eine normale Funktionsweise zu gewährleisten. Zurzeit gelten solche Operationen am Menschen noch als zu gefährlich. Er teilte mir mit, je früher die Sensibilität und/oder motorische Fähigkeiten zurückkehren, umso vollständiger werden ihre Funktionen sein. Zum Schluss unserer Unterhaltung hatte er noch einen statistischen Wert auf Lager, nämlich: Kehren Funktionen im ersten halben Jahr zurück, liegt die Heilungschance bei 96% und für die restliche Zeit liegt sie dann bei 4%. Da entgegnete ich: „Sitze ich nach einem halben Jahr noch immer im Rollstuhl, bin ich sicher bei den restlichen 4%

dabei." Darauf der Neurologe: „Machen Sie sich aber auch mit Plan B vertraut!"
Wir machten uns noch einen Termin für einen neurologischen Test aus, dessen Aussagekraft sehr in Frage gestellt wird. Selbstverständlich brachte ich den meiner Meinung nach unsinnigen Test hinter mich.
Ansonsten gab es noch einige routinemäßige Besuche beim Urologen (bezüglich Blase) und beim Frauenarzt, und damit hatte ich meine schulmedizinische Betreuung abgeschlossen.

Der Vollständigkeit halber werde ich dir meinen Therapieplan noch kurz und bündig darstellen.
Gleich in der Früh wurde eine $\frac{3}{4}$ Stunde lang ein allgemeines Beweglichkeits- und Kräftigungsprogramm angeboten, dann ging es für eine $\frac{3}{4}$ Stunde in die Kraftkammer, nach einer kurzen Pause stand eine $\frac{1}{2}$ Stunde lang am Stehpult Stehen am Programm und vor dem Mittagessen noch eine $\frac{1}{2}$ Stunde Physiotherapie. Um 12 Uhr Mittagessen, dann Mittagspause, danach eine $\frac{3}{4}$ Stunde Tischtennis und abschließend eine $\frac{3}{4}$ Stunde Rollstuhltraining. 1x/Woche konnte ich schwimmen gehen und in gewissen Abständen bekam ich einen 10er Block Fangopackungen beziehungsweise Rückenmassagen eingeteilt, wenn ich es wollte. Um 16 Uhr war Therapieschluss. Die restliche Zeit bis zum Schlafengehen stand zur freien Verfügung.

Am 07. April 2005 wurde ich aus dem Rehabilitationszentrum entlassen, da ich nun für mein „neues Leben" gerüstet war.

Nach einer Woche Eingewöhnungsphase bei meinen Eltern zuhause, ging ich dann noch einmal für 5 Tage ins Krankenhaus, weil mir die 2 Titanstäbe mit den 8 Schrauben entfernt wurden, die mir bei der ersten Operation zwecks besserer Stabilität eingesetzt werden mussten. Erfreulicherweise blieb mir die Stabilität auch nach der Entfernung der Titanstäbe erhalten.
Ich erhielt noch einen 10er Block Physiotherapie, um meinen Rumpf zu stärken und mein körperliches Wohlbefinden zu steigern.

So, das war eine kurze Zusammenfassung der schulmedizinischen Einrichtungen, die ich während der ersten 7 Monate nach meinem Unfall in Anspruch genommen hatte.
Ich habe diese Schilderung absichtlich sehr kurz gehalten, weil ich noch im Krankenhaus für mich einen anderen Weg eingeschlagen habe. Einen Weg abseits der Schulmedizin, die mir selbstverständlich, und das möchte ich nochmals betonen, sehr geholfen hat - alle Ärzte, Schwestern, Pfleger und Physiotherapeuten haben sich ausgezeichnet um mich gekümmert, und ich habe mich in jedem Moment gut versorgt gefühlt. Dafür bin ich jedem Einzelnen sehr, sehr dankbar.

Nun möchte ich dir meinen besonderen Weg aufzeigen, den ich ja schon wie vorher erwähnt nach einer Woche Krankenhausaufenthalt eingeschlagen habe, weil ich der Meinung bin, dass es erst jetzt so richtig spannend, ermutigend, aufbauend und hoffnungsfroh wird.

Mach es dir bequem und lies weiter.

2

OSWALD - DER AURASEHER

Aufgrund meiner ungewöhnlichen Verletzung machten sich meine Geschwister via Internet erstens über die Diagnose Querschnittslähmung schlau und zweitens über entsprechende Heilungsmöglichkeiten. Bei dieser Suche stieß Eva, eine meiner drei Schwestern, auf einen Auraseher, den sie dann per Mail kontaktierte. Dieser Herr schrieb ihr zurück, dass sie ihm einige Fotos von mir schicken müsste, um überhaupt irgendetwas dazu sagen zu können. „Geschrieben, getan!"

Er schrieb ihr zurück, dass er mich sehr wohl behandeln kann, dass ein persönlicher Kontakt empfehlenswert ist, und dass er sich früh genug meldet, wenn er in Wien zu tun hat.

Ich telefonierte dann kurz vor unserem ersten Treffen mit ihm persönlich. Bei diesem Telefonat teilte er mir mit, dass ich sehr viel Kraft habe - mehr als ich selber glauben würde, dass ich geduldig sein müsse, und dass er mich in einigen Jahren wieder gehen sieht. ***Juchhu!***

Und so geschah es, dass er mich im Rehabilitationszentrum besuchte, sich meine Aura ansah und abschließend ebenfalls eine Art Therapie mit mir durchführte.

Zu diesem Zeitpunkt konnte ich mit dem Begriff „Aura" sehr wenig anfangen. Heute weiß ich, dass es sich dabei um ein feinstoffliches Energiefeld handelt, das unseren physischen Körper in 7 Schichten und unterschiedlichen Farbschattierungen umgibt. Der gesunde Fluss unserer Lebensenergie in jeder unserer Auraschichten ist sehr wichtig für die Aufrechterhaltung

unserer Gesundheit. Ist die Aura verletzt oder belastet, tritt eine Disharmonie auf, die sich von leichten Verstimmungen bis hin zu einem Tumor entwickeln kann.
Der Mann, der mich behandelte, besitzt die Fähigkeit, diese Aura sehen zu können.
Eine belastende Aura strahlt in der Regel in gedeckten, dunklen Farben. Bei einem gesunden, harmonischen Zustand strahlt die Aura hell und leuchtend.

Du bist jetzt sicher schon gespannt, was er bei mir gesehen und gemacht hat.
So weit ich mich noch erinnern kann, nahm er die Farbe Grau im Verletzungsbereich der Wirbelsäule wahr. Außerdem stellte er ein mattes Gelb im Magen-Darmbereich fest, das darauf schließen ließ, dass dieser Bereich eher träge arbeitete. Diese Feststellung stimmte insofern, dass ich einen Zwei Tages Rhythmus bezüglich meiner Stuhlentleerung anwandte, der eher weniger gut funktionierte. Außerdem konnte er im Halsbereich einige Disharmonien sehen, die er dahingehend interpretierte, dass ich zum damaligen Zeitpunkt viel zu schlucken hatte.
Die Therapie als solche kannst du dir so vorstellen, dass er sich zuerst vor mich stellte, um sich meine Aura anzusehen.
Die Aura entzieht sich meist unseren Blicken, weil sie geistig ist, also in der 4. Dimension und höheren Bereichen existiert, und darauf sind unsere physischen Augen nicht eingestellt. Es ist nicht schwer, die Aura zu sehen, wenn es auch ein wenig Übung braucht. Und je höher deine Schwingungen werden, z.B. wenn du mit Lichtenergie arbeitest, desto besser kannst du auch die Aura sehen. Aber fast jeder kann nach dieser Anleitung auch sofort etwas sehen: Bitte eine andere Person, sich vor eine weiße Wand

zu stellen, und zwar so, dass der Schatten nicht stört. Nun gehe ein paar Schritte zurück und sieh auf das Gesicht der Person, am besten auf die Mitte der Stirn zwischen und über den Augenbrauen, also auf das 3. Auge, aber so, dass deine Augen nicht auf das Gesicht selbst, sondern auf die Wand dahinter fokussiert sind. Du siehst also eigentlich durch die Person hindurch und nimmst sie mehr aus den Augenwinkeln wahr, ohne dich auf das Gesicht zu konzentrieren. Versuche, dabei nicht zu zwinkern. Wenn du einige Sekunden so blickst, wirst du bemerken, dass ein schmaler, weißer Schein um den Kopf der Person sichtbar wird. Dabei handelt es sich um den Ätherkörper, den ersten feinstofflichen Körper, der den Umriss des physischen Körpers hat. Den Ätherkörper kannst du bei allen Wesen und Dingen sehen, auch um Bilderrahmen, Möbel, usw. Wenn du länger hinsiehst, kannst du vielleicht noch mehr von der Aura sehen, vielleicht auch zarte Farben. Nimm deinen Verstand völlig heraus, er behindert dich nur durch seine Zweifel! Er kennt ja diese Art zu schauen nicht und glaubt erst einmal nicht daran - so fest sind wir in dieser verneinenden Gewohnheit verwurzelt! (Pura Maryam Sophyah: Die Aura des Menschen. Die Aura sehen lernen - Anleitung. URL http://www.puramaryam.de/aurasehen.html. Stand: 31. 03. 2010)

Dann gab er mir im Rückenbereich über seine Handflächen Energie und setzte mir noch durch seine Vorstellungskraft 4 smaragdgrüne Fäden über die Verletzungsstelle ein, weil es ihm so eingegeben wurde. So kann wieder eine Verbindung zu den Nervenzellen hergestellt werden. Erst viel später habe ich herausgefunden, dass die Farbe Smaragdgrün für Heilung steht.

Ich durfte mir immer wieder in völliger Entspannung vorstellen, dass ich meine Energie über diese 4 smaragdgrünen Fäden von

oben nach unten fließen lasse – so nach dem Motto: „Lass Leben fließen und fühle es."
Was geschah außerdem noch, als er seine Hände über meinen Rücken in einem Abstand von zirka 10 cm gleiten ließ und mir so Energie gab?
Du wirst es kaum glauben, aber das Kribbeln in den Beinen wurde viel stärker, und außerdem spürte ich Wärme. Ein tolles Gefühl.
Selbstverständlich machte ich anfangs diese Visualisierungs- und Energiearbeit mit den Fäden sehr regelmäßig und brav, aber nach und nach habe ich diese Arbeit weniger und weniger oft gemacht, bis ich sie dann gänzlich einstellte. Ich spreche hier von einem Zeitraum von zirka einem $\frac{1}{2}$ bis $\frac{3}{4}$ Jahr, in dem ich diese Übungen immer wieder machte und auch noch ein paar Mal die Dienste von Oswald in Anspruch nahm, bis mein Kontakt zu ihm verloren ging, weil er erstens weniger oft in die Nähe von Wien kam, weil er zweitens selbst sehr viel zu tun hatte, und weil ich drittens andere Menschen in meinem Leben kennen lernen durfte, die mich ein Stückchen meines Weges begleiteten, und von denen ich, wie sich später herausgestellt hat, sehr viel lernen durfte.
Er sagte mir aber schon zur damaligen Zeit, dass ich mir alles nehmen darf, was ich brauche, und dass ich unbedingt positiv denken muss, denn meine geistige Wirbelsäule ist gesund und im Geiste kann ich gehen und alles machen, was ich will. Zur damaligen Zeit konnte ich sehr wenig mit dieser sehr weisen Aussage anfangen. Aber aufgrund meiner tollen Entwicklung, weiß ich heute, dass er mir schon damals etwas sozusagen durch die Blume gesagt hat, wofür meine Gehirnzellen noch zu wenig aufnahmefähig waren. Wie heißt es so schön:
„Alles kommt zur rechten Zeit!"

Auf die geistigen Aspekte gehe ich später noch sehr detailliert ein. Freu dich schon mal darauf!

3

GEORG – DER MAGNETFELDANWENDER UND PYRAMIDENBESITZER

Jetzt komme ich zu einem ganz besonderen Menschen, schon sehr erfahren, sehr innovativ, ein Mensch, der seinen Weg sicherlich gegangen ist, egal, was sich ihm in den Weg gestellt hat. Er hebt sich von der Norm ab und hat sich getraut, etwas Einzigartiges in Österreich (zumindest meines Wissens nach) auf die Beine zu stellen, wofür ich ihm unendlich dankbar bin, und gleichzeitig freue ich mich, dass er so viel Erfolg damit hat. Er meinte mal auf die Frage meinerseits, warum er sich diese Arbeit in seinem Alter (mittlerweile ist er 79) überhaupt noch antut? „Weißt du, die Erfolge geben mir die Kraft, den Menschen weiterhin zu helfen, die Hilfe von mir in Anspruch nehmen wollen!"

Um es für dich noch ein wenig spannender zu machen, werde ich dir noch kurz die Geschichte erzählen, wie ich zu diesem Menschen gekommen bin, und erst dann werde ich das Talent, das dieser Mann besitzt, lüften.

Da ich vor meinem Unfall sehr sportlich war - ich studierte ja auch Sportwissenschaften - habe ich mich nach meiner Volleyballkarriere dem Damenfußball verschrieben. Zuletzt stand ich bei einem Wiener Bundesligisten unter Vertrag. Einen Tag vor meinem Unfall spielte ich noch mit der Nationalmannschaft in der Slowakei gegen die Slowakei, und am Sonntag stand ein Trainingsmatch in Wien mit meinem Verein am Spielplan. Als ich von der Slowakei nach Hause fuhr, rief ich meinen Trainer an und fragte ihn, ob es wirklich notwendig ist, dass ich bei diesem

Trainingsmatch dabei sein muss. Schlussendlich durfte ich mich auf einen freien Sonntag freuen, dessen Ausgang du mittlerweile kennst.
Warum erzähle ich dir diese Geschichte so ausführlich? Weil eben dieser Trainer mir den vorhin beschriebenen Therapeuten sehr ans Herz gelegt hat.
Was macht dieser Mensch, dass er jetzt so in den Mittelpunkt gestellt wird, wirst du dich fragen?
Also dieser Herr, Georg (ausgesprochen wird er „Schorsch") hat sich vor mittlerweile etwa 8 Jahren neben seinem Privathaus (in Villach) eine Pyramide aus Lärchenholz mit den Maßen 12 x 12 m und einer Höhe von 7,68 m (diese Höhe ergibt sich aus dem goldenen Schnitt) gebaut. Und zwar auf einen Kraftplatz, der vorher ganz genau von ihm untersucht und ausgemessen wurde. Die Pyramide wurde fast ausschließlich mit natürlichen Materialien gebaut. Im Inneren hat er auf zirka 2/3 der Höhe der Pyramide einen Stock mittels Holzboden eingezogen, der über eine Treppe erreichbar ist. In diesem oberen Drittel stehen vier Holzbänke, ausgerichtet auf die vier Himmelsrichtungen. Sitzt du nun die vorgeschriebenen $1\frac{1}{2}$ Stunden Richtung Norden oder Westen, so ist die Wirkung aufladend und anregend - du wirst voll mit Energie aufgeladen. Setzt du dich auf die Holzbank, die Richtung Süden oder Osten zeigt, so ist die Energie, mit der du durchflutet wirst, beruhigend und erholsam. Warum du mindestens $1\frac{1}{2}$ Stunden in der Pyramide sitzt, kann ich dir gerne verraten. Dies hat mit den drei Biorhythmen (Lebenstakt/Lebenspuls) des Menschen zu tun (Genaueres dazu erfährst du in Kapitel 12). So beträgt die Zahl der Tage des körperlichen Rhythmus 23, die Zahl der Tage des seelischen Rhythmus 28 und die Zahl der Tage des geistigen Rhythmus 33.

Zählst du nun diese Tage zusammen, erhältst du die Zahl 84. Legst du die Zahl 84 auf Minuten um, so bedeutet dies 1 Stunde und 24 Minuten. Deshalb ist es sehr ratsam, sich $1\frac{1}{2}$ Stunden in der Pyramide aufzuhalten. Wenn du diese wertvollen $1\frac{1}{2}$ Stunden in Angriff nimmst, sind noch einige Sachen zu beachten, die es einzuhalten gilt. Optimal ist es, wenn du dich nur mit natürlichen Kleidungsstücken in die Pyramide begibst - Baumwolle oder Leinen, die zum einen sehr bequem sind und zum anderen ein Wohlgefühl in dir auslösen. Weiters darfst du dich aller Utensilien entledigen, die dir rein zum Schmucke dienen wie zum Beispiel Uhren, Ringe, Ohrringe, Halskette, Haarreifen, Armreifen, Gürtel usw. Nachdem dies alles erfolgt ist, wird dir nahe gelegt, dich der Socken oder Strümpfe zu entledigen, da ein natürlicher Kontakt zum Holzboden empfehlenswert ist. Außerdem habe ich schon des Öfteren festgestellt, dass der Körper sehr zu Entgiftung angeregt wird, und dies geschieht in diesem speziellen Fall bei vielen über die Fußsohlen, die dann Wasser lassen und einen richtigen Fußabdruck nach diesen $1\frac{1}{2}$ Stunden des Sitzens hinterlassen. Hast du dich jetzt deiner Socken entledigt, so gilt es jetzt die richtige Sitzhaltung einzunehmen. Die sieht wie folgt aus: Sitzen mit aufrechtem, geraden Rücken (fällt sehr, sehr vielen Menschen sehr, sehr schwer!), die Fußsohlen berühren den Boden ganzsohlig und die Arme hängen entweder vor dem Körper oder hinter dem Körper seitlich hinunter. Somit ist gewährleistet, dass die negativen Ionen den ganzen Körper durchströmen können. Zuletzt ist es noch von Vorteil, mit der richtigen geistigen Einstellung, diese $1\frac{1}{2}$ Stunden zu nutzen. Was meine ich damit? Einfach in die Stille zu gehen, ruhig zu werden und diese gute Energie in ihren vollen Zügen zu genießen. Da die Pyramide gut besucht ist, befinden sich meistens einige Leute darin (maximal 12

- auf jeder Bank 3), die sich dann miteinander unterhalten. Diesbezüglich darf ich anmerken, dass ich schon einige sehr lustige Stunden in der Pyramide verbracht habe. Hier möchte ich dir eine wichtige Botschaft mit auf deinen Weg geben:

„Lachen ist gesund!"

Aufgrund der Tatsache, dass die Grundfläche dieser Pyramide 144 m^2 beträgt, ergibt sich daraus, dass in diesem oberen Drittel der Körper um das 14,4fache mehr mit negativen Ionen durchströmt wird. Das wiederum hat zur Folge, dass der Körper mehr rote Blutplättchen produziert und somit mehr Sauerstoff aufnehmen kann. Somit wird der Körper in allen Belangen leistungsfähiger - er reinigt sich, erhält mehr Kraft und verjüngt sich automatisch.

So, das waren in groben Schritten die Informationen bezüglich der Pyramide und ihrer Wirkungsweise.

Wenn du dich jetzt fragst: „Und wem hilft diese Pyramide?" Dann kann ich dir nur diese Antwort geben: ALLEN!

Zusätzlich zu dieser Pyramide bietet Georg eine ganz spezielle Massage an. Er selbst bezeichnet sich als „Magnetfeldanwender". Da ja der menschliche Körper aus Magnetfeldern besteht, gleicht er mit seinen bloßen Händen diese aus, indem er sie am Rücken ausstreift. Dazu benötigt er einen ganz speziellen Massagetisch. Der sieht wie folgt aus: Eine quadratische 80 cm große Massagefläche ist auf ein Gestell so schräg montiert, dass sich die jeweilige Person stehend mit dem Oberkörper auf diese Fläche legen kann. Georg steht dann hinter der zu behandelnden Person und streift die überschüssigen Magnetfelder ab beziehungsweise massiert etwaige Blockaden an der Wirbelsäule mittels eigener Massagetechnik weg, die die ersten paar Male

eher auf der schmerzhaften Seite beheimatet war. Wenn´s hilft, nimmt man normalerweise so einiges auf sich!
Sein Spezialgebiet ist der Rücken. Er hat schon sehr vielen Menschen mit Bandscheibenproblemen eine aus schulmedizinischer Sicht notwendige Operation erspart.
Zusätzlich zu seiner Massagetechnik, die er sowohl am Rücken als auch an den Beinen durchführt, stellt er noch spezielle Salben her und hat für jedes Wehwehchen ein Rezept parat. Denn wie heißt es so schön: „Für jede Krankheit ist ein Kraut gewachsen."

Als ich noch im Krankenhaus war, hat uns mein Trainer, der in der Zwischenzeit ein sehr guter Freund geworden ist, Georg empfohlen. Mein Freund hat sich an einem Samstagvormittag sogleich auf den Weg gemacht, um sich das Erzählte vor Ort anzuschauen. Er kam dann mit der Information zurück, dass es sich dabei um einen gestandenen, älteren Herrn handelt, der schon einmal eine Dame aus dem Rollstuhl herausgebracht hat. Wie du dir vorstellen kannst, war die Freude riesengroß. Georg sah sich auch die mitgebrachten Röntgenbilder an und meinte, dass da noch alles möglich ist, aber erst nachdem die ersten 3 Monate vergangen sind, da sich der Körper noch von der Operation erholen muss, und der spinale Schock noch abgewartet werden wollte. Gesagt, getan.
Nach Ablauf der ersten 3 Monate fuhren wir dann in den Weihnachtsferien zu Georg.
Am Anfang lag ich in der Pyramide mitten auf einen dafür vorgesehenen Platz - die meiste Zeit am Bauch und hin und wieder am Rücken. Ab und zu hat Georg mich dann mit einem relativ großen Bergkristall auf ganz bestimmten Stellen (Verletzungshöhe am Rücken, Becken, Blase) bestrahlt. Ich kann

nur davon berichten, dass das Kribbeln in den Beinen sofort stärker geworden ist, als wir die erste Treppe hinauf zum besagten Wirkungsbereich der Pyramide unternommen haben. Also hat sich bei mir spürbar etwas verändert.
Zu der Massage kann ich nur sagen, dass es wirklich ab und zu geheißen hat, die Zähne zusammenzubeißen und durch. Ich bin mit der Zeit dahinter gekommen, dass er, je mehr gejammert wurde, umso länger und intensiver diese Blockaden massierte. Also war ich die meiste Zeit während des Massierens still, außer wenn wir uns über irgendetwas unterhalten haben oder er mich gefragt hat, wie es sich jetzt anfühlt.
Ich habe mich in den ersten 6 Monaten an ein spezielles Rezept von ihm gehalten, das dazu diente, die Wirbelkörper und das Rückmark besser zu versorgen. Und dieses Rezept hat seine Wirkung gezeigt. Normalerweise werden einem die eingesetzten Titanstäbe erst nach einem Jahr wieder herausgenommen, und ich konnte dies schon nach 7 Monaten erledigen lassen. ***Hurra!***
Die Operation verlief sehr gut und meine Stabilität war, zu meiner Überraschung, sehr gut. Das einzige Problem, das ich immer noch hatte, war, dass ich in meiner Bauchgegend ein Gefühl hatte, als wenn ich einen Panzer hätte beziehungsweise ein Mieder anhätte, das viel zu eng geschnürt ist. Eines Tages, als wir wieder einmal in der Pyramide waren – nebenbei erwähnt sind wir im ersten halben Jahr fast jedes Wochenende Freitag, Samstag und Sonntag dort gewesen – habe ich Georg erzählt, dass ich diesen so genannten Panzer noch immer verspüre, obwohl die Titanstäbe schon heraußen waren. Er hat mir dann ziemlich kräftig ganz gezielte Stellen in meinem Bauch massiert, und du wirst sehr erstaunt sein, da dieses sehr unangenehme Gefühl verschwunden war, und meine Freude war riesengroß.

Nach diesem halben Jahr habe ich ein halbes Jahr Pause gemacht und quasi ein Jahr nach unserer ersten Begegnung, die sich um die Weihnachtszeit zugetragen hatte, sind wir wieder in die Pyramide gefahren.
Selbstverständlich habe ich in der Zwischenzeit fleißig an mir weitergearbeitet. Georg hat mir bestätigt, dass sich einiges verändert hat. Diese Tatsache hat mir wiederum die Bestätigung gegeben, dass ich am richtigen Weg bin.
Wir haben die wöchentlichen Fahrten in die Pyramide auf einen 14 Tage Rhythmus umgestellt und im März 2006 haben wir einen 21 Tage Rhythmus in einem durch absolviert, den Georg uns sehr ans Herz gelegt hat. Die ganz großen Schritte sind zwar ausgeblieben, doch auch die kleinen Schritte, die ich in dieser Zeit machte, motivierten mich, weiterhin an meine Heilung zu glauben.
Wie innovativ, kreativ und engagiert man mit über 75 Jahren noch sein kann, beweist Georg immer wieder. So hat er sich zum Beispiel für mich einen mit Motor betriebenen Hometrainer einfallen lassen, auf dem ich täglich 10-15 Minuten meine Beinmuskulatur stärken kann. ***Genial!***

Die Abstände, in die Pyramide zu fahren und diese spezielle Massage in Anspruch zu nehmen, sind dann immer größer geworden. Mein letzter Besuch bei Georg hat im Jänner 2009 stattgefunden. Wie du im weiteren Verlauf dieses Buches lesen wirst, habe ich in diesem Zeitraum eine andere Therapiemöglichkeit kennen lernen dürfen.

Ich möchte diese Gelegenheit dazu nutzen, mich nochmals bei Georg für alles, was er für mich getan hat, recht herzlich zu bedanken. „Vergelts Gott!"

4

EMMA - DIE IRISDIAGNOSTIKERIN

Georg hatte einmal während meiner Massage ein Telefonat mit einer Dame, die sich von ihm bezüglich einer Gürtelrose im Schulterbereich beraten ließ. Nach diesem Telefonat meinte Georg, dass wir dieser Dame auch einen Besuch abstatten könnten. Wir riefen gleich bei ihr an und vereinbarten einen Termin.

Emma, so heißt sie, ist eine Irisdiagnostikerin. Was macht diese Dame also? Sie schaut dir in die Augen und kann dann anhand bestimmter Veränderungen an der Iris (Regenbogenhaut des Auges) ablesen, was dir fehlt. Mein damaliges Anliegen bestand darin, ob sie sehen konnte, ob mit meinem Becken alles in Ordnung sei.

Was konnte sie alles bei mir feststellen?

Also das Erste, das sie zu mir sagte, war, dass ich ein Sprachentalent besäße. Aufgrund meiner schulischen Leistungen musste ich innerlich schmunzeln, weil die im Widerspruch zu diesem von ihr gesehenen Talent standen. Dann dachte ich mir: „Es besteht ja auch die Möglichkeit, dass ich erst die richtigen Sprachen kennen lerne, die mich dann so begeistern, dass ich sie perfekt sprechen, schreiben und verstehen will. Na ja, ich bin auf jeden Fall für alles offen."

Zu meinem Becken sagte sie nur, dass ich mir das nochmals schulmedizinisch genauer anschauen lassen müsste, da sie den Verdacht hegte, dass etwas nach dem Unfall übersehen worden ist.

Anschließend behandelte sie mich noch mit einer speziellen Massage, die mir sehr gut getan hat. Sie gab mir noch einen speziellen Kräutertee für die Blase mit, wovon ich täglich einen $\frac{1}{2}$ Liter zu mir nehmen durfte.

An eines kann ich mich von diesem Gespräch noch genau erinnern, nämlich, dass sie sagte, ich müsste so quasi mit meinen Beinen sprechen und sie immer wieder auffordern, sich zu bewegen und diese Bewegungen immer wieder geistig und körperlich probieren, dann ist vieles möglich.
Aus heutiger Sicht hat mir Emma mit dieser Botschaft ein wirklich gutes „Werkzeug" an die Hand gegeben, das ich dann im Laufe meines Lebens noch viel genauer und detaillierter erhielt. Dazu später mehr.

Selbstverständlich habe ich eine Magnetresonanz von meiner mittleren und unteren Wirbelsäule einschließlich meines Beckens machen lassen, wobei sich herausgestellt hat, dass mit meinem Becken alles in Ordnung war. Diese Diagnose brachte eine gewisse Erleichterung für mich, weil ich jetzt wusste, dass knöchern mit meinem Körper alles passt.

5

JOHN – DER NATURHEILER

Über den Auraseher Oswald, von dem ich schon erzählt habe, bin ich dann zu einem Mann namens John geführt worden, den ich zuerst einmal telefonisch kontaktierte. Er bat mich darum, ihm doch alles, was geschehen ist, in einem Brief zu schreiben. Und so entstand ein sehr reger Briefverkehr mit vielen wertvollen Informationen (Schriften, Kassetten und Videos) und Schritten, die ich machen könnte, damit meine Heilung passiert.

In seinem ersten Brief schrieb er mir, dass die Verbindung zur Göttlichkeit fehlt. Was meinte er damit? Wie du später erkennen wirst, habe ich die Antwort auf meine Frage erhalten.

Zusätzlich hatte er eine Schrift von ihm beigelegt, die ich mir durchlesen müsste, um dann wieder mit ihm brieflich Kontakt aufzunehmen. Und so wurden viele Briefe und Pakete fast 5 Jahre lang hin und her geschickt. Ich setzte seine Vorschläge, die er mir immer wieder unterbreitete, zum Großteil in die Tat um. So machte ich spezielle Kuren, Massagen, Bäder, nahm die verschiedensten Mineralien und Vitamine zu mir und stellte meine Ernährung vollkommen um.
Eine gewisse Zeit lang aß ich ausschließlich Rohkost, die mein Körper überraschender Weise sehr gut vertragen hat, und außerdem fühlte ich mich blendend. Diese Rohkost hatte den Sinn, genau wie die speziellen Kuren und Bäder auch, den Körper zu

entgiften und die Übersäuerung loszuwerden, damit ich wieder in den basischen Bereich gelange, in dem Heilung stattfinden kann.
Zu diesem Zeitpunkt nahm ich noch Medikamente wegen meiner Spasmen und meiner Blase, die ich dann allmählich abzusetzen begann.

Außerdem hat er mir einen Mann empfohlen, der sich sehr intensiv mit den Schüsslersalzen und deren Wirkungsweise auseinandersetzte. Wir fuhren also zu diesem Mann, und dieser wiederum pendelte mir die Schüsslersalze aus, die ich für meinen Körper in dieser Zeit am nötigsten brauchte. Eine gewisse Zeit lang nahm ich diese Schüsslersalze sehr regelmäßig zu mir in der Hoffnung, dass sich eine deutliche Besserung meines körperlichen Zustands einstellen würde.
Zu diesem Zeitpunkt muss ich mir heute selbst eingestehen, bin ich jeder Hilfe von außen sehr offen gegenüber gestanden. Ich habe einfach sehr vieles ausprobiert, weil ich der Meinung war, dass mein Heilmittel irgendwo da draußen auf mich wartet.
Heute 6 Jahre später bin ich mir darüber im Klaren, dass all diese Erfahrungen, die ich mit all den Menschen und ihren Informationen gemacht habe, schlussendlich sehr lehrreich und wichtig für mich waren. Letzten Endes bin ich auf die Lösung für mein Problem gestoßen. Lies weiter, und du wirst es auch kennen lernen.

Wir (Rupi und ich) waren auch zweimal bei John zu Hause, wo er einige Tests und Therapien mit mir machte und mir weitere Vorschläge unterbreitete, was ich alles noch machen könnte, um dem Ziel, wieder gehen zu können, ein Stückchen näher zu kommen. Ehrlicherweise muss ich zugeben, dass einige

Informationen, die mir John zukommen hat lassen, noch zu früh für mich waren - mein Geist war teilweise damit überfordert beziehungsweise fehlten mir noch die wichtigsten Details für meine geistige und spirituelle Entwicklung, die, wie sich später herausstellte, doch Einzug gehalten hat.
Aus heutiger Sicht waren es trotz alledem Informationen, die ich mir selbstverständlich durchgelesen hatte, und wenn es irgendwie möglich war, nahm ich sie mir zu Herzen und setzte sie in die Tat um. Heute bin ich ihm für jede einzelne Information, die er mir zuteil werden ließ, sehr dankbar, weil ich dadurch sehr viel lernen durfte.

Zu Beginn unseres Briefverkehrs konnte ich es kaum erwarten, wieder eine Antwort auf meine Fragen, die ich John gestellt hatte, zu erhalten. Auch jede seiner Informationen (Video, Kassette, Kopien, Buchvorschläge,...) verschlang ich regelrecht, sobald sie bei mir angekommen waren.
Mit der Zeit, und da spreche ich vom letzten Jahr, sind mir seine Briefe immer weniger wichtig geworden. Ich habe die Briefe des Öfteren wochenlang ungeöffnet irgendwo bei mir herumliegen lassen, bis ich mir dann eines Tages die Frage gestellt habe: „Warum ist das so? Warum liegen diese Briefe von John so lange ungeöffnet vor mir?"
Die einzig plausible Erklärung, die ich dir dafür nennen kann, lautet: „Ich habe mich weiter entwickelt. Ich habe in den letzten 6 Jahren andere sehr hilfsbereite und ehrliche Menschen kennen lernen dürfen, die mir ebenfalls weiter geholfen haben - bei denen ich mich wohl fühle, zu denen ich gerne fahre, und mit deren Hilfe ich sicherlich ein anderer Mensch geworden bin."

Irgendwie haben mir mein Gefühl und die Tatsache, dass diese Briefe mehr oder weniger uninteressant für mich geworden sind, gesagt, dass es an der Zeit ist, diese Zusammenarbeit in Dankbarkeit zu beenden. Und so habe ich im April 2009, brieflich wie du dir natürlich denken kannst, den Kontakt zu John von meiner Seite aus abgebrochen.
Witziger Weise sind in den folgenden Monaten noch einige Briefe von ihm bei mir gelandet, die ich unbeantwortet zur Kenntnis nahm.

6

BRUNO - DER CHIROPRAKTIKER

Bruno ist ein Chiropraktiker aus Deutschland, bei dem ich am Anfang meines „Therapiemarathons" Hilfe gesucht habe.
Das Erstaunliche bei all diesen Menschen, zu denen ich da geführt wurde, war, dass sie mich gleich genauer unter die Lupe nahmen, und meistens erfolgte bereits beim ersten Kontakt eine Therapie. Und genauso war es bei Bruno auch.
Ich durfte mich gleich auf einen Massagetisch legen, und er schaute sich mich genauer an.
Auch er war felsenfest davon überzeugt, dass Heilung bei mir möglich ist. ***Na bitte, wer sagt´s denn.***
Es folgten noch einige Besuche bei ihm, an denen er zirka eine $\frac{3}{4}$ bis 1 Stunde lang an mir arbeitete. All seine Massageeinheiten habe ich als sehr angenehm in Erinnerung.

Chiropraktiker bedienen sich gewisser Massagetechniken und renken dir dadurch vor allem die Wirbelkörper wieder so ein, dass sie in anatomisch richtiger Stellung ihrer Funktion nachgehen können. Sie haben vor allem mit dem Bewegungsapparat - mit Muskeln und Knochen zu tun, soweit ich das noch in Erinnerung habe.

Wie gesagt, habe ich diese Therapie eine Zeit lang gemacht, die mir sicherlich sehr geholfen hat, an mich und mein Ideal zu glauben. Ich habe mich auf Anhieb gut mit Bruno verstanden, und ich kann mich nur an angenehme Therapien erinnern. Recht herzlichen Dank dafür.

Irgendwann kam dann für mich der Zeitpunkt, an dem ich den zeitlichen und finanziellen Aufwand gegenüber meinen gesundheitlichen Fortschritten abwägte, und so bin ich zu dem Entschluss gekommen, dieser Therapie ade zu sagen.

7

HERR MAURER – DER HOMÖOPATH UND ENERGETIKER

Bruno hat uns Herrn Maurer, der hauptberuflich als Apotheker arbeitet und zusätzlich als Homöopath und Energetiker seine Dienste anbietet, empfohlen.
Ich kann mich noch ganz genau an unser erstes Treffen erinnern. Ich habe ihm erzählt, was alles mit mir passiert ist, und er hat mir ganz cool die Frage gestellt, wann ich wieder gedenke auf ein Motorrad zu steigen. Sichtlich perplex erwiderte ich. „Na ja, dazu müsste ich doch zuerst wieder einmal im wahrsten Sinne des Wortes auf die Beine kommen, oder?"
„Selbstverständlich und das wirst du auch schaffen, wenn du es wirklich willst", waren seine Worte.
Da blieben sogar mir für einige Sekunden die Worte im Munde vor lauter Verwunderung stecken. „Na, da legt einer totale Entschlossenheit an den Tag", dachte ich, als ich wieder einen klaren Gedanken fassen konnte.
Heute weiß ich, dass dieser Mann Qualitäten in sich hatte, die ich erst etwas später in meinem Leben erfahren durfte. In den folgenden Kapiteln wirst du dazu mehr Details erhalten. Freue dich darauf, es wird noch sehr aufregend!
Ich kann mich dann nur mehr daran erinnern, dass mir Herr Maurer einige homöopathische Globuli verschrieben hat, und anschließend machte er noch eine Session Energiearbeit mit mir, an die ich mich nur mehr sehr wage erinnern kann.
Insgesamt nahm ich zirka 3-5-mal seine Dienste in Anspruch.

Ich erzähle dir von all meinen Erfahrungen und Therapeuten einerseits aus dem Grund, dass du erfährst, wie viele Möglichkeiten es abseits der Schulmedizin noch gibt, von denen ich vor meinem Unfall ebenfalls ahnungslos war, und andererseits möchte ich dir zeigen, dass all diese Menschen etwas sehr Positives für mich an sich hatten und mich dahingehend bestärkten, dass ich am richtigen Weg bin.

8

ROBERT – DER BIOENERGETIKER

Als ich noch im Rehabilitationszentrum war, hatte ich unter anderem eine Zimmerkollegin, die auch sehr offen gegenüber alternativen Heilmethoden war.
Aus diesem Grund hat sie mir Robert empfohlen, bei dem sie selbst schon einige Male war und nur Positives berichten konnte.
Da dachte ich mir: „Das möchte ich mir gerne anschauen!"
Bei unserem ersten Termin hat uns Robert über all seine Behandlungsmethoden aufgeklärt und aufgrund dieses ersten Gespräches habe ich mich dann für diese Therapie entschieden.
Was hat Robert also mit mir gemacht?
Robert hat mit einem Meridianstäbchen eine Meridianbehandlung am ganzen Körper vollzogen. Zuerst wurden die Meridiane an der Körpervorderseite behandelt und anschließend an der Körperrückseite.
Der Hauptzweck dieser speziellen Meridianbehandlung besteht darin, Energieblockaden aufzulösen und dadurch einen freien Energiefluss zu ermöglichen.
„Was sind Meridiane nun genau?", wirst du dich berechtigterweise schon gefragt haben.
Die Meridiane stellen die Kanäle oder Wege dar, in denen die Menge Energie fließt, die Zellen brauchen, um ihren Stoffwechselaufgaben nachzukommen sowie andere wichtige Funktionen aufrecht erhalten zu können. Weiters verbinden Meridiane das Innere des Körpers (Organe) mit dem Äußeren des Körpers (Haut). Eine Behandlung an der Oberfläche des Körpers

(Meridianbehandlung) wirkt sich daher auch im Inneren (Organe) des Körpers aus.
Das Meridiansystem besteht aus 12 Hauptmeridianen, dem Lenkergefäß und dem Konzeptionsgefäß.
Bei den 12 Hauptmeridianen kann unterschieden werden zwischen den

<u>Yang – Meridianen:</u>
Lenkergefäß
Blasenmeridian
Dünndarmmeridian
3-fach-Erwärmer-Meridian
Dickdarmmeridian
Gallenblasenmeridian
Magenmeridian

und den

<u>Yin – Meridianen:</u>
Konzeptionsgefäß
Herzmeridian
Lungenmeridian
Milz-Pankreasmeridian
Lebermeridian
Kreislauf-Sexusmeridian
Nierenmeridian

Das Ziel jeder Behandlung liegt darin, dass Yin- und Yang-Energie ausgeglichen (harmonisiert) werden. Zirkulieren Yin und Yang ausgeglichen im Körper, so ist dieser gesund.
Die Energetik kennt nur eine einzige Krankheitsursache: Die Energieflussstörung, unterteilt in Energiefülle (die Energie kann

den Meridian nur in sehr geringen Mengen verlassen) und in Energieleere (der Weg der Energie in den Meridian ist versperrt).

Da ich gerade von Meridianen gesprochen habe, möchte ich die Gunst der Stunde nutzen, um dir diesbezüglich einen etwas anderen Standpunkt aufzuzeigen.
Dabei geht es um die Thematik: **Die Meridiane und ihre dazugehörigen Gefühle** (Diamond, John: Die heilende Kraft der Emotionen, 15. Auflage, VAK Verlag, 2005, S. 123-227)
Jede negative wie auch jede positive Gefühlslage ist mit einem Meridian verbunden. Ein negatives Gefühl ist der Grund, warum weniger Energie durch den betreffenden Meridian fließt.
Hierbei wird zwischen den beidseitigen Meridianen und den Meridianen auf der Körpermitte unterschieden.

Zu den beidseitigen Meridianen gehören:

Lunge, Leber, Gallenblase, Milz-Pankreas, Niere, Dickdarm

Ich werde dir nur ganz kurz die jeweiligen Meridiane aufzählen, ihre zugehörigen positiven und negativen Gefühle und Affirmationen, die dir helfen können, das negative Gefühl aus deinem Leben zu entfernen.

LUNGENMERIDIAN - ist der Meridian der **Demut**.

Toleranz	**LUNGE**
Intoleranz	

Negative Emotionen: Verachtung, Hohn, Geringschätzung, Hochmut, falscher Stolz, Intoleranz, Vorurteil

Affirmationen:
Ich bin demütig.
Ich bin tolerant.
Ich bin bescheiden.

LEBERMERIDIAN – ist der Meridian des **Glücklichseins**.

Glücklichsein	**LEBER**
Unglücklichsein	

Negative Emotion: Unglücklichsein
Affirmationen:
Ich bin glücklich.
Ich bin fröhlich.
Ich habe Glück.

GALLENBLASENMERIDIAN – ist der Meridian der **Verehrung**.

Liebe	**GALLENBLASE**
Wut, Jähzorn	

Negative Emotionen: Wut, Jähzorn
Affirmationen:
Ich gehe liebevoll auf andere zu.
Ich gehe versöhnlich auf andere zu.

MILZ-PANKREAS MERIDIAN - ist der Meridian der **Zuversicht**.

Vertrauen in die Zukunft	**MILZ-PANKREAS**
Angst vor der Zukunft	

Negative Emotion: Realistische Zukunftsängste
Affirmationen:
Ich glaube an und vertraue auf meine Zukunft.
Ich fühle mich sicher. Meine Zukunft ist sicher.

NIERENMERIDIAN - ist der Meridian der **sexuellen Sicherheit**.

Sexuelle Sicherheit	**NIERE**
Sexuelle Unschlüssigkeit	

Negative Emotion: Sexuelle Unschlüssigkeit
Affirmationen:
Ich fühle mich sexuell sicher.
Meine sexuellen Kräfte sind im Gleichgewicht.

DICKDARMMERIDIAN - ist der Meridian des **Selbstwertgefühls**.

Selbstwert	**DICKDARM**
Schuld	

Negative Emotion: Schuldgefühl

Affirmationen:
Ich bin von Grund auf rein und gut.
Ich bin es wert, geliebt zu werden.

Meridiane auf der Körpermitte:

Kreislauf-Sexus, Herz, Magen, Schilddrüse (= dreifacher Erwärmer), Dünndarm, Blase

KREISLAUF-SEXUS-MERIDIAN - ist der Meridian der **Entspannung**, **Großzügigkeit** und **Entsagung**.

Loslassen der Vergangenheit, Großzügigkeit, Entspannung	**KREISLAUF-SEXUS**
Eifersucht, sex. Spannung, Reue, Bedauern	

Negative Emotionen: Bedauern und Reue, sexuelle Spannung, Eifersucht, Starrsinn
Affirmationen:
Ich lasse die Vergangenheit los.
Ich bin entspannt - mein Körper ist entspannt.
Ich bin großzügig.

HERZMERIDIAN - ist der Meridian der **Vergebung**.

Liebe, Vergebung	**HERZ**
Zorn, Ärger	

Negative Emotion: Zorn, Ärger
Affirmationen:
Ich liebe.
Ich verzeihe.
Mein Herz ist versöhnlich gestimmt.

MAGENMERIDIAN - ist der Meridian der **Zufriedenheit** und der **Gelassenheit**.

Zufriedenheit	**MAGEN**
Enttäuschung, Ekel, Gier	

Negative Emotion: Ekel, Enttäuschung, Bitterkeit, Gier, Leere, Entbehrung, Übelkeit, Hunger
Affirmationen:
Ich bin zufrieden.
Ich bin gelassen.

SCHILDDRÜSENMERIDIAN oder **„DREIFACHER ERWÄRMER"** - ist der Meridian der **Hoffnung**.

Leichtigkeit, Beschwingtheit	**SCHILDDRÜSE**
Schwere Depression	

Negative Emotion: Depression, Verzweiflung, Trauer, Hoffnungslosigkeit, Niedergeschlagenheit, Einsamkeit, Abgeschiedenheit

Affirmationen:

Ich bin leicht und beschwingt.

Ich bin hoffnungsfroh.

DÜNNDARMMERIDIAN - ist der Meridian der **Freude**.

Freude	**DÜNNDARM**
Kummer, Leid, Traurigkeit	

Negative Emotion: Traurigkeit, Kummer, Leid

Affirmationen:

Ich bin voller Freude.

Ich hüpfe vor Freude.

BLASENMERIDIAN - ist der Meridian des **Friedens** und der **Harmonie**.

Frieden, Harmonie	**BLASE**
Ruhelosigkeit, Ungeduld	

Negative Emotionen: Ruhelosigkeit, Ungeduld, Frustration
Affirmationen:
Ich bin friedvoll.
Ich bin ausgeglichen.
Alle Uneinigkeiten und Konflikte in meinem Inneren sind geklärt.
Ich habe mein Gleichgewicht gefunden.

Aufgrund dieser Aufzählungen kannst du dir genauere Gedanken darüber machen, ob bei der einen oder anderen Erkrankung von dir diese aufgezählten Gefühle tatsächlich in dieser Zeit vorrangig waren. Ich kann dir nur aus meiner Erfahrung sagen, dass diese Aufzählungen ein sehr, sehr guter Anhaltspunkt sind. **Die wichtigste Sache, die du beim genauen Kennen lernen deines Selbst an den Tag legen musst, ist, dass du ehrlich zu dir selbst bist.**
Ganz wichtig ist, dass du für deine Gedanken, Gefühle und Handlungen selbst die Verantwortung übernimmst. Was bedeutet das genau? Ich möchte es dir gerne erklären.
Wenn du von jemandem enttäuscht bist, dann ist das ja deine Reaktion auf einen Umstand von außen. **Du hast aus welchem Grund auch immer dieses Gefühl in dir zugelassen.** Und wenn du in diesem Gefühl länger verharrst, passiert es, dass sich diese

ganze Sache auf deinen Magen oder deine Nebenhöhlen schlagen kann, weil du deinem Magenmeridian aufgrund deiner negativen Gefühlslage Energie entziehst. Meine bescheidene Frage lautet jetzt: „Ist es dieses Gefühl der Enttäuschung wert, ihm noch länger Aufmerksamkeit zu schenken auf Kosten deines sonst gut funktionierenden Körpers?"

Du kannst dir auf diese Frage selbst antworten.

Daher ist es von enormer Wichtigkeit, sich seiner Gefühle so bewusst wie nur möglich zu sein. Du kannst dir immer wieder die Frage stellen: **„Welches Gefühl habe ich, wenn ich das und das denke oder beobachte?"** Ist es ein **angenehmes Gefühl, dann stärkst du deinen Körper**. Ist es dagegen ein **unangenehmes Gefühl, dann schwächst du deinen Körper. Du musst es dir <u>immer</u> wert sein, jeder Person, jedem Umstand und jeder Erfahrung etwas Positives abzugewinnen**, weil du damit dir und allen anderen hilfst.

Ein wichtiger Schritt dazu ist es, wieder **selbst die Kontrolle über deine Gedanken und Gefühle zu übernehmen**. So ist es auch möglich, ein Leben in Liebe, Frieden, Freude und Harmonie zu leben, das sich jeder von uns im Innersten so sehnlichst wünscht.

Nun möchte ich nochmals auf Roberts Behandlungen zurückkommen.

Also nachdem er mir meine Meridiane wieder ausgeglichen hatte, bin ich am Rücken liegen geblieben. Danach massierte er mir meinen Rücken und meine Beine mit einer ganz speziellen, sehr wohltuenden Massage. Die mit den Händen ausgeführte Behandlung hatte zum Ziel, die Haut, die Muskeln, die Bänder, die Sehnen und das Bindegewebe aufzulockern und besser zu durchbluten. Dadurch verbessern sich der Nährstoffantransport und der Schlackenabtransport.

Als krönenden Abschluss hatte er mir eine Fußzonenreflexbehandlung angedeihen lassen. Dabei machte er sich das Wissen zunutze, dass auf der Fußsohle so quasi der gesamte Körper in Form von gewissen Zonen vertreten ist. Er untersuchte mit festem Daumendruck die Reflexe der Füße. Wenn ein Schmerz auftrat, so war es ein Zeichen für den Masseur an dieser Stelle weiterzuarbeiten. Dann ist es sinnvoll mit einer kräftigen Tiefenmassage für 5-10 Minuten direkt über der empfindlichen Stelle fortzufahren. Durch jede Behandlung wird eine größere Beschleunigung des Blutkreislaufes in den angegriffenen Teilen hervorgerufen, so dass sich die Lebenskraft und Ausdauer des Betreffenden steigert. Sobald der Blutkreislauf angeregt wird, wird die Lebenskraft des Körpers gestärkt. Und wenn die Lebenskraft wächst, hat die Natur Kraft genug, die Giftstoffe zu überwältigen und aus dem Körper auszuscheiden. Je mehr von diesen Giftstoffen im Blut enthalten sind, desto stärker wird die Reaktion sein.

Die Natur plante, dass wir zu Fuß gehen, unsere Füße biegen, krümmen und gelegentlich schnell laufen, um den Blutstrom frisch und den Blutkreislauf normal zu halten, der jeden Augenblick durch jedes Verbindungsstück und in jede äußerste Nervendung unserer Füße strömt.

Wenn wir zulassen, dass sich in unserem Blutstrom ein Übermaß an Säure bildet, wachsen die Kalziumablagerungen an. Dann bilden sich in den Nervendungen Säurekristalle, und diese wiederum behindern die normale Blutzufuhr zu den verschiedenen Körperteilen.

Der Daumendruck, der auf diese Kristalle in den Nervendungen einwirkt, verursacht die starken Schmerzen in den Reflexen während der Behandlung. Die Stärke der Schmerzen steht im gleichen Verhältnis zur Menge und möglichen Größe der Kristalle und Zeitdauer, in der sich diese Kristalle angehäuft haben. Sobald sie durch den Prozess der Massage aufgelöst werden, trägt das Blut die Kristalle allmählich mit sich fort, wenn es dreimal in der Minute in seinem Kreislauf von den Füßen zurück zum Herzen fließt.
Der rechte Fuß ist für die rechte Körperhälfte und der linke Fuß für die linke Körperhälfte zuständig.

Ein weiteres Organ, an dem sich der gesamte Körper widerspiegelt, ist das Ohr. Ich habe hin und wieder eine Ohrmassage von Robert erhalten.
Bei einem gesunden Menschen könnten alle Ohrpunkte tonisiert werden, ohne dass dieser einen stark stechenden Schmerz verspüren würde. Bei einem kranken Menschen jedoch würde dieser sehr wohl im Ohr einen stark stechenden Schmerz verspüren. Dieses Schmerzempfinden gibt dem Behandler die Rückversicherung, dass im jeweiligen Bereich eine Energieflussstörung vorliegt. Dann wird der schmerzhafte Punkt am Ohr so lange massiert, bis dieser stechende Schmerz eindeutig weniger wird oder verschwindet.

Ab und zu habe ich zusätzlich auch eine so genannte „Moxabehandlung" von Robert bekommen. Dabei handelt es sich um ein altes Behandlungsverfahren aus der traditionellen chinesischen Medizin. Meist wird dazu ein brennendes Beifußkraut indirekt an der Körperoberfläche angewandt, wodurch die

Selbstheilungskräfte des Körpers angeregt werden. Robert hat dazu ein Ding angezündet, das wie eine dicke Zigarre aussah und schön langsam vor sich hinglühte. Die Wärmewirkung dieser glühenden „Zigarre" habe ich im Schulterbereich als sehr angenehm empfunden. Die Wirkung der Moxabehandlung liegt darin, dass die Gewebsdurchblutung verbessert wird, der Gewebsstoffwechsel aktiviert wird, die Organfunktionen angeregt werden, die Körper- und Immunabwehr gestärkt werden und sie allgemein beruhigend wirkt.

Gleichzeitig zu dieser Behandlung hat mich Robert noch mit dem Stab des Magnetfeld-Resonanz-Gerätes über meinen Schulter- und Rückenbereich Zentimeter für Zentimeter behandelt.

Pulsierende Magnetfelder tragen mit der Anwendung körpereigener Frequenzen zu einem verbesserten Stoffwechsel bei und unterstützen die Gesunderhaltung und Gesundung des Körpers.

Zusätzlich zu dem Stab gibt es noch ein kleineres Magnetfeld - Resonanz-Pad und eine Magnetfeld-Resonanz-Matte. Welche Wirkung zeigen nun diese Hilfsmittel?

Es kann zur Gesundheitsprophylaxe und zum allgemeinen Leistungs- und Energieaufbau durch Aktivierung der Funktionen von Stoffwechsel, Durchblutung, Regeneration und der körpereigenen Abwehrkräfte verwendet werden. Ein weiterer Anwendungsbereich liegt in der Steigerung des allgemeinen Wohlbefindens durch Förderung von Entspannung, Schlaf und Stressabbau. Dann kann es begleitend zur therapeutischen Behandlung von funktionell bedingten Durchblutungsstörungen, sowie allgemeinen Herz-Kreislauf- und Blutdruckbeschwerden eingesetzt werden. Außerdem unterstützt dieses System Wundheilungs- und Knochenheilungsprozesse.

So, das waren im Großen und Ganzen all die Behandlungstechniken, die ich bei Robert erhalten habe.
Jetzt kommt die entscheidende Frage: „Was hat sich bei mir dabei getan?"
Abgesehen von der tollen Massage, die ich als enorm wohltuend für meinen Körper empfunden habe, ist mein ganzer Körper sehr geschmeidig und locker geworden. Während der gesamten Behandlung habe ich immer wieder ein stärkeres Kribbeln in meinen Beinen wahrnehmen können. Robert hat mir immer wieder bestätigt, dass da sicher Leben in meinen Beinen und speziell in meinen Füßen sein muss, weil die Füße immer schön warm waren und weil er, wenn er bestimmte Punkte an den Zehen mit seinem Meridianstab berührte, ganz deutliche Bewegungen in meinen Beinen feststellen konnte. Er sagte dann immer zu mir: „Ilse, da muss Leben in deinen Beinen sein, weil sie sofort auf meine Berührung reagieren!" Und ich dachte mir: „Klingt eigentlich total plausibel und logisch." Und wieder einmal die Bestätigung, dass ich am richtigen Weg bin. Vielen Dank!

Die Behandlung bei Robert nahm ich zirka alle 3-4 Wochen in Anspruch.
Nach etwa 3 Jahren habe ich mich dazu entschlossen mit dieser Art der Therapie aufzuhören. Ich wollte einfach beobachten, wie mein Körper reagiert. Und er ist dankenswerterweise gesund geblieben, und das Wichtigste dabei war, dass dieser Entschluss von einem guten Gefühl begleitet wurde.

9

CLAUDIA UND FRAU PFERSMANN - DIE OSTEOPATHINNEN

Wie genau ich zu Claudia gekommen bin, ist von geringer Bedeutung. Ich glaube, dass eine Bekannte von Rupi sie uns empfohlen hat - wie auch immer.

Wir machten uns also einen Termin aus. Als wir dort waren, kann ich mich noch genau erinnern, dass dieser Teil des Ortes, an dem das Haus dieser Dame steht, „in der Not" heißt und genauso sah es bei ihr aus. Ich dachte, dass wir Menschen hier in Österreich in einem guten bis sehr guten Wohnlevel eingebettet sind. Aber was ich da bei dieser Dame gesehen habe, glich einem uraltem Haus, an dem fleißig herumgebaut wurde und an dem noch viel zu tun war.

Bei Betrachtung dieser „Bruchbude" habe ich unser altes, aber doch noch halbwegs ordentliches Bauernhaus sehr zu schätzen gelernt!

Nun aber zu Claudia und ihren tollen Fähigkeiten. Claudia war eine Frau, verheiratet, 3 Kinder, die selber körperlich etwas gehandicapt ist. Sie ist Spastikerin. Sie hat aber vor einigen Jahren ihren Bürojob hingeschmissen und die Ausbildung zur Osteopathin gemacht, um anderen Menschen helfen zu können. Trotz ihrer momentan misslichen Wohnungssituation hat sie bei mir einen gefestigten, lebensfrohen und glücklichen Eindruck hinterlassen. Sie hat zum Beispiel ihr drittes Kind trotz ihrer Spasmen zu Hause auf die Welt gebracht. Da kann ich nur sagen:

„Diese Frau zeigt Mut und geht ihren Weg - herzliche Gratulation!“

So, nun komme ich zu der Therapie, die ich von Claudia in Anspruch genommen habe. Sie wandte die Osteopathie bei mir an. Dabei hat sie hauptsächlich mit meinem Kopf gearbeitet. Ich bin auf einem Massagetisch gelegen, und sie ist hinter meinem Kopf auf einem Stuhl gesessen und hat mit ihren beiden Händen an meinem Kopf Mikrobewegungen vorgenommen, um so wieder den Energiefluss herzustellen.

Sie konnte zum Beispiel auch feststellen, dass meine Leber zu dieser Zeit sehr viel Arbeit hatte und auch die Nieren viel zu entgiften hatten, nachdem ich doch einige Medikamente zu mir genommen hatte.

Auch bei dieser Behandlung ist das Kribbeln in den Beinen immer stärker und stärker geworden. ***Juchhu!***

Ich kann mich nur noch erinnern, dass wir uns immer sehr angeregt während der Therapie unterhalten haben, und sie mir immer wieder Mut gemacht hat und zuversichtlich im Bezug auf meine Heilung war. Nochmals recht herzlichen Dank dafür, Claudia.

Dass Claudia tatsächlich eine Frau mit Format und Charakter ist, hat sie dahingehend bewiesen, dass sie mir eines Tages bei unserer gemeinsamen letzten Therapie geraten hat, doch zu ihrer Lehrerin zu fahren, weil diese sichtlich mehr Erfahrung hat und damit bessere Hilfestellungen geben könnte. Wer gibt schon gern freiwillig einen Kunden auf, ist so ehrlich und empfiehlt dir einen besseren Kollegen? Da kann ich nur nochmals sagen: „Meine Bewunderung, liebe Claudia!“

Claudia gab uns die Telefonnummer von ihrer Lehrerin, und so hatten wir dann bald unseren ersten Termin bei Frau Pfersmann,

die selber therapiert und gleichzeitig die Osteopathenausbildung anbietet.
Auch diese Dame stellte sich als sehr kompetent heraus, arbeitete fleißig an meiner Genesung, redete ebenfalls sehr viel während der Therapien und gab mir auch immer wieder Tipps, was ich machen könnte, um zum Beispiel eine bessere Stabilität im Beckenbereich zu erhalten. Die Therapie dauerte so zirka eine $\frac{3}{4}$ Stunde bis Stunde. Alle 4-5 Wochen war ein „osteopathisches Wiedersehen" in unsere beiden Kalender eingetragen.
Was hat sich alles bei den Therapien zum Positiven gewandelt?
Zum Beispiel hat sich mein Becken, das am Anfang der Therapie bei Frau Pfersmann sehr schief gewesen ist, wieder gerade gestellt. Weiters sind die Spasmen, die generell häufiger auftreten, wenn ich mich in Rückenlage befinde, deutlich weniger geworden. Sie hat immer wieder das Augenmerk auf meine Schultermuskulatur gelegt, da diese aufgrund der momentanen einseitigen Belastung stärker beansprucht wird. Außerdem hat sie sich intensiv mit ihren Händen um meine sehr in Mitleidenschaft gezogenen Brustwirbel gekümmert, die sich nach und nach immer leichter in die richtige Stellung bringen haben lassen.
Nach der Therapie waren meine Beine immer beweglicher und leichter als zuvor.
Wie du liest, hat sich auch bei dieser Therapie einiges bewegt.

Nachdem wir aber einmal einen kleinen Auffahrunfall bei der Fahrt zu dieser Therapie gehabt haben, habe ich dies gleich zum Anlass genommen, mit dieser Therapie aufzuhören.
Im Zuge dessen möchte ich mich bei Frau Pfersmann für die vielen Therapien, die netten gemeinsamen Stunden und die sehr lehrreichen Gespräche recht herzlich bedanken.

10

HANNES - DER AKUPUNKTURSPEZIALIST

Hannes ist ein Freund meines Freundes und eigentlich Gynäkologe in einem Krankenhaus. Zusätzlich hat er sich in den letzten 9 Jahren eine eigene Praxis aufgebaut und eine Ausbildung in der TCM (traditionellen chinesischen Medizin) absolviert.
Als wir uns bei irgendeiner Geburtstagsfeier trafen, bot mir Hannes an, dass er mich ohne weiteres mittels Akupunktur in meinem Heilungsprozess unterstützen könnte, wenn ich das wollte. Selbstverständlich nahm ich dieses Angebot gerne an, und so wurde ich jede Woche einmal von Hannes mittels Akupunktur behandelt. Bei unserem ersten Treffen machte er sich ein genaueres Bild von mir, und dann wusste er, wie viele Nadeln er setzen konnte und wohin, damit der Energiefluss im Körper wieder besser gewährleistet war.
Diese Art der Therapie habe ich zirka 10-15-mal in Anspruch genommen.
Anschließend habe ich einige Monate Pause gemacht, um dann nochmals zirka 10 Akupunkturbehandlungen meinem Körper angedeihen zu lassen.
Was habe ich bei dieser Behandlung gespürt?
Ganz eindeutig habe ich ein viel stärkeres Kribbeln in den Beinen festgestellt. Also wieder ein gutes Zeichen.
Nach diesen zwei Behandlungsblöcken habe ich diese Art der Therapie kennen gelernt und dann den Entschluss gefasst, dass es sicher noch andere Dinge gibt, die mir dabei behilflich sein

können, mir meinen Herzenswunsch zu erfüllen. Und wie du sehen wirst, ist es tatsächlich so eingetreten.
Gerade deswegen liegt es mir am Herzen, mich nochmals bei Hannes zu bedanken, der mir diese Therapie kostenlos zur Verfügung stellte. Danke, Hannes!

11

ISABELLA - DIE BODY DETOX SPEZIALISTIN

Worum handelt es sich bei Body Detox?
Heutzutage ist es unvermeidlich, dass wir durch Umwelt, Nahrung und Genussmittel belastende Substanzen aufnehmen. In einem bestimmten Umfang kann der Körper sie neutralisieren und ausscheiden. Bei den meisten Menschen wird dieser Umfang im Laufe der Jahre massiv überschritten, was eine Verminderung des Wohlbefindens und der Leistungsfähigkeit sowie verschiedene andere Beschwerden nach sich ziehen kann. Deshalb ist es wichtig, den Körper bei der Ausscheidung der Schadstoffe aktiv zu unterstützen.
Das Body Detox Elektrolyse Fußbad ist eine neuartige Methode, die dem Körper hilft, belastende Säuren, Schlacken und Schadstoffe schnell und tief greifend ausscheiden zu können. Dies wird über die Ionisierung des Fußbadewassers bewirkt, die mit den Körperflüssigkeiten in Resonanz tritt.
Durch die Anwendung werden eine wohlige Entspannung sowie eine angenehme Durchblutung erreicht und der gesamte Körper in seiner regulierenden Tätigkeit unterstützt.
Das Body Detox Elektrolyse Fußbad bildet eine einmalige Grundlage zur Vorbeugung und ermöglicht dem Körper Hilfe zur Selbsthilfe.
Dass die Reinigung direkt und intensiv geschieht, kann während der Anwendung selbst beobachtet werden. Während des 30-minütigen Fußbades nimmt das Wasser unterschiedlich intensive Verfärbungen an, da die ausgeschiedenen Stoffe durch die

Elektrolyse eingefärbt werden. Ein Teil der Verfärbungen ist auf Verunreinigungen des Wassers, auf das zur Herstellung der Sole verwendete Salz sowie auf den Materialverlust des Konverters zurückzuführen.

Ich ließ mir dieses System einmal genauer erklären und unterzog mich anschließend einer Behandlung. Auch bei mir kam es zu einer ganz deutlichen Verfärbung (braun) des Wassers. Außerdem stellte sich Isabella als eine sehr freundliche Weggefährtin heraus. Und deshalb entschied ich mich für 10 Body Detox Behandlungen zu je 30 Minuten. Wenn Rupi mit war, nahm er diese Behandlung ebenfalls in Anspruch, weil es uns darum ging, unserem Körper dabei zu helfen, besser und schneller zu entgiften und zu entschlacken.

Wie du siehst, probierte ich beziehungsweise probierten wir sehr viele Dinge aus und machten sie eine gewisse Zeit lang, um meinen Heilungsprozess voran zu treiben.

Ich führe es auf all diese Therapien, die ich im Laufe der letzten Jahre gemacht habe, zurück, dass ich seit dem Unfall Gott sei Dank gesund geblieben bin. Und dafür bin ich meinem Körper jeden Tag aufs Neue sehr, sehr dankbar.

Jeder Mensch weiß meistens erst dann, zum Beispiel seine Gesundheit, zu schätzen, wenn er sie vorübergehend verloren hat. Wenn mich diese Zeit jetzt eines gelehrt hat, dann ist es das, dass ich täglich für alles „Danke schön" sagen darf, was mir als angenehm und wohltuend im Leben begegnet. In diesem

Zusammenhang möchte ich dir eine spezielle Übung ans Herz legen. Viel Freude dabei!

<u>30 Minuten harmonisierende Energiearbeit:</u>

Du kannst einen Tag voll harmonischer Energie beginnen, indem du am Abend zuvor auf bestimmte Weise zu Bett gehst:

Finde etwas in deiner Nähe, dem du deine Wertschätzung zeigen kannst. Dann formuliere deine Absicht, gut zu schlafen und erfrischt aufzuwachen.

Wenn du am nächsten Morgen aufwachst, bleibe noch mindestens 5 Minuten in weiterer Wertschätzung liegen, dann erfrische dich durch Duschen und Essen.

Setze dich für weitere 15 Minuten hin und beruhige deine Gedanken. Spüre wie jeder Widerstand, den du hast, von dir abfällt, und spüre auch, wie deine Schwingung steigt.

Dann öffne deine Augen und setze dich noch einmal für 5-10 Minuten hin, um eine Liste dessen aufzustellen, was du in deinem Leben zu schätzen weißt. Du wirst dich einfach gut fühlen.

(Hicks, Ester & Jerry: The Law of Attraction Liebe – Das Gesetz der Anziehung in der Liebe, S. 65)

12

MARIANNE - DIE SCIO ANWENDERIN

Als wir das erste Mal bei John waren, hatte er die Idee, dass wir gleich in seiner Nähe eine Möglichkeit hätten, mehr über meine körperliche, geistige und seelische Verfassung in Erfahrung bringen zu können. Er telefonierte kurz, und wir bekamen noch einen Abendtermin bei dieser Dame.

Diese Dame, Marianne, hatte ein Gerät, das an einem Computer angeschlossen war, und von dem vier Kabel weghingen. Je zwei für die Beine, die ich oberhalb der Fußgelenke direkt auf der Haut anbrachte und die anderen beiden an den Armen, etwas oberhalb der Handgelenke. Über diese Kontakte erhielt sie von mir Informationen, die sie mir dann mitteilte.

Sie wollte das genaue Datum meines Unfalls wissen, um mir nach einer kurzen Weile zu berichten, dass ihr mein Biorhythmus zeigte, dass zu diesem Zeitpunkt alles im guten Bereich lag.

Diese Gelegenheit möchte ich gleich beim Schopf packen und dir zeigen, wie du dir deinen persönlichen Biorhythmus ausrechnen kannst, und wozu das gut ist. Ich sehe den Biorhythmus als eines von vielen Werkzeugen, die ich in den letzten Jahren erhalten habe, und die mir einige Aufschlüsse bezüglich meines Selbst gegeben haben. Ich bin fest davon überzeugt, dass dir die Kenntnis deines Biorhythmus im Umgang mit dir selbst weiterhelfen kann. Deshalb mache ich an dieser Stelle einen Exkurs. (Vgl. Paungger, Johanna und Poppe, Thomas: Aus eigener

Kraft – Gesundheit und Gesundwerden in Harmonie mit Natur- und Mondrhythmen, S. 211-230)

Der menschliche Biorhythmus

Alles ist Rhythmen, Kreisläufen und verwandelnder Bewegung ausgesetzt, im Schaffen wie im Zerstören. Vom Atem bis zum Herzschlag, vom Kreisen der Körpersäfte bis zum Kreislauf von Geburt, Tod und Wiedergeburt; überall ist das Leben berührt und ergriffen von einem Auf und Ab, von Verblühen und Erneuerung, vom An- und Abschwellen vielfältiger Kräfte. Das Leben selbst ist Kreisen, Schwingen, Vibrieren, Pendeln – mit einem Wort ein Tanz.

Du unterliegst immer wieder seltsamen Schwankungen und Unbeständigkeiten im Alltag. Wie oft kommt es vor, dass du mal „schlecht drauf" bist und „danebenstehst", dass du dich ohne erkennbaren Anlass als reizbar, unbeherrscht oder unkonzentriert erlebst? Dann wieder erfährst du ein körperliches oder geistiges Hoch, stellst dich dem Alltag beschwingt - gleichermaßen offenbar ohne besonderen Grund.

Die drei Lebenstakte:

Die Kräfte des menschlichen Biorhythmus wirken auf Körper, Geist und Seele vom Tag unserer Geburt an. Sie färben vieles von dem, was du tust, fühlst und denkst. Sich dieses Farbenspiels bewusst zu machen, kann in vielen Lebensbereichen, im Berufs- und Privatleben, von großem Vorteil sein, in erster Linie deshalb, weil die Auswirkungen in vieler Hinsicht vorhersagbar sind. Schon die Ärzte im alten Griechenland nahmen Rücksicht auf die „guten" und „schlechten" Tage ihrer Patienten.

Drei Rhythmen sind es, die dich vom Tag deiner Geburt an lebenslang mit einem in der Natur eher seltenen, fast dickschädeligen Gleichmaß, im Takt einer sehr langsamen inneren Uhr, begleiten:

- Der körperliche Rhythmus mit 23 Tagen - Wechseltag nach dem 11,5. Tag.
- Der seelische Rhythmus mit 28 Tagen - Wechseltag nach dem 14. Tag.
- Der geistige Rhythmus mit 33 Tagen - Wechseltag nach dem 16,5. Tag.

Jeder Rhythmus beschert dir bis zur Hälfte seiner Dauer eine langsam bis zu einem Gipfelpunkt ansteigende Hochphase. Direkt am Gipfelpunkt wechselt er dann in kürzester Zeit scharf und fast senkrecht abwärts zum Ausgangspunkt und geht in eine absinkende Tiefphase über, bis ein Tiefpunkt erreicht ist. Von dort kehrt er ebenfalls scharf senkrecht nach oben zum Anfang zurück, wo der Hoch-Tief-Puls von neuem beginnt.

Die Wechseltage sind bei allen Rhythmen von besonderer Bedeutung. Sie markieren eine fast immer kritische Zeitspanne, die Stunden, manchmal sogar einen Tag oder länger dauern können. Ihre Wirkung auf Körper, Geist und Seele lässt sich mit einem Klimawechsel in Miniformat vergleichen. Der Übergang vom Tief zum Hoch wird oftmals als weniger einschneidend empfunden wie der Wechsel von der Hoch- zur Tiefphase.
Diese drei Rhythmen beeinflussen dich alle pausenlos, durchdringen sich zudem, verstärken und schwächen sich gegenseitig und treten in Wechselwirkung mit zahlreichen

anderen Einflüssen wie Gesundheitszustand, Alter, Umwelteinflüsse, Stress, etc.
Das enge Zusammenspiel von Körper, Geist und Gefühlswelt hat zur Folge, dass sich die Wirkungen der drei Rhythmen sehr vielfältig und für jeden Menschen in anderer Weise bestimmen lassen. Sie sind individuell: Ein geistiges Tief kann sich direkt auf die körperliche Verfassung auswirken, ein seelisches Hoch dagegen kann unter Umständen ein körperliches Tief vorübergehend vergessen lassen.

Der körperliche Biorhythmus (23 Tage)
Die Kenntnis des eigenen körperlichen Biorhythmus ist besonders für Menschen interessant, die sich in irgendeiner Form körperlich betätigen, ob im Sport oder im Beruf.
<u>Hoch-Phase:</u> Du fühlst dich vital und ausdauernd; körperliche Arbeiten gelingen müheloser; alles geht leichter von der Hand; im Sport bist du generell leistungsfähiger; beeinflusst werden auch Unternehmungslust, Dynamik, Selbstvertrauen und Mut.
<u>Wechseltag:</u> Kritische Zeit - gesundheitlich bist du etwas anfälliger; problemlos zu bewältigende Aufgaben erfordern jetzt höhere Konzentration; im körperlichen Zusammenspiel von Nerven, Muskeln und Gelenken ist manchmal Sand im Getriebe.
Viele Hebammen kennen den körperlichen Biorhythmus genau: Sie wissen, dass der 11. Tag (Wechseltag im körperlichen Rhythmus) für Neugeborene eine kritische Zeit markiert. Es kann häufiger zu Erbrechen oder anderen körperlichen Symptomen kommen, die zu Besorgnis Anlass geben. Nach einem Monat sind Babys aus dem Gröbsten raus, weil die Kleinen nach 33 Tagen erstmals alle drei Rhythmen mit ihren Hoch- und Tiefphasen und Wechseltagen durchlebt haben.

Tief-Phase: Allmählicher Kräfteabfall und verminderte körperliche Spannkraft; größere Anstrengungen brauchen längere Erholungsphasen; gerade die letzten Tage im Tief wären gut als Zeit der Erholung und Ruhe geeignet, um neue Kräfte zu sammeln.

Der seelische Rhythmus (28 Tage)

Er hat Einfluss auf deine innere und äußere Wahrnehmungs- und Empfindungskraft, generell auf deine Gefühlswelt, Intuition und Schöpferkraft. Besonders wichtig ist er für Menschen in Sozialberufen.

Hoch-Phase: Du bist gefühlsmäßig beweglicher; die positiven Seiten des Lebens werden leichter erkannt; es ist leicht, eine optimistische Sicht auf das Leben zu gewinnen und zu behalten; du kannst mit der Kraft positiver Gedanken viel Gutes bewirken.

Wechseltag: Ist immer genau am Wochentag deiner Geburt - gefühlsbedingtes Chaos, seelische Konflikte, sich Stören an Nichtigkeiten.

Tief-Phase: Du verarbeitest schlechte Nachrichten immer weniger gut; du rutschst leichter in eine pessimistische, niedergeschlagene und ängstliche Grundstimmung; die Sinnlosigkeit vieler Dinge im Leben wird jetzt stärker empfunden; wer dazu neigt, sein Leben von schlechtem Gewissen regieren zu lassen, der ist jetzt ein willigeres Opfer als sonst - daher ist erhöhte Selbstdisziplin nötig; Kindern, die gerade ihr seelisches Tief durchlaufen, eine Strafpredigt zu halten, ist ein vergebliches Unterfangen - zum einen Ohr rein, zum anderen Ohr raus.

Der geistige Rhythmus (33 Tage)

Er berührt vor allem die Fähigkeit, im Kopf und planend zu arbeiten. Beeinflusste Lebensbereiche sind Logik, Verstand und Lernfähigkeit, vorausschauendes Denken, Kombinationsgabe, innerer und äußerer Orientierungssinn. Lehrer, Politiker, Referenten, Journalisten und Schriftsteller empfinden das Auf und Ab dieses Rhythmus besonders stark.

Hoch-Phase: Alle verstandesbestimmten Tätigkeiten erfahren Unterstützung; du nimmst intellektuelle Lernstoffe und Informationen leichter auf und kannst sie müheloser verarbeiten und weitergeben; du konzentrierst dich leichter.

Wechseltag: Hemmt die geistige Spannkraft; die Reaktionsfähigkeit ist eingeschränkt; die Aufnahme von neuem Lernstoff ist oftmals blockiert; das Meiden verzwickter Aufgaben beziehungsweise eine erhöhte Konzentration ist hier das beste Mittel.

Tief-Phase: Geistig unbeweglicher; leichter mental erschöpft, wenn Aufgaben zu heikel sind; die Lern- und Entscheidungsfreude lässt nach; Ängste werden greifbar, als ob sie schon Wirklichkeit wären.

Der Biorhythmus im Alltag

Wer den Biorhythmen bei sich selbst nachspürt, wird den Nutzen ihrer Kenntnis sehr bald aus eigener Kraft entdecken.

Bei Kindern: Befinden sich der geistige und seelische Rhythmus im Tief, ist es sinnlos, neuen Lernstoff einzupauken oder sie zuhause mit zusätzlichen Anforderungen zu belasten.

So manches heikle Unterfangen, dessen Termin du auf einen biorhythmisch günstigen Tag legst, verspricht weit mehr Aussicht auf Erfolg wie zum Beispiel Prüfungen aller Art,

Einstellungsgespräche, Bewerbungen, Gespräche mit Untergebenen oder Vorgesetzten oder schwierige Arbeitsabläufe. Grundsätzlich hat es Vorteile, wenn die Hoch- und Tiefphasen zweier Menschen einigermaßen übereinstimmen: Du bewegst dich viel öfter auf gleicher Wellenlänge wie der Partner. Viel ist schon gewonnen, wenn du den „verflixten Wochentag" in der seelischen Kurve des Partners kennst – jenen Tag, der genau alle 14 Tage, am Wochentag des Geburtstags, dem Partner einige mulmige Stündchen verpasst. Wie überall sonst, ist hier Einsicht und Einfühlungsvermögen von zentraler Bedeutung: Wenn du weißt, dass die schlechte Laune, Unkonzentriertheit oder Lustlosigkeit mit dem jeweiligen Biorhythmus zusammenhängen, fällt es viel leichter, auf diesen Zustand einzugehen. Dabei geht es weniger darum, sich alle Schikanen gefallen zu lassen oder die Verantwortung dem Biorhythmus zuzuschieben, sondern um **Verstehen lernen**. Diese Form des Annehmens gibt dir wiederum die Chance, echtes Annehmen zu üben - **ein Annehmen und Lieben ohne jede Frage nach Gründen, ohne jede Bedingung. Und nur Letzteres verdient den Namen Liebe.**

Allgemeine Regeln und Hinweise:

- ⊙ Biorhythmus kennen lernen, erforschen und entdecken - für sich allein; ihn annehmen und im Alltag anwenden. Es gibt weder „gute" noch „schlechte" Tage. Es kommt immer darauf an, wie du die Kenntnis des jeweiligen Biorhythmus zu nutzen weißt.
- ⊙ Zeitpunkt wichtiger Arbeiten oder Vorhaben selbst bestimmen; auf den eigenen Biorhythmus achten und das jeweilige Vorhaben auf einen günstigen Tag legen.

- ⊙ Falls ein Vorhaben an einem Wechseltag oder ein Tief fällt, kannst du dich besser einstellen. Gut vorbereitet, ist halb gewonnen.
- ⊙ Es ist eine persönliche Erfahrung. Eine diesbezügliche Verallgemeinerung ist deshalb ausgeschlossen.

Piloten der schweizerischen Fluglinie Swissair haben an biorhythmischen kritischen Tagen Flugverbot. Menschliches Versagen als Unfallursache ist bei dieser Fluglinie fast unbekannt.
In China, Indien und Japan spielt der Biorhythmus bei wichtigen politischen und wirtschaftlichen Entscheidungen eine große Rolle.
Spüre deinem persönlichen Biorhythmus nach, erlebe seine Wirkungen. Dann wirst du seine Existenz und seinen Nutzen erfassen und dich vollkommen auf dich verlassen können.
Wer sich in Tiefphasen betäubt oder aufputscht, betäubt seine gesamte Empfindungs- und Wahrnehmungskraft. Das Ergebnis ist ein lauwarmes Leben, und somit ist ein echtes Lernen, eine echte innere Entwicklung schwer möglich.

Berechnung des Biorhythmus:

1. Berechne die Zahl der Tage, die seit deiner Geburt bis zum Tag der Berechnung vergangen sind - dazu musst du dein Lebensalter mit 365 multiplizieren, dann die Tage addieren, die seit deinem letzten Geburtstag noch hinzukommen und zuletzt noch die Tage addieren, die durch die zusätzlichen Februartage in Schaltjahren hinzukommen. (Schaltjahre sind alle Jahre, die durch die Zahl 4 teilbar sind.) Achtung: Wenn dein Geburtsjahr ein Schaltjahr ist, musst du nur dann für dieses Jahr einen Tag addieren, wenn dein Geburtstag vor dem 29. Februar

liegt. Wenn das Berechnungsjahr ein Schaltjahr ist, musst du nur dann einen Tag addieren, wenn der Tag, für den du den Biorhythmus ausrechnest, nach dem 29. Februar liegt. Die Gesamtzahl der Lebenstage seit deiner Geburt notierst du dir und gehst zum nächsten Schritt über.

2. Teile die Gesamtzahl deiner Lebenstage durch
   - 23 (für den körperlichen Rhythmus)
   - 28 (für den seelischen Rhythmus)
   - 33 (für den geistigen Rhythmus)

   Du erhältst 3 Zahlen; die Zahl vor dem Komma sagt dir, wie oft du in deinem Leben den jeweiligen Rhythmus bereits durchlebt hast; die Zahl nach dem Komma bedeutet, welchen Bruchteil des jeweiligen Rhythmus du am Tag der Berechnung schon hinter dir hast.

3. Für den körperlichen Rhythmus multiplizierst du nun die Zahl nach dem Komma mit 23.
   Für den seelischen Rhythmus multiplizierst du die Zahl nach dem Komma mit 28.
   Für den geistigen Rhythmus multiplizierst du die Zahl nach dem Komma mit 33.

Trag nun am Berechnungstag in deinem Kalender die Zahlen für die jeweiligen Rhythmen ein und zähle dann für die nächsten Tage jeweils immer um eine Zahl weiter. So kannst du Monate oder gar Jahre im Voraus deinen Biorhythmus verfolgen und nutzen, ohne die Berechnung wiederholen zu müssen. Du musst nur darauf achten, dass du nach 23, 28 und 33 wieder bei 1 beginnst!

Ob du richtig gerechnet hast, kannst du ablesen, wenn sich die Wechseltage deines seelischen Rhythmus stets am Wochentag deiner Geburt befinden.

Beispiel anhand meines Unfalldatums:

Geburtstag:	02. 03. 1975
Datum der Berechnung:	22. 08. 2004
Lebensalter (29) multipliziert mit 365:	10585
Zahl der Tage seit letzten Geburtstag:	173
Zusätzliche Tage aus Schaltjahren:	8
Insgesamt sind also Tage vergangen:	**10766**

10 766 geteilt durch 23:	468,086957
10 766 geteilt durch 28:	384,5
10 766 geteilt durch 33:	326,242424

Körperlicher Rhythmus:	0,086957 x 23	2
Seelischer Rhythmus:	0,5 x 28	14
Geistiger Rhythmus:	0,242424 x 33	7,9 = 8

Welche Aussagen sind aufgrund dieser Berechnung zulässig?
Körperlich und geistig habe ich mich am Beginn der Hochphase befunden – also total vital und leistungsfähig auf der einen Seite, und auf der anderen Seite war mein Verstand auf höchste Konzentration und Unterstützung geschaltet.
Einzig meine Gefühlswelt durchlebte an diesem sehr einschneidenden Tag eine kritische Phase. Es war mein Wechseltag, da ich an einem Sonntag das Licht der Welt erblickt habe. Somit muss ich die Aussage von Marianne widerlegen, die gemeint hat, dass bezüglich meines Biorhythmus am Tag meines

Unfalls alles zu meinem Besten stand. Du wirst auch im weiteren Verlauf meines Buches darüber lesen können, dass dieser Tag für meine Seele von enormer Bedeutung gewesen ist.

Jetzt möchte ich dir noch ein weiteres Werkzeug mit auf deinen Weg geben, das gut zum Thema Biorhythmus passt. Dabei handelt es sich um den **Tagesrhythmus der Organe** (Vgl. Paungger, Johanna und Poppe, Thomas: Aus eigener Kraft - Gesundheit und Gesundwerden in Harmonie mit Natur- und Mondrhythmen, S. 231-243). Ähnlich dem Biorhythmus für den ganzen Körper ist jedes einzelne Körperorgan für sich einem Rhythmus unterworfen, der ihm im Laufe von 24 Stunden jeweils eine Hochphase und gleich anschließend eine Tiefphase beschert. Zu bestimmten gleich bleibenden Zeiten arbeiten die Organe zwei Stunden lang besonders wirkungsvoll und gönnen sich sofort anschließend eine Erholungsphase, in der sie etwa zwei Stunden rasten und sich regenerieren.
Wenn du dich nach und nach mit dem Rhythmus der Organe vertraut machst, kannst du zahlreiche dem Wohlbefinden und der Gesundheit dienende Maßnahmen zum richtigen Zeitpunkt vornehmen und damit ihre Wirkung noch erhöhen - etwa das Zuführen von Heilmitteln oder das Ausschwemmen von Giften.

Magen (07:00 - 09:00 Uhr):
Arbeitet auf Hochtouren und ist bereit für Energienachschub. Aber welche Energie braucht er?
Wichtig ist, dass du deinen Tag mit Schwung und Optimismus beginnst. Darüber entscheidet weniger die Zusammensetzung deines Frühstücks, sondern sind viel mehr das Gefühl und die Gedanken, mit denen du das Bett verlässt, wichtig.

Manchmal könnte man auf die Idee kommen, dass es im Grunde nur zwei verschiedene Arten von Menschen gibt: **Diejenigen, die sich Sorgen machen, und die, die es sich wert sind, frei von Sorgen ihr Leben zu bestreiten!**

Die Sorgenbeladenen, denen Vergangenheit und Zukunft wichtiger sind als der Augenblick, schleppen sich morgens aus dem Bett und sagen sich: „Was wird wohl heute alles schief gehen? Welche Erwartungen muss ich heute wieder erfüllen?" Sie haben immer das Gefühl, dass alles schief geht, sie nehmen stets das Schlimmste an und rechnen damit, im Stich gelassen zu werden – was auch geschieht, weil sie damit rechnen.

Wer sich jedoch der Macht des Augenblicks bewusst ist, wird morgens aus dem Bett hüpfen, die Vorhänge öffnen, dem grauen Regenwetter ins Gesicht lachen und erklären, dass es ein wundervoller Tag ist. In den Augen dieser Menschen ist alles gut, so wie es ist. Sie lernen aus jedem Fehler. Sie können das Wesentliche vom Unwesentlichen klar und deutlich unterscheiden. Sie konzentrieren sich auf die Lösung eines Problems und landen leichter auf ihren Füßen.

Zu welcher Gruppe du im Augenblick gehörst, ist nebensächlich. Wichtig aber ist, dass du innerlich immer die Wahl hast, zu welcher du gehören willst.

Die Qual der Wahl erleichtert die Einsicht, dass das Aufstehen und die ersten Minuten danach sehr oft darüber entscheiden, wie der restliche Tag verläuft.

Beginne deinen Tag frohgemut, gelassen und optimistisch!

Gerade aus diesem Grund ist am Morgen eine entspannte und stressfreie Atmosphäre von besonderer Bedeutung.

Du hast immer die Wahl, mit welcher geistigen und körperlichen Nahrung du morgens deinen aufnahmebereiten Magen und Geist belastest oder beschenkst.

Steh zeitig auf, um ein gemächliches Tempo zu gehen, dusche in Ruhe, iss und trinke behaglich, was dir schmeckt und Befriedigung gibt. Verzichte auf die Zeitung, wenn dich ihr Inhalt regelmäßig deprimiert oder „sauer" macht. Niemand wird zum Morgenmuffel geboren. Du wirst dazu oder lässt dich dazu machen - von schlechten Schlafstätten, schlechten Nachrichten oder schlechten Gedanken.

Wie wünschst du dir deinen Morgen?

Was willst du morgens zu verdauen haben?

Was hindert dich daran, morgens glücklich aufzustehen?

Finde deine Antworten und schreite zur Tat!

Milz/Bauchspeicheldrüse (09:00 - 11:00 Uhr):

Ein schweres Frühstück nach 9:00 Uhr wirkt belastender und ermüdet.

Die Bauchspeicheldrüse kontrolliert den Blutzuckerspiegel.

Verzichte auf alles Süße und stark Zuckerhaltige während dieser 2 Stunden.

Eine Merkwürdigkeit ist, dass man während dieser zwei Stunden obendrein empfindlicher auf Lieblosigkeit und Kritik reagiert.

Infektionen heilen vormittags schneller als nachmittags, weil die Milz weiße Blutkörperchen, wichtige Helfer unserer Selbstheilungskräfte, am Fließband produziert.

Dass die Milz vormittags auf Hochtouren arbeitet, hat einen interessanten Nebeneffekt: Blutuntersuchungen finden meistens vormittags statt. Fast immer muss man nüchtern erscheinen. Es ist zu bedenken, dass das Ergebnis von Blutuntersuchungen immer etwas anders ausfällt, wenn man sie statt zwischen 9:00 und 11:00 Uhr in der Zeit von 11:00 bis 13:00 Uhr (in der Erholungsphase der Milz) vornimmt. Es wäre daher von Nutzen, die Blutuntersuchung auf den Nachmittag zu verlegen, um ein aussagekräftigeres Ergebnis zu bekommen und damit die Therapie besser einstellen zu können.

Herz (11:00 – 13:00 Uhr):

Iss nur, bis der Hunger gestillt ist, anstatt die Herztätigkeit in der Hochphase mit Sattessen bis zum Platzen zu belasten. Das Sättigungsgefühl stellt sich ohnehin meist erst fünf Minuten nach dem Essen ein.

Erhole dich in dieser Zeit!

Dünndarm (13:00 – 15:00 Uhr):

Fast alle Menschen haben schon die Erfahrung gemacht, dass sich gegen 13:00 Uhr oft plötzliche Müdigkeit und Leistungsabfall einstellen. Herztätigkeit und Kreislauf sacken ab, der Dünndarm, der bei vielen Verdauungsprozessen die Hauptlast trägt, will zu seinem Recht kommen, arbeitet besonders gut und wünscht sich vom übrigen Körper eine Pause. Seine Tätigkeit wird vom vegetativen (vom bewussten Willen ausgenommenen) Nervensystem gesteuert, das durch jede Form von Stress und Nervosität gestört und blockiert werden kann. Die beschauliche Siesta der südlichen Länder ist deshalb eine höchst sinnvolle Einrichtung. Zumindest längere Mittagspausen könnten Krankenstand und Krankheitskosten unserer Firmen und Institutionen drastisch verringern.

Blase (15:00 – 17:00 Uhr):

Die Blase ist ein wichtiges Entgiftungsorgan.

Getränke für die Blase kann man auch noch wirkungsvoll bis 19:00 Uhr trinken, wenn die Hochphase der Niere das Blasenhoch abgelöst hat.

Alle Tees zur Blutreinigung wirken, bei abnehmendem Mond zwischen 15:00 und 19:00 Uhr getrunken, am besten.

Es ist generell eine gute Sache, in diesen vier Stunden viel zu trinken.

Nieren (17:00 – 19:00 Uhr):

In diesen beiden Stunden arbeitet ein zentrales Entgiftungsorgan, die Nieren, am besten. Wie wichtig eine gut funktionierende Entgiftung für den Körper ist, steht außer Frage. Nach 19:00 Uhr darf ruhig weniger getrunken werden und vor allem vor dem Schlafengehen (speziell Kakao und Milch belasten die Nieren, weil Milch schlechter verarbeitet wird).

Kreislauf (19:00 – 21:00 Uhr):

Viele Eltern dürfen täglich die Erfahrung machen: Wenn es ihnen gelingt, die Kinder vor 19:00 Uhr ins Bett zu bringen, schlafen sie oft unproblematisch ein. Danach kann es zu einem harten Kampf ausarten, da der Kreislauf von 19:00 bis 21:00 Uhr am besten arbeitet. In dieser Zeit haben Körper und Geist oftmals ganz andere Dinge im Sinn als Schlaf. Es gibt sogar viele Kinder, die gerade um diese Zeit erst so richtig aufwachen. Für viele Kinder wäre dies sogar die beste Zeit zum Hausaufgaben machen. Gehören deine Kinder dazu, dann gibt es nur den einen Rat: Gib den täglichen Kampf auf! Der Unfrieden, den der Kampf langfristig stiftet, reicht viel tiefer als der kurzfristige Frieden, den die gewonnenen Stunden ohne Kinder bringen.

Allgemeine Energiesammlung (21:00 – 23:00 Uhr):

Bei den Chinesen heißen diese beiden Stunden nach einem Körpermeridian „die Zeit des dreifachen Erwärmers".

Wer in dieser Zeit anfällig gegen Kälte ist, wer gar nur in einem geheizten Raum einschlafen kann, sollte dies als Signal wahrnehmen. Irgendein körperliches oder seelisches Gleichgewicht ist aus den Fugen geraten und bedarf der Aufmerksamkeit.

Diese beiden Stunden zählen bei vielen Menschen zu den Kraftstunden, ihre Energie kommt erst jetzt so richtig in Schwung.

Galle (23:00 - 01:00 Uhr):

Die Gallenblase, das Organ, das mit seinen Sekreten zur Verarbeitung der Nahrung im Dünndarm beiträgt, und die Leber, das große Entgiftungsorgan, haben zwischen elf und drei Uhr nachts ihre große Zeit.

Wer in dieser Zeit regelmäßig aufwacht, hat Grund, auf die Funktion von Galle und Leber zu achten.

Verzichte generell abends auf fette Speisen, denn fettreiche Abendmahlzeiten belasten diese Organe zusätzlich und hindern sie an ihrer optimalen Funktion.

Leber (01:00 - 03:00 Uhr):

Die Leber kann sich nur im Schlaf regenerieren und ihre lebenswichtige Entgiftungsarbeit leisten. Wird also die Leber zwischen ein und drei Uhr nachts stark belastet, dann ist das

besonders nachteilig. Eine wesentliche Rolle bei der Erholung spielt eine gute Durchwärmung des Körpers.
Insgesamt wirken Nikotin und Alkohol in dieser Zeit strapazierender für den Organismus als zu anderen Zeiten.

Lunge (03:00 - 05:00 Uhr):
Bergsteiger wissen, dass sie der Start um 3 Uhr früh viel besser in Schwung bringt als ausgeschlafen um 5 Uhr morgens.
Raucher kennen den Hustenreiz am Morgen. Die Lunge hat in der Nacht ganze Arbeit geleistet, um alles Störende mit den Flimmerhärchen nach außen zu schaufeln.
Wer übrigens regelmäßig immer zur selben Zeit nachts aufwacht, hat guten Grund zu der Vermutung, dass dem jeweiligen Organ, das gerade seine Hochphase durchläuft, etwas mehr Aufmerksamkeit geschenkt werden darf.

Dickdarm (05:00 - 07:00 Uhr):
Etwa zwei Stunden lang hält sich die Nahrung im Dünndarm auf und etwa 20 Stunden im Dickdarm.
Durchfall deutet auf Verdauungsprobleme im Dünndarm hin, während Verstopfung auf eine zu lange Eindickzeit schließen lässt.
Gerade zwischen 5 und 7 Uhr morgens könntest du die entgiftende Arbeit des Dickdarms unterstützen, indem du ein Glas lauwarmes Wasser trinkst oder mit getrockneten Früchten nachhilfst.

Der Alltag lässt es uns täglich fühlen, dass Glücklichsein weder mit Alter, Reichtum und letztlich auch Gesundheit zu tun hat, sondern mit innerem Frieden, Zufriedenheit mit sich und der

Welt, ganz unabhängig davon wie der Zustand der äußeren Welt und der Zustand des eigenen Körpers ist.
Deine Welt, die innere Welt, änderst du in Bruchteilen von Sekunden, wenn du dich dazu entschließt, ohne dabei die Augen vor der Welt verschließen zu müssen. Hast du schon einmal die Erfahrung gemacht, dass sich jemand gesund gejammert hat oder durch Beklagen ein Problem gelöst hat?
Beobachte dich selbst, schaue, nimm dich wahr, mach dir Notizen: Die eigene Erfahrung mit den Organrhythmen ist wichtiger als Information von außen. Information ist wichtig, aber letztlich nur ein Werkzeug. Kopf und Hand, die sich eines Werkzeuges bedienen, sind auf Erfahrungen und Übung angewiesen. Das Herz dagegen, das Kopf und Hand führt, ist lediglich auf die Erinnerung an sich selbst und seine wahre Heimat angewiesen.

So, das waren zwei Werkzeuge, die du in dein Leben integrieren kannst, wenn du es möchtest. Was zählt, ist einzig und allein, welche Erkenntnisse und Erfahrungen du für dich aus diesem Wissen ziehen kannst. Aufgrund deines Biorhythmus weißt du jetzt, dass manche Tage von dir mehr Anstrengung, Konzentration und Aufmerksamkeit verlangen, und an manch anderen Tagen wiederum scheint alles wie von allein zu klappen. Außerdem erlaubt dir das Wissen um den Tagesrhythmus deiner Organe ein viel besseres Verständnis dafür wie du sie am besten unterstützen kannst, damit sie dir immer gute Dienste leisten. Wenn du ihnen nur Gutes zur rechten Zeit zukommen lässt, werden sie dich mit ihrer guten Funktion belohnen.
Wir müssen uns einer Sache durchaus bewusst sein, nämlich, dass der Körper, den wir erhalten haben, der wichtigste Begleiter auf dieser Erde für uns ist. Und deshalb ist es von enormer

Bedeutung, sich gut um seinen Körper zu kümmern. Ehre ihn, schätze all seine Funktionen und sei froh und dankbar, dass er dich überall hinbringt, wo immer du sein willst.
Ich sehe es heute als Privileg an, mit einem gesunden Körper auf die Welt gekommen zu sein und meine ersten 29 Jahre mit einem die meiste Zeit gesunden Körper gelebt zu haben. Genauso wie sich jeder von uns freut, wenn einem eine Sache gut gelingt und man dafür Lob erntet, freut sich der Körper über Lob und Anerkennung für seine perfekten, meist unterbewusst ablaufenden Funktionen, die es jedem Menschen erlauben, ein gesundes und glückliches Leben zu genießen. Denn genau aus diesem Grund sind wir eigentlich hier.
Lass mich nach diesem Exkurs wieder zu Marianne zurückkommen, die mir mittels dieses speziellen Systems eine Diagnose stellen konnte und anschließend gleich noch eine Therapie machte. Die Therapie hatte als Erstes ein Programm für Ruhe und Erholung für mich vorgesehen und anschließend wurden alle Faktoren, die außerhalb des Normbereichs lagen, durch dieses System ausgeglichen beziehungsweise wurden Reize gesetzt, damit sich diese Werte wieder normalisieren konnten. Dazu hat sie Globuli mit dieser Information beschickt, die ich dann zuhause täglich einnehmen konnte, um ständig meinen Körper mit dieser Information zu füttern.
Schon allein, dass es so ein System gibt, hat mich völlig beeindruckt, und das enorme Wissen von Marianne weckt nur pure Bewunderung und Wertschätzung in mir.
Sie hat schon in sehr frühen Jahren einen etwas anderen Weg eingeschlagen und sich ständig mit Kursen und Seminaren in Richtung Energiearbeit weitergebildet. Zusätzlich zu diesen Therapien, die sie macht, hat sie noch einen kleinen Laden, der

einmal in der Woche geöffnet ist, in dem sie Bücher, ausgesuchte Lebensmittel wie spezielles Meersalz, viele Heilsteine, Nahrungsergänzungsmittel und vieles mehr verkauft - mit einem Wort ein Laden zum Schmökern. Ich habe fast immer irgendetwas gefunden, das meine Aufmerksamkeit angezogen hat.
Wir haben diese Art der Therapie eine Zeit lang sehr konsequent und regelmäßig betrieben. Immer wenn wir in die Pyramide gefahren sind, sind wir kurz vor dem Nachhausefahren noch bei Marianne gewesen, und ich habe dann noch eine Therapie erhalten. Meistens war dies an einem Samstag und ab und zu sogar ein Sonntagvormittag. Heute bin ich noch für diese Stunden, die sie sich für mich Zeit genommen hat, unendlich dankbar, weil zusätzlich zur Therapie immer wieder tolle Gespräche zustande kamen, von denen ich sehr viel lernen durfte.

Du wirst dich jetzt fragen, was diese Therapie bei mir bewirkt hat. Kurz nachdem sie bei mir das Gerät angeschlossen hatte, nahm ich dieses verstärkte Kribbeln in den Beinen wahr und dies bestätigte mir, dass es zu dieser Zeit ein wichtiger Bestandteil in meinem Weiterkommen war. Sie sprach mir immer wieder Mut und Zuversicht zu, was zum damaligen Zeitpunkt aus heutiger Sicht von enormer Bedeutung für mich war. Denn es gab Menschen um mich, die ich eigentlich nur sehr oberflächlich kannte, und das ist ja das Paradoxe an dieser Geschichte, die an mich und meinen Weg zur vollkommenen Genesung glaubten. Und das tat mir damals sehr, sehr gut.

Marianne hat sich eines Tages dafür entschieden, ein neues System auszuprobieren. Dieses System trägt den Namen SCIO. Es ist ein computerunterstütztes, bioenergetisches Mess- und

Balanceverfahren zur Auflösung von Blockaden auf der körperlichen, geistigen und seelischen Ebene. Es kommuniziert über eine unterbewusste Kommunikationsebene mit dem Kunden und generiert individuell die optimalsten Therapie- und Schwingungsmuster unter vollständiger Umgehung unterbewusster Beeinflussung durch den SCIO-Anwender. SCIO misst biologische Systeme. Es stellt bereits nach wenigen Minuten eine Vielzahl an Daten für die Auswertung zur Verfügung und liefert in wenigen Minuten kundenspezifische Lösungsansätze. SCIO übernimmt aus 55 Kanälen bioenergetische Daten vom Körper. Diese Daten werden sortiert und nach Prioritäten gelistet.

Bioenergetische Feststellung von:

Mangel an Vitalstoffen: Mineralstoffen, Spurenelementen, Aminosäuren, Fettsäuren oder Vitaminen.

Elektrosmog, Störfelder

Pathogenen, Parasiten, Allergien

Hormonen, Neurotransmittern

Ausleitung von Toxinen, Schwermetallen, Umweltbelastungen

Lokalisierung von störenden Lebensgewohnheiten, Traumen und Lebensmustern, Emotionen

Bioenergetische Balanceprogramme:

Biofrequenzmodulation

Bioresonanz

ZAP nach Rife und Clark

TCM, Meridian- und Akupunktur

NLP-Programme - Emotionales Wachstum

Dunkelfeldmikroskopie

Scalar-Wellen

Radionische Funktionen und vieles mehr

„Jeder, der sich ernsthaft mit dem Körper beschäftigt, braucht einen Mechanismus, um noninvasiv festzustellen, was unsichtbar im Körper schlummert, um rechtzeitig präventiv wirken zu können." (Zitat Dr. Jeff Spencer, Sportarzt von Lance Armstrong auf die Frage warum er mit SCIO arbeitet)

Nach einer kurzen Probephase hat sich Marianne dafür entschieden, dieses System namens SCIO zu kaufen, und seitdem arbeitet sie damit sehr erfolgreich. Dieses Gerät ist ein Diagnose- und Therapiegerät. Es findet die körperlichen, geistigen oder seelischen Schwächen und korrigiert sie dahingehend, dass sie sich den Normwerten annähern.
Selbstverständlich habe auch ich dieses System schon des Öfteren an mir arbeiten lassen. Ich bin aber mittlerweile zu dem Entschluss gekommen, dass ich meine Heilung ohne computergesteuerte Hilfe zuwege bringe.
Da so eine Sitzung mit dem SCIO mindestens 2 Stunden dauert, sie also sehr zeitintensiv ist und dadurch einige Kosten anfallen würden, hat Marianne selbst gesagt, dass sie in meinem speziellen Fall sehr konsequent arbeiten müsste. Dafür bräuchte sie aber so etwas wie einen Sponsor, weil sie für ihre fachliche Kompetenz einen finanziellen Gegenwert verlangen müsse, der meine finanzielle Mittel deutlich übersteigen würde.
Sicher ist das System SCIO eine ausgezeichnete Möglichkeit, um sich von den jeweiligen Beschwerden zu befreien.
Jetzt kommt aber mein kleiner und sehr persönlicher Einwand: Ich bin der Meinung, dass jeder erwachsene Mensch, der sich im Vollbesitz seiner geistigen Kräfte befindet, die Möglichkeit hat, egal, in welcher Situation er sich befindet (körperlich krank, finanziell ruiniert, familiäres Desaster, schwierige

Arbeitssituation, usw.), sich selbst wieder aus dieser misslichen Lage zu befreien.
Und genau darum geht es mir, wieder selbst für mein Leben Verantwortung zu übernehmen, wieder selbst zu bestimmen, was ich mache und wie es mir dabei geht. Mit einem Wort das Leben zu leben, wofür ich bestimmt bin.

Du wirst dich jetzt fragen, wie kann das gehen.
Darüber werde ich dich etwas später aufklären, denn ich habe eine Reihe von exzellenten Büchern gelesen, die mir genau diese Wahrheit, diese Eigenverantwortlichkeit und dieses Wissen vermittelt haben, deren Inhalte ich dir später kurz, prägnant und leicht verständlich darbringen werde. Freue dich schon drauf, denn es wird noch sehr spannend und aufregend weiter gehen.

Marianne hat mir zum Beispiel empfohlen, mein Amalgam aus meinen Zähnen entfernen zu lassen, da dadurch eine ständige Belastung für den gesamten Organismus vorhanden ist. Sie gab mir die Telefonnummer und Adresse einer Zahnärztin, die sich sehr gut mit Amalgamentfernungen auskennt und diese schon Jahre lang durchführt. Denn bei der Entfernung des Amalgams treten sowohl für den Patienten als auch für den Zahnarzt Belastungen auf, über die man sehr wohl Bescheid wissen muss.
Wie du mich mittlerweile kennst, habe ich diese Behandlung an mir durchführen lassen.
Dabei hat es sich in etwa so abgespielt: Vor einer Amalgamentfernung wird der Körper mittels eines Biofeedbackgeräts gestärkt, dann wurde das Amalgam aus den Zähnen fachärztlich entfernt und nach dem Entfernen wurde nochmals mit dem Biofeedbackgerät dieses Gift ausgeleitet und

der gesamte Körper gestärkt. Ich musste einige auf natürlicher Basis hergestellte Tabletten nehmen, die diese Entgiftung beschleunigten. Insgesamt bin ich sicher 5-mal in Behandlung gewesen.
Was hat diese Behandlung nun gebracht?
Einfach das Wissen, dass mein Körper frei von Fremdstoffen ist, die mehr Schaden als Nutzen haben. Jedes Mal, wenn wir etwas essen, gelangt ein bisschen etwas von diesem Amalgam in unseren Körper, und das lagert sich dann an irgendeiner Schwachstelle im Körper ab.
Statt des Amalgams wurden mir Keramik Inlays eingesetzt, die von einer Therapeutin ausgependelt wurden, um die passenden für meinen Körper herauszufinden.
Ich wurde vom ganzen Team sehr freundlich behandelt, und dieser Umstand war damals sicherlich mitentscheidend, dass ich diesen Eingriff bei dieser speziellen Zahnärztin vornehmen habe lassen. Danke schön.

Meine letzte Behandlung mit dem Programm SCIO liegt schon einige Zeit zurück.
Trotzdem habe ich noch immer ab und zu Kontakt mit Marianne. Unser Kontakt beschränkt sich aber meistens darauf, dass sie jemand anderen für mich austestet, damit wir überhaupt Bescheid wissen, wo wir ansetzen müssen.
Nach wie vor genießt Marianne von meiner Seite aus die vollste Anerkennung und Wertschätzung. Ihr Wissen und ihre Lebenserfahrung machen jedes Treffen und jedes Gespräch, ob persönlich vor Ort oder am Telefon, zu einem einzigartigen Erlebnis.

Ich bin mir sehr wohl dem Geschenk dieser unserer Begegnung und der daraus entstehenden Freundschaft durchaus bewusst und unendlich dankbar dafür.
Nochmals recht herzlichen Dank für all die Stunden, die wir gemeinsam haben erleben dürfen, Marianne. Es ist mir immer wieder eine Freude!

13

STEFAN - DER ATLASSPEZIALIST

Marianne hat mir diesen Mann empfohlen. Dabei handelt es sich um einen Therapeuten, der sich darauf spezialisiert hat, den Atlas, das ist der erste Halswirbel, wieder einzurichten.
Der Atlas trägt den Kopf und ist, wenn er sich aus welchem Grund auch immer irgendwie verschoben hat, verantwortlich für eine Anzahl schmerzhafter Beschwerden und Erkrankungen.

Die nun folgenden Zeilen habe ich zum besseren Verständnis von einem Folder abgeschrieben, den mir Stefan gegeben hat.

Die Ausgangslage:
Hast du gewusst, dass der oberste Halswirbel bei fast allen Menschen komplett ausgerenkt (luxiert) ist und dass dieser Umstand zu einer Reihe von körperlichen und psychischen Störungen und Erkrankungen führt, den man endgültig rückgängig machen kann?
Dies hat René-Claudius Schümperli, ein selbst schmerzlich von der Luxation des Atlas betroffener Schweizer, herausgefunden und zwischen 1993-1996 eine revolutionäre Methode entwickelt, die den Atlas in die richtige Lage zurückbringt.

Die Ursache:
Der luxierte Atlas verursacht, entsprechend dem Rotationswinkel, eine Verminderung des Volumens des Schädellochs und des Wirbelkanals. Dadurch werden das Rückenmark, die verschiedenen

Hirnnerven und andere Nervenbahnen einem Dauerdruck ausgesetzt. Gleichzeitig werden die Vertebralarterien, die Halsschlagader, verschiedene weitere Gefäße und Lymphbahnen eingeengt.

Die Symptome:

Der Dauerdruck auf das Rückenmark, auf Hirnnerven, verschiedene Arterien und Gefäße, verursacht schwere körperliche und psychische Störungen, Beschwerden und Krankheiten.
Weil der Atlas zusätzlich als Aufhängung, Balance und Steuerung der Wirbelsäule und des menschlichen Skeletts dient, bewirkt ein luxierter Atlas auch schwerwiegende Störungen und Veränderungen in der Körperhaltung.
Die Folge davon sind symptomatische Beschwerden und Erkrankungen wie z.B. Nackenschmerzen, steifer Nacken, Rückenschmerzen, Hexenschuss, Bandscheibenvorfall, Skoliose, eingeklemmte Spinalnerven, Beckenschiefstand, Schmerzen in den Hüftgelenken, Knieschmerzen, Meniskus und andere Erkrankungen des Knies, unterschiedliche Beinlängen, usw.

Die Methode:

R.C. Schümperli hat eine weltweit einmalige Methode entwickelt, um die Luxation des Atlas mit einer einzigen Anwendung präzise, gefahrlos und endgültig zu beseitigen. Sie besteht darin, durch eine gezielte Massage der kurzen Nackenmuskulatur die bestehenden Verspannungen zu lösen und dem Atlas dadurch zu ermöglichen, in seine natürliche Lage zurückzukehren. Eine nachträgliche Kontrolle mit zusätzlicher Unterstützung zum Selbstheilungsprozess ist unerlässlich.

Der Selbstheilungsprozess:

Wenn sich der Atlas in der richtigen Lage befindet, kann auch das Gehirn endlich ungestört wirken. Es setzt wertvolle Selbstheilungs- und Regenerationsprozesse in Gang. Der menschliche Organismus beginnt besser zu funktionieren. Zudem können andere Behandlungen und Therapien durch die korrigierte Lage des Atlas ihre Wirkung besser entfalten.

Regeneration:

Allerdings benötigen Körperzellen und Organe für ihre Regeneration ein wenig Zeit. Nach der Beseitigung der Luxation durch die Atlasprofilax-Methode reagiert der Organismus auf jeden Fall entsprechend des körperlichen und psychischen Zustandes des einzelnen Menschen. So ist zwar bei vielen die Gesundheit bald wieder hergestellt, andere jedoch, vor allem jene, deren Organismus mit eingeschränkter Kapazität gearbeitet hat, müssen mehr Geduld haben.

Reaktionen:

Die mitunter spürbaren Reaktionen, die entweder unmittelbar nach der Atlasprofilax Anwendung oder auch erst Wochen oder Monate später auftreten können, sind ein Zeichen dafür, dass die Selbstheilung voll im Gange ist.

Dabei gilt die Faustregel: Je mehr Körper und Psyche erkrankt waren, desto stärker können die Reaktionen ausfallen.

Mögliche Reaktionen reichen von starker Müdigkeit, die auf ernsthafte Krankheitsherde hinweisen können, über Muskelverspannungen im Bereich des Nackens, des Rückens und der Lenden bis zu früher durchgemachten, nur zum Teil ausgeheilten Krankheiten, die vorübergehend und in veränderter

Form wieder auftreten können. Beobachte deshalb deinen Körper möglichst genau, schreib dir Veränderungen auf und unterstütze den Selbstheilungsprozess durch regelmäßige Nacken-, Rückenmassagen und Bäder.

Prävention:

Weil sich dank der Atlasprofilax-Methode der menschliche Organismus selbst heilen kann, ist sie vor allem eine elementare Präventivmaßnahme.

Es ist deshalb angezeigt, sie so früh als möglich bei Kindern anzuwenden, damit diese gesund heranwachsen und sich optimal entwickeln können.

Auch diese Art der Therapie habe ich gemacht. Wie du siehst, habe ich sehr vieles probiert, was so meinen Weg gekreuzt hat.

Ich kann mich eigentlich nur mehr daran erinnern, dass er gewisse Griffe im Kopf-, Nacken- und Schulterbereich vorgenommen hat, um mir meinen Atlas einzurichten.

Ich glaube, dass die Stellung meines Atlas vor dieser Therapie soweit ganz in Ordnung war. Anschließend habe ich noch eine kleine Rückenmassage erhalten und das war's auch schon wieder.

Nach zirka 4-6 Wochen hat mich Stefan zu einer Kontrolluntersuchung bestellt, bei der festgestellt wurde, dass die Stellung meines Atlas wieder vollkommen hergestellt sei. Vielen Dank dafür!

14

FRAU HUBER - DIE CRANIOSACRALTHERAPEUTIN

Marianne hat mir einmal während einer Therapie erzählt, dass sie eine Freundin hat, die die Craniosacraltherapie hervorragend beherrscht. Ich dürfte einen unwissenden Gesichtsausdruck gemacht haben, weil sie mir gleich erklärte, dass das eine Art Massage ist, die mit sehr kleinen Bewegungen arbeitet und enorm wohltuend auf den Körper wirkt, auch dadurch bedingt, dass ihre Freundin ganz besondere Hände hätte. Diese ihre Freundin sei aber momentan am Jakobsweg unterwegs und würde erst in ein paar Wochen wieder hier in Österreich sein. Wenn ich wolle, würde sie sie für mich fragen. Selbstverständlich nahm ich dieses Angebot dankbar an.
Als es dann so weit war, ist genau das eingetreten, was sie mir zuvor erzählt hatte. Ihre Freundin ist eine schon sehr erfahrene Frau, die in ihrer Wohnung diese Art der Therapie machte. Dazu brauchte sie einen Massagetisch, auf den ich mich in Rückenlage legte. Selbstverständlich zog ich meine Schuhe aus und machte es mir so bequem wie möglich. Während der Therapie herrschte meist Stille. Ich konnte daraus nur schließen, dass es eine Art der Massage ist, bei der man sich sehr konzentrieren muss, wie der Körper auf diese winzigen Bewegungen, die sie an meinem Körper ausführte, reagiert. Sie fing immer bei meinen Zehen und Füßen an, bei denen sie sich anfangs sehr lange aufhielt, ging dann zu den Knien, zu meinem Becken und entlang der Wirbelsäule meinen Körper hinauf. Der krönende Abschluss, und das meine ich wortwörtlich, war dann der Kopf. Diese Frau hatte wirklich ein

totales Feingefühl, und ihre Berührungen waren von so einer Liebe und Präzision, die ihresgleichen sucht.
Zusätzlich zu dieser Fähigkeit, begnadete Hände zu haben, war sie immer freundlich und hilfsbereit und stellte mir ihre Dienste die ersten paar Male kostenlos zur Verfügung. Sie gab mir manchmal Bücher mit, die ich bis zum nächsten Treffen lesen konnte. Einmal schenkte sie mir sogar eine graue Trainingshose, die ich noch immer in Verwendung habe. Ab und zu hat sie uns zum Essen eingeladen, wenn es ihre Zeit erlaubte. Wir konnten uns dann doch mit einigen Dingen erkenntlich zeigen, die sie für ihre Hütte in den Bergen und für ihre Wohnung brauchen konnte. Und bei den letzteren Massagen durften wir ihre Dienste auch mit Geld begleichen.
Wie du siehst, bin ich zu ganz besonderen Menschen geführt worden, die mir, so sehe ich es heute, gezeigt haben, dass die materiellen Dinge, von denen sehr viele meinen, dass sie das Wichtigste im Leben sind, zwar absolut in Ordnung sind, da wir ja ständig von Materie auf dieser Erde umgeben sind, jedoch bei Weitem weniger Bedeutung haben als Werte wie Hilfsbereitschaft, Mut, Zuversicht, Glauben und Freude. Einzigartig bei all diesen Menschen ist immer der liebenswürdige und fast selbstlose Umgang mit mir gewesen.

Was hat sich bei dieser Therapie bei mir verändert?
Die Spasmen, die immer etwas stärker sind, wenn ich am Rücken liege, haben sich mit jeder Therapieeinheit schneller beruhigt. Das hatte den Vorteil, dass diese Dame weit besser mit mir arbeiten konnte. Wie bei jeder anderen Therapie hat sich das verstärkte Kribbeln in meinen Beinen eingestellt. Wie bei den

anderen Therapien habe ich diese Erscheinung als sehr positiv und aufbauend empfunden.
Ich habe die Therapie bei dieser Dame sehr unregelmäßig in Anspruch genommen, je nachdem, ob wir uns die Zeit nahmen, trotz der vielen Therapien, die an diesem Wochenende am Plan standen, bei ihr vorbeizuschauen, ob sie überhaupt vor Ort war und ob sie sich die Zeit für mich nahm, mich zu behandeln.
Ich hatte in der Zwischenzeit lernen dürfen, dass ein Leben ohne Zwang und Druck weit lebenswerter ist als eines mit Vorgaben von außen oder innen. Und so bin ich bei all meinen Therapien, die ich machen durfte, zu der Einstellung gelangt, dass mir alles zur richtigen Zeit zufallen wird. Das heißt, dass zum Beispiel die Dame dann mit mir gearbeitet hat, wenn es für mich am besten war. Falls sie einmal verhindert war, weil sie sich auf ihre Hütte zurückgezogen hatte oder aus welchen Grund auch immer, dann war das für mich vollkommen in Ordnung.
Ich habe mich kurzfristig bei ihr gemeldet, und wenn sie Zeit hatte, freute ich mich auf eine weitere sehr angenehme und wohltuende Craniosacralbehandlung. Hin und wieder machten wir uns vor Ort den nächsten Termin aus, wenn wir wussten, wann wir das nächste Mal in der Nähe waren.
Diese Dame sagte schon in der ersten Behandlungseinheit zu mir, dass wir richtig schön essen gehen werden, wenn ich wieder vollkommen gesund bin. Du kannst dir sicherlich vorstellen, welch ein Vertrauensbeweis diese Aussage für mich war. Das hat genau das bestätigt, was ich immer schon wusste, und weshalb ich nach nun doch schon 6 Jahren noch immer fest an mich glaube und davon überzeugt bin, dass meine Heilung eintritt, die mir und vielen anderen dabei helfen wird, fest an uns selbst zu glauben, wieder Eigenverantwortung für unser Leben zu übernehmen und

wieder das zu machen, was uns Spaß macht und wozu wir berufen sind. Dafür ist es aber auch notwendig, dass du bereit bist, dich ehrlich mit dir selbst auseinander zu setzen, dir deine Fehler einzugestehen, entschlossen an dir selbst zu arbeiten und somit Veränderungen in deinem Leben zu bewirken, die zur Folge haben, dass es dir selbst und deiner Umgebung besser geht.
Das Schönste, das mir diese Dame bei einer der letzten Therapien gesagt hat, war Folgendes: „Ich kann dich jetzt wie eine körperlich gesunde Person behandeln." Das heißt, dass ich aus ihrer Sicht wie ein körperlich gesunder Mensch ihre Behandlung in Anspruch nahm. Welch eine Freude das in mir auslöste, kannst du dir zwar schwer vorstellen, aber zumindest erahnen kannst du es. Und das genügt vollkommen. Also in den Augen beziehungsweise den sehr einfühlsamen Händen dieser Dame war ich wieder vollkommen gesund. Recht herzlichen Dank!

15

KARL – DER ALLROUNDER IN SACHEN ENERGIEARBEIT

Eines Tages, als Rupi und ich bei unserem Finanzberater gesessen sind, hat uns dieser zwei weitere Therapeuten empfohlen. Einer davon war Karl.

Karl ist ein Mann reiferen Alters, ein so genannter Aussteiger, der sich sehr vieles in Sachen Energiearbeit erarbeitet hat. Er hat dazu zahlreiche Seminare und Kurse absolviert und die Dinge, von denen er glaubte, dass er sie für seine Dienste an der Menschheit brauchen könnte, hat er intensiviert.

Als wir das erste Mal bei ihm waren, hat er uns in seinen Therapieraum geführt, in dem ein Massagetisch stand, ein aufgehängter Korbsessel in der Luft hing und zahlreiche Plakate und Zeichnungen von speziellen Therapien an der Wand platziert waren.

Ich erklärte Karl den Grund meines Besuches ausführlich. Daraufhin setzte er sich in seinen Korbsessel, schloss die Augen, ging in sich, und als er die Augen wieder öffnete, schlug er mir einige Therapien vor, die er mit mir machen wollte.

Dazu zählten zum Beispiel spezielle Kräuter von Hildegard von Bingen, dann hatte er sehr große „Ohrkerzen", die er auf meiner verletzten Stelle am Rücken anwandte und zuletzt eine Energietechnik, die er „Strömen" nannte.

Die Ohrkerze zündete er an und bewegte sie dann – das größere Ende nach unten haltend über dem verletzten

Wirbelsäulenbereich in einigen Zentimetern Abstand von der Haut. Nachdem nur mehr ein schwaches Viertel von dieser speziellen Kerze übrig geblieben war, löschte er sie aus, und dann schnitt er sie auf, damit ich sehen konnte, was er so alles aus meinem Rücken herauszog. Das Endprodukt glich kleineren und etwas größeren Sandkörnern. Er war mit dem Ergebnis zufrieden, packte sie mir in ein Papier ein, mit dem Auftrag, sie dann zuhause zu verbrennen.

Das „Strömen" ist eine Art Energiearbeit, die dazu dient, wieder alle blockierten Energiebahnen frei zu bekommen. Dabei drückt man mit den Fingern auf bestimmte Energiepunkte, bis sie spürbar zu pulsieren beginnen. Das ist dann das Zeichen, dass jetzt Energie in der speziellen Energiebahn fließt. Um diesen Fluss weiterhin zu stärken, war es notwendig noch etwa 2-3 Minuten auf diesen Energiepunkten zu bleiben. Dann ging man zum nächsten Energiepunkt weiter. Es wurde genau vorgegeben, auf welcher Körperseite und mit welchen Fingern die entsprechenden Energiepunkte zu halten waren.
Das Schöne bei dieser Art der Therapie war, dass ich sie zuhause alleine machen konnte. Ich halte mittlerweile sehr viel davon, wenn ich „Werkzeuge" für Anwendungen von Therapeuten in die Hand bekomme, die ich selber durchführen kann, somit irgendwie unabhängiger werde und zu guter Letzt ist es sicher unbestritten, dass es einem ein tolles Gefühl verleiht, selbst zu seiner Heilung beitragen zu können. Und all diese drei Punkte habe ich durch diese Übung erfahren dürfen, die ich nach unserem ersten Treffen alle 2-3 Tage gemacht habe. Bei unserem nächsten Treffen durfte ich die Energie dann schon jeden Tag, je nach Gefühl, strömen lassen.

Dieses Strömen hatte ebenfalls das Kribbeln in meinen Beinen verstärkt. Diese Art der „Selbsttherapie" habe ich eine ganze Weile durchgezogen, bis ich dann wieder auf eine andere Therapieform gestoßen bin.

Ich bin höchstens 5-mal bei Karl gewesen. Er war sicherlich ein wichtiger Lehrer in Sachen Energiearbeit für mich. Außerdem hat er eine ganz eigene - andere Einstellung zum Leben gehabt. Er hat uns zum Beispiel erzählt, dass er sehr viel meditiert und so zum Entschluss gekommen ist, dass er sich von seiner Frau und seinen Kindern trennen muss, um seine Mission erfüllen zu können. Dazu hat er sich alleine auf eine Insel begeben, um diese wichtige Entscheidung in aller Ruhe zu treffen. Für ihn war es aber klar, dass es an der Zeit war, einen anderen Weg zu gehen. So hat er sich dann von seiner Familie getrennt.

Das letzte Mal, als ich bei ihm war, hat er vorübergehend bei seinem Bruder in ein paar Räumen gewohnt, bis er in seine neue Wohnung umgezogen ist.
Ich denke, er hat die Entscheidung, sich von seiner Familie zu trennen, schweren Herzens getroffen, sich aber sichtlich wohl dabei gefühlt. Er war total aufgeregt und neugierig auf seinen neuen Lebensweg.
Auch zu so einer Entscheidung gehört Mut, Vertrauen und Glaube an sich selbst. Ich denke, er ist den Weg seiner inneren Stimme gefolgt. Danke dafür, Karl.

16

KAJ – DER GESPRÄCHSTHERAPEUT

Auch dieser Herr wurde Rupi und mir von unserem Finanzberater empfohlen. Er hat ihn in den höchsten Tönen gelobt, und da Rupi und ich allem gegenüber sehr offen waren und noch immer sind, haben wir auch diese im wahrsten Sinne des Wortes einmalige Therapie in Anspruch genommen.
Da dieses Treffen doch schon einige Jahre her ist, kann ich dir nur noch von den Dingen erzählen, die bei mir bis jetzt von dieser Therapie hängen geblieben sind.
Kaj hat sich uns kurz vorgestellt, und dann habe ich ihm meine Lebensgeschichte im schnellen Zeitraffer dargelegt.

Ich erzählte ihm unter anderen von meiner zwar späten aber doch sehr steilen Fußballkarriere, die im Nationalteam endete. Als er mich fragte, wie oft ich denn dann tatsächlich spielte, musste ich mir eingestehen, dass ich es zwar jedes Mal sehr genoss zur Elite des österreichischen Frauenfußballs zu gehören, aber so richtig von Beginn an habe ich sehr selten gespielt. Er meinte dann: „Du sagtest ja nur, dass es dein Ziel war, in der Nationalmannschaft zu sein. Das hast du ja erreicht."
So hart es in diesem Augenblick war, der Wahrheit meines eigens definierten sportlichen Ziels in die Augen zu blicken, so aufschlussreich war es auch zugleich, dass tatsächlich die Dinge Wirklichkeit werden, die man unbedingt haben will und an denen man konsequent und voller Freude arbeitet. Daher gebe ich dir

den Rat, die Dinge, die du wirklich haben willst, bis zum Ende durchzudenken.
Mein größter sportlicher Wunsch war es damals, ins Nationalteam zu kommen. Dieser Wunsch hat sich nach 2 Jahren Bewerbsfußball relativ rasch erfüllt. Aber ich wollte doch ein wichtiger und mithelfender Teil - eine aktive, spielende Stütze für die Mannschaft bei jedem Spiel sein.
Die Frage bezüglich meiner sportlichen Karriere hätte ich damals wie folgt formulieren müssen: „Wie schaut mein Ideal bezüglich Fußball aus? Was möchte ich im Fußball noch alles erreichen?"
Die Antwort: „Ideal ist es, wenn ich bei meiner Mannschaft in der Bundesliga und bei der Nationalmannschaft von Anfang an spiele - ein wichtiger Teil der Mannschaft bin, sehr mannschaftsdienlich spiele, alles für die Mannschaft gebe, persönlich von Spiel zu Spiel lerne und in allen Bereichen (technisch, taktisch, athletisch, kämpferisch, psychisch, spielerisch und mental) immer besser werde, viel Freude an dieser Sportart habe und natürlich auch mit den Mannschaftskolleginnen einen Erfolg nach den anderen verbuche und aus einer Niederlage das lerne, was es daraus zu lernen gilt."
So, das wäre jetzt mein idealer sportlicher Weg, den ich mir immer wieder ins Gedächtnis rufe und an dem ich praktisch bei jedem Training arbeite. Dann hätte sich mein Ideal sehr schnell verwirklichen lassen.

Nachdem wir meine sportliche Karriere besprochen hatten, gingen wir zu meiner Familie über. Er ließ mich so quasi eine Familienaufstellung machen, indem ich 2 größere Figuren (Eltern) und 5 kleinere Figuren (meine 4 Geschwister und mich) in die

Hand bekam und sie so auf ein Tablett stellte, wie ich unsere Familie zum momentanen Zeitpunkt empfand.
Aufgrund dieser Aufstellung sagte er mir mit sehr klaren Worten: „Ilse, es ist jetzt an der Zeit, dass du dich von deinen Eltern löst. Mit 32 Jahren bist du für dein Leben selbst verantwortlich. Du musst jetzt alleine im Leben zu Recht kommen und Rupi mehr in dein Leben einbinden. Kannst du dir sicher sein, dass Rupi morgen auch noch bei dir ist? Du musst dich von dieser Abhängigkeit lösen. Deine Eltern leben ihr Leben, und mit 32 Jahren hast du das Recht, dein eigenes Leben zu leben, so wie du dir das eben vorstellst. Deine Eltern zu ändern, ist reine Zeit- und Energievergeudung - du kannst nur dich selbst ändern. Zeige in deinem Leben mehr Rückgrat, um wieder ein Rückgrat zu bekommen."

Puh - du kannst dir vorstellen, dass das für mich ganz schön schwer zu verdauen war. Die Wahrheit tut meistens am Anfang ein bisschen weh, kann aber zu einer wahren Erfüllung werden, wenn du ihr folgst.

Rupi und ich haben nach diesem Gespräch beschlossen, sonntags selbst für uns zu kochen und uns ein bisschen mehr Zeit für uns zu nehmen. Das haben wir dann einige Zeit durchgehalten, bis wir wieder in unser altes, viel bequemeres Schema zurückgefallen sind.

Der gut gemeinte Rat von zuhause auszuziehen und uns ein eigenes Zuhause zu schaffen, wartet noch auf seine Verwirklichung.
Rupi und ich planen schon seit längerer Zeit, uns eine eigene Wohneinheit über seinem Elternhaus zu bauen. Die planerischen

Details sind in groben Zügen abgeschlossen. Wir haben vor, bald mit dem Bau zu beginnen.

Auch dieses Gespräch hat mich in gewisser Weise wachgerüttelt, denn die bestgemeinten Botschaften helfen nur, wenn sie in die Tat umgesetzt werden.
Aber wie immer im Leben ist jeder für sich selbst verantwortlich, trifft tagtäglich zig Entscheidungen und muss sein Leben selbst leben, wie auch immer sich das momentan darstellt.
Für diese Erkenntnis möchte ich mich nochmals recht herzlich bedanken.

17

WERNER – DER QUERDENKER

Als Rupi wieder einmal beruflich im Waldviertel zu tun hatte und bei einer geselligen Runde saß, kam ein Mann zu Wort und erzählte von einer Pyramide, die er sich selbst gebaut hatte, und von deren Wirkung er felsenfest überzeugt ist.
Da Rupi und ich ja immer wieder zu Georg und seiner Pyramide gefahren sind, war Rupi natürlich sehr neugierig, was dieser Mann und diese Pyramide auf sich hatten. So stellte sich dann heraus, dass Werner, so heißt dieser Mann, sich eine kleine Pyramide gebaut hat, unter die man sich mit einem Stuhl setzen kann. Wichtig dabei ist, dass die Pyramide einen ganz bestimmten Winkel hat. Mir hat er empfohlen sie mit Winkeleisen zu bauen und die Außenkanten der Pyramide mit Blattgold zu bemalen, um die Wirkung noch zu verstärken. Er gab mir also die Maße durch, und der Vater von Rupi und ein Freund von ihm machten sich dann an die Arbeit und haben mir meine eigene kleine Pyramide gebaut, für die ich allen von ganzem Herzen danken möchte.
Bevor ich mich das erste Mal unter meine selbst gebaute Pyramide setzte, habe ich Werner gefragt, wie lange ich unter der Pyramide sitzen kann, und ob es irgendetwas Spezielles zu beachten gilt. Er hat damals nur gemeint, dass ich sehr auf mein Gefühl achten muss. „Wenn du Kopfschmerzen bekommst, dann warst du zu lange darunter. Wenn du dich aber wohl fühlst, kannst du mit einer $\frac{1}{2}$ Stunde beginnen und allmählich die Zeit, die du unter der Pyramide bist, verlängern," gab er mir als kleine Hilfestellung zur Antwort.

Nachdem mir die Pyramide von Anfang an gut bekommen ist, bin ich den Anweisungen von Werner gefolgt. So bin ich also in den Anfangszeiten fast täglich bis zu 1½ Stunden unter dieser Pyramide gesessen, habe ein Buch gelesen, machte einer meiner Übungen oder genoss einfach diese spezielle Energie.
Momentan stelle ich mich eher sporadisch unter meine kleine Pyramide.

Was hat sich dabei für mich verändert?
Das Kribbeln in den Beinen hat sich unter der kleinen Pyramide deutlich spürbar verstärkt. Ansonsten habe ich mich einfach nur wohl darunter gefühlt.

Werner hat auch einen so genannten „Positiv-Wasserbeleber" erfunden, der dazu dient, unser Leitungswasser von negativen Veränderungen (Chemie oder chemisch-physikalische Veränderungen) zu neutralisieren und ihm danach eine gute Frequenz und Struktur zukommen zu lassen, sodass es die Qualität von sehr gutem, natürlichem Quellwasser erreicht.
Positiv belebtes Wasser bewirkt im Körper eine optimale Flüssigkeitsversorgung unseres Organismus mit dem Effekt der bestmöglichen Ableitung von Giften und Schlacken. Im ursprünglichen Sinne ist dieses Wasser ein „Wieder-Belebungsmittel".
Die Qualität der tagtäglich aufgenommenen Flüssigkeit, und das ist im Wesentlichen Wasser, entscheidet über das Grund-Wohlbefinden, mindert die Belastung unserer Organe und ist damit Fundament für eine lang anhaltende körperliche Vitalität.
Wasser ist die Lebensgrundlage auf unserem Planeten und zugleich der wichtigste Baustein aller lebenden Organismen.

Natürliches, reines Wasser ist reich an lebensspendender Energie und das wichtigste Lebensmittel unserer Erde.
Wasser durchdringt jede Körperzelle und ermöglicht die Kommunikation der unterschiedlichen Zellverbände. Wasser regelt alle Funktionen des Organismus (Körperaufbau, Stoffwechsel, Verdauung, Herzkreislauffunktion,...). Wasser ist für unser Bewusstsein verantwortlich und macht unsere Denkvorgänge, Gefühle und Stimmungslagen erst möglich. Das Wasser ist der Träger aller körperlichen und geistigen Informationen.
Der menschliche Körper besteht zu etwa 70% aus Wasser, und wenn dieser Prozentsatz Zeit unseres Lebens eingehalten wird, ist eine Gewährleistung für das reibungslose Funktionieren der verschiedenen Organe gegeben.
Um die Körperzellen vor Austrocknung zu bewahren, eine eventuelle Übersäuerung des Organismus abzubauen und somit vielen Krankheiten vorzubeugen, ist es daher notwendig, 30 ccm reines Wasser pro kg Körpergewicht am Tag zu trinken. Das heißt, dass zum Beispiel ein Mann mit 100 kg Körpergewicht etwas 3 Liter Wasser zu trinken hat.
Die ausreichende Wasseraufnahme ist auch der Schlüssel zum normalen Körpergewicht. Und der Mensch wird umso älter, je hoch strukturierter das Wasser ist, welches er trinkt.

Der Positiv-Wasserbeleber besteht komplett aus Kupfer und wurde ohne Strom handgefertigt. Das hereinfließende Wasser wird mittels Magneten in Schwingungen versetzt und damit von allen verklumpten Molekülformationen befreit. Das Wasser verliert dabei sein Gedächtnis. Es wird in einen Rechtsdreh versetzt und verwirbelt und nimmt dabei die Informationen des belebten Wassers auf. Im Positiv-Wasserbeleber befindet sich nachweislich das belebte Wasser aus den gesündesten Quellen der Welt (Fatima - Portugal, Medjugorje - Bosnien, Lourdes - Frankreich, Himalaja - Asien), das die Information an das fließende Wasser weiterleitet.

Zusätzlich zu diesem positiv belebten Wasser habe ich mir von Marianne noch einige Edelsteine gekauft, die ich in einen Wasserkrug gebe.
Unser gesamtes Universum besteht aus Schwingungen unterschiedlichster Art. Auch Edelsteine sind somit Schwingung. Das Wasser nimmt die Schwingungen der Edelsteine auf, speichert sie und erhöht die Energie des Wassers. Gib einfach die Edelsteine in einen Wasserkrug, das Wasser nimmt die energetischen Schwingungen der Kristalle auf, speichert sie und wird so, energetisch gesehen, zu wertvollem Quellwasser.

Vorteile durch das Edelsteinwasser Set:

- ⊙ Belebung des energetisch toten Leitungswassers.
- ⊙ Das Trinkwasser wird auf einfache Weise „rechtsdrehend".
- ⊙ Das Trinkwasser fühlt sich weicher an.
- ⊙ Visuelle Animierung mehr Wasser zu trinken.
- ⊙ Wartungsfrei und ohne Installationsarbeiten.
- ⊙ Energieverluste durch ein Leitungssystem werden vermieden.
- ⊙ Die Edelsteine haben eine spezielle Wirkung auf den Organismus, sie decken viele alltägliche „Wehwehchen" ab.

Anwendung:

Gib alle 8 Steine gemeinsam in einen Glaskrug mit Wasser. Es ist von Vorteil, wenn der Glaskrug aus farblosem Glas ohne Verzierungen besteht. Lass den Krug ein paar Stunden (2-3 Stunden) oder eventuell über Nacht stehen und die Schwingungen der Edelsteine auf das Wasser wirken. Du trinkst jetzt vom Krug Glas für Glas (mindestens 2 l/Tag!), wobei die Edelsteine aber immer mit Wasser bedeckt sein müssen. Sobald sich nur mehr wenig Wasser im Krug befindet, musst du ihn wieder rechtzeitig auffüllen. Nach wenigen Minuten kannst du das „belebte" Wasser wieder trinken, da es erneut die Schwingungen der Edelsteine aufgenommen hat. Dadurch, dass noch etwas Wasser vorhanden war, nimmt das neue Wasser die Schwingung viel schneller auf.

Als Schutz vor Verschmutzung kann der Wasserkrug oben mit einem kleinen Deckel oder einem kleinen Teller zugedeckt werden. Stell den Wasserkrug bitte an einen schattigen Platz, damit du auch im Sommer angenehm kühles und belebtes Wasser zur Verfügung hast.

Der Krug gehört regelmäßig gereinigt, und die Edelsteine müssen dementsprechend gepflegt werden. Wenn du den Krug einmal wöchentlich säuberst, reicht das im Normalfall vollkommen aus. Diese Gelegenheit nutzt du am besten gleich, um die Edelsteine zu entladen. Dazu hältst du alle Steine zirka 5 Minuten unter fließendes, lauwarmes Wasser.

Danach legst du die hellen Steine für 2-3 Stunden in die Sonne, um sie wieder aufzuladen. Anschließend legst du die dunklen Steine zu den bereits aufgeladenen hellen Steinen, damit sie sich ebenfalls aufladen können. Wenn es wolkig ist, kannst du die Steine trotzdem hinauslegen, die Sonne scheint ja dennoch.

Abschließend werden die frisch aufgeladenen Steine wieder in den Wasserkrug gelegt.
DAS BESTE BELEBTE WASSER HILFT NUR, WENN DU ES AUCH TRINKST!

<u>**Wirkungsweise der 8 Edelsteine:**</u>
AMETHYST (lila): Herz, Nerven, Haut
AVENTURIN (grün): Bindegewebe, Nerven, Haut
BERGKRISTALL (weiß): Sauerstoff, Energie, fördert Durchblutung
CARNEOL (orange): Bessere Durchblutung der Organe
JASPIS (braun): Magen, Darm, Leber, Galle, Thymusdrüse, Schilddrüse
NATURCITRIN (trüb): Stärkt Immunsystem und Stoffwechsel, Leber, Niere, Darm
TURMALIN (schwarz): Entgiftet, entstrahlt und entstört negative Energien und Blockaden; kräftigt die Muskulatur
ROSENQUARZ (rosa): Herz, Blut, Kreislauf, mehr Vitalität; Schlucker von Erdstrahlen und Wasserstrahlen (kopfgroß); optimaler Schutzstein vor elektromagnetischen Computerstrahlen (faustgroß)

So, das war's nun über das ganz wichtige Thema Wasser und Trinken.
Ich überlasse es wie immer dir, was du mit dieser Information machst.

Werner hat mich einmal persönlich besucht, weil er sehr neugierig war, wie es mir geht, und weil er mit mir eine geführte Meditation

machen wollte. Nach einem kurzen Gespräch, hat er mit meinem Einverständnis diese geführte Meditation durchgeführt.
Ich kann mich nur mehr an wenige Details erinnern. Einmal hat er mich in Gedanken auf eine Blumenwiese geführt, dort bin ich in einen Heißluftballon gestiegen und hab nach und nach all meinen Ballast, der mir so eingefallen ist, abwerfen dürfen. Ein anderes Mal durfte ich mich in einer Eishöhle sehen, wo alles klar und deutlich zu erkennen war. Dort stellte ich mir mich vollkommen gesund vor.

Auch diese Meditation war ein ganz besonderes Erlebnis für mich. Nach gut der Hälfte der Meditation hatte ich das Gefühl, ich wäre schwerelos. Als ich das Werner im Anschluss erzählte, meinte er nur: „Perfekt!" Sichtlich hat es uns beiden Spaß gemacht, gemeinsam diese Meditation erlebt zu haben.

Werner hat mich anfangs noch ein paar Mal angerufen und gefragt, wie es mir denn so ginge. Einmal hat er mir noch eine Meditation CD geschenkt, und seitdem ist der persönliche Kontakt zu ihm abgebrochen.
Werner und Rupi telefonieren hin und wieder und tauschen sich aus, ob es irgendetwas Neues gibt.

Auch hier nehme ich die Gelegenheit wahr, mich bei Werner für die Informationen bezüglich der Pyramide und für die geführte Meditation noch einmal recht herzlich zu bedanken.

18

BRACO – DER MANN MIT DEM GEBENDEN BLICK

Als wir wieder einmal in der Pyramide von Georg waren, sind wir mit einer Dame ins Gespräch gekommen, die uns von einem Mann berichtete, der heilende Kräfte besitzt. Sie sagte uns, dass wir uns all die Informationen über Braco via Internet holen könnten. Er tritt nämlich in den verschiedensten Ländern auf – unter anderem auch in Österreich.
Ich hatte schon einmal von diesem Mann gehört, und als ich dann nochmals durch diese Dame auf ihn aufmerksam gemacht wurde, sagte ich zu mir selbst: „Okay, wenn ich jetzt wieder die Information erhalte, mich über diesen Mann und seine Fähigkeiten genauer zu erkundigen, so werde ich das auch tun!" Gesagt, getan.

Als er wieder in Österreich war, haben Rupi und ich diese Option gleich genutzt. Wir machten uns frühmorgens auf den Weg, und als wir in die Nähe des Veranstaltungsortes gekommen sind, wusste ich auch gleich wieder, was wir vergessen hatten.
Bei Braco ist es üblich, dass Blumen mitgenommen werden, die dann als kleines Dankeschön, bevor das Treffen mit Braco stattfindet, abgegeben werden. Und nach dem Treffen erhält jeder wieder welche zurück, die mit nach Hause genommen werden dürfen. Das hat den Sinn, dass Braco durch diese Blumen mithilfe des Blütenstaubs einen Schutzengel erweckt, der uns begleitet.
Nachdem ich die Blumen abgegeben hatte, mir eine Nummer geholt und einen kleinen Umkostenbeitrag von € 4,- bezahlt hatte,

hatte ich nun mehrere Möglichkeiten die Zeit bis zum Einlass zu nutzen. Erstens gibt es mittlerweile schon einige Bücher und vor allem viele DVDs von und über Braco, die zum Verkauf stehen, zweitens besteht die Möglichkeit, sich mit Menschen zu unterhalten, die ebenfalls Hilfe bei Braco suchen, sich auszutauschen und bereits Erlebtes miteinander zu teilen, drittens kann es durchaus hilfreich sein, sich ein ruhiges Plätzchen zu suchen, einfach die Stille zu genießen und sich auf das kommende Treffen mit Braco in aller Ruhe vorzubereiten oder viertens würde es sich anbieten, auf einen gemütlichen Kaffee zu gehen.

Diese ganze Veranstaltung wird von einigen fleißigen Helfern von Braco gut vorbereitet und organisiert. Da gibt es einige Damen, die die Bücher und DVDs verkaufen, einige Männer, die für Ruhe und Ordnung sorgen und einen Mann, der dann noch eine kleine Einführung hält, bevor Braco in Erscheinung tritt.
Ganze Scharen von Menschen kommen mit Bussen und Privatautos zu diesem Event. Meistens werden Gruppen von 150-200 Menschen gebildet, die dann gemeinsam in einen relativ großen Saal eingelassen werden. Die helfenden Männer sorgen dafür, dass sich alle der Reihe nach aufstellen. Ich habe bei dieser Aufstellung natürlich den Vorteil, weil ich eben nur sitzen kann, dass ich in der ersten Reihe Platz nehmen darf, ganz egal, zu welchem Zeitpunkt ich in den Saal einfahre. Eigentlich müsste man die $\frac{1}{2}$ Stunde, die dieses Treffen vom Einlass bis zum Auslass dauert, in stehender Position bewältigen. Es gibt immer wieder Menschen (Ältere, Kranke oder Verletzte), denen ebenfalls ein Stuhl für diese kurze Zeit angeboten wird.

Nachdem alle brav in Reih und Glied standen, hat uns ein Mann nochmals alles genau erklärt. Meistens wurden auch noch einige Leute befragt, wie oft sie schon bei Braco waren, wie es ihnen dabei gegangen ist oder warum sie immer wieder hierher kommen. Dann wurden noch neue Bücher oder DVDs kurz vorgestellt und als Abschluss wurde ab und zu noch ein kurzer Filmausschnitt gezeigt, in dem man Braco viel in der Natur sah. Damit will er klar machen, dass wir alle der Natur entstammen, und wenn wir wieder bewusster den direkten Kontakt zur Natur herstellen, stärken wir in solchen Augenblicken unseren Organismus, weil wir unmittelbar aus der Natur, also von Gott, Kraft tanken. So empfiehlt uns Braco, uns mehr in der Natur aufzuhalten, in den Wäldern und Wiesen zu spazieren und tief ein und aus zu atmen, denn unser Organismus ist gierig nach frischer Luft.

Worauf kommt es jetzt bei der Begegnung mit Braco an?
Also wenn Braco auf einen etwas höher gestellten Tisch, der immer sehr schön mit Blumen geschmückt ist, steigt und in die Menge sieht (das dauert etwa 5-10 Minuten), ist es wichtig, dass du mit ihm Augenkontakt herstellst und die ganze verbleibende Zeit diesen beibehältst. Und dann bittest du in deinem Inneren, das zu bekommen, was für dich am besten ist. Zuerst musst du diese Bitte für dich selber aussprechen, und anschließend kannst du diese Bitte für Bekannte, Verwandte oder Freunde äußern, von denen du Fotos mitgenommen hast. Die Energie, die Braco vermittelt, weiß, was du tatsächlich brauchst und was dir langfristig Kraft und Glück verleiht.
Nach etwa 5-10 Minuten verlässt Braco den Raum. Da er ausschließlich dasteht und Augenkontakt mit der Menschenmenge hat, wird er der Mann mit dem gebenden Blick genannt.

Du wirst dich jetzt fragen, was ich für Empfindungen oder Erlebnisse bei meinen Treffen mit Braco gehabt habe. Ich denke, mittlerweile werden es sicher so an die 10-15-mal gewesen sein, dass ich bei dieser wunderbaren Begegnung anwesend war.
Also bei meiner ersten Begegnung war es in meinem Bauchbereich so, als würde mir jemand eine schwere Last herausnehmen. Ein starkes Kribbeln in den Beinen habe ich ebenfalls verspürt. Weiters habe ich die Aura rund um Bracos stehenden Körper relativ schnell wahrnehmen können. Fabelhaft – denn das war das erste Mal, dass ich eine Aura bei einem Menschen gesehen habe. Du musst dir das wie einen weißen Schleier von 10-15 cm Dicke rund um den physischen Körper vorstellen. Beim Einsteigen ins Auto ist mir aufgefallen, dass meine Beine total leicht geworden sind.
Bei den nachfolgenden Treffen ist dann noch hinzugekommen, dass ich Bracos Gestalt nur mehr verschwommen wahrgenommen habe.
Nachdem der Mann, der zu Beginn eine kurze Einleitung und Vorbereitung mit uns gemacht hatte, nach der Begegnung mit Braco noch kurz mit uns sprach, wurden wir diesbezüglich schon aufgeklärt, dass es zu den verschiedensten Reaktionen kommen kann, je nachdem wie offen man gegenüber der Energie von Braco ist.
So hat er uns erklärt, dass Menschen, die seine Aura sehen können, sich ganz besonders gut für seine Energie haben öffnen können. Andere wieder beginnen zu schwanken oder auch zu weinen. Wichtig dabei ist, dass man dieser Reaktion freien Lauf lässt.
Abschließend nimmst du dir noch eine Blume auf dem Nachhauseweg mit, die dich beschützt.

Ich möchte dich jetzt noch an einigen meiner Meinung nach sehr wertvollen Informationen, die Braco in seinen Büchern mitgeteilt hat, teilhaben lassen.

„Braco fordert dich auf, dich zu lieben, nicht nur die Nächsten, liebe auch deine Feinde und säe keinen Hass. Urteile nie über andere, weil du dadurch Gott spielen würdest. Du solltest zu deinem Schöpfer beten und ihm danken, auch wenn es dir gut geht. Dann wird es dir gelingen, die negative Energie zu vertreiben.

Gott schaut nur zu, beobachtet und lässt die Menschen so leben, wie sie wollen. Wie lange du so weiter leben willst, hängt allein von dir selbst ab.

Dein wahres Wesen, dein Geist, schläft, aber du bist dir dessen nicht bewusst.

Du **folgst** nicht **deiner Intuition**, was du jedoch tun müsstest.

Wenn du nervös und angespannt bist, wenn dir alles auf die Nerven geht, ohne dass du den Grund dafür kennst, dann fließt negative Energie durch deinen Körper. In solchen Situationen ist es am besten, konzentriert und ruhig zu bleiben. Du müsstest auf jede Provokation und jedes hässliche Wort mit Liebe reagieren. Du wirst dich fragen, wie kann ich liebevoll sein, wenn mich diese Person beleidigt, hasst und mir Übles wünscht?! Weil du sie gerade dann aufrichtig liebst. Wenn du sie aufrichtig und von Herzen liebst, dann wirst du ihr helfen. **In dem Moment, in dem die negative Energie Liebe spürt, flüchtet sie.**

Einem Menschen in einer Notlage beizustehen, ihn nicht zu verurteilen oder zu kritisieren, ist eine Tugend, die nur wenige Menschen besitzen. Sie heißt **LIEBE!**
Menschen erhalten nur in dem Maße Hilfe, in dem sie glauben. **Woran sollst du glauben? An dich und deine Gefühle – du musst nur lieben.**
Es ist wichtig, zu verstehen, dass dein Körper nur aus Materie besteht, dass er aber ohne Geist ein Nichts ist. Es ist der Geist, der aus deinem Munde spricht. Erst wenn Körper und Geist eins sind, entsteht das Leben.
Sei natürlich und lass dich von deinem Geist leiten. **Hör auf dich, auf deine Gefühle und lass dich von ihnen leiten.**
Gott liebt die Menschen; deshalb erschuf er sie auch. Er liebt alle Menschen, die weißen, die schwarzen, die gelben, die dicken, die dünnen, die schönen und die hässlichen. Und du, liebst du auch alle? All dies sind Prüfsteine für dich. Wenn du jemand beleidigst oder erniedrigst, dann beleidigst du in Wahrheit Gott, weil Gott alles und jeden geschaffen hat. Solange du diese elementaren Dinge nicht begreifst, schläfst du.
Du bist nur ein Glied in der Kette, **mit der Aufgabe, die Liebe zu verbreiten**, denn die Liebe ist die stärkste Waffe.
Vergiss nicht, dass negative Energie überall ist, immer auf der Lauer liegt und eine günstige Gelegenheit abwartet, deine Aufmerksamkeit auf sie zu lenken, um sie von Gottes Weg abzubringen.
Ich glaube, dass Erfolg haben bedeutet, aufrichtig zu lieben und geliebt zu werden.

Begreife, dass du dich in dem Moment, in dem du vor mir stehst, entscheidest, wie und in welchem Maße dir geholfen werden kann. Ich persönlich leite nur deine Wünsche und Bitten weiter, und ob dir geholfen wurde, weiß ich erst in dem Moment, in dem du wieder vor mir stehst. Ich versuche, deine spirituellen Führer zu wecken und dir einen Engel zu schicken, um dich zu beschützen. Ich bemühe mich nur, dass um dich herum eine positive Energie entsteht, die sich dann positiv auf dich auswirkt und den Einfluss der negativen Energie verhindert.
Liebe ist einfach immer da, du musst sie dir nur nehmen. Dazu brauchst du nur an etwas Schönes denken, und schon ist die Liebe da. Sobald du an etwas Negatives denkst, verlässt sie dich – verschwindet sie über diese schmale Linie. Was auch immer du ohne Liebe machst, es wird dir misslingen.
Liebe verträgt keine Unehrlichkeit. Greife nach ihr und nimm sie, weil sie überall um dich herum und in allem ist. Es genügt schon an sie zu denken und sie wird kommen. Dabei musst du mit dem Herzen denken. Liebe mit Herz und Seele.
Wenn du die Wärme der Sonnenstrahlen in deinem Gesicht spürst, fühlst du dich gleich glücklicher und fröhlicher. Auf diese Weise wünscht dir dein Schöpfer einen guten Morgen und einen erfolgreichen Tag.
Du musst begreifen, dass die Kraft Gottes dergestalt ist, dass du sie nicht sehen, sondern nur spüren kannst.
Gestalte dein Leben mit mehr Fröhlichkeit und Freude.
Rede nicht ständig über die Arbeit, Geld, Krankheiten und Probleme, denn dadurch ziehst du nur negative Energie

auf dich. **Lächle**, denn dann passiert etwas um dich herum, etwas, was die Monotonie und die Angst vertreibt, aber dies geschieht nur langsam und in aller Stille.

Ich verlange nichts von dir, nichts, außer dass du offen bist, denn je offener du bist, und je weniger du deinen Geist mit dunklen Gedanken belastest, desto stärker wird die Gewalt wirken, die ich aussende. Versuche nicht, offen zu sein, sondern **sei offen**. Versuch nicht gut zu sein, sondern **sei gut**. Nicht nur, wenn du zu mir kommst oder wenn du versuchst, den Kontakt mit mir aus der Ferne herzustellen, sondern jeden Tag. Versuche **jeden Tag eine gute Tat zu tun, auch wenn sie dir noch so klein und unbedeutend erscheinen mag. Wenn du Gutes tust, dann erwarte nichts als Gegenleistung.** Die Zeit wird schon kommen, wenn dich die Belohnung für diese guten Taten erreichen wird.

Ohne deine Hilfe werde ich dich nicht dorthin bringen können, ohne dass du selbst etwas getan hättest, um ein besserer Mensch zu sein.

Du kannst keine Liebe empfangen, wenn du nicht zum Geben bereit bist.

Ich kann dir sehr helfen, sogar mehr als du glaubst, aber du müsstest mir das auch gestatten. Sei gütig, tu Gutes und überlass dich diesem befreienden, süßen Liebesstrom, den ich dir schicke. Bemüh dich nicht, ihn zu empfangen, überlass es ihm, das zu bewerkstelligen, was für dich das Beste ist. Und wie sich die Sonne in jedem Tautropfen widerspiegelt, so wird DAS, was ich dir gebe, jeden von euch gleichzeitig empfangen können, jetzt …" (Vgl. J. G. Braco: Nach der großen Tragödie)

19

DAVID – DER KABBALAH LEHRER

Im fünften Kapitel habe ich dir von John, dem Naturheiler, erzählt, der mir immer wieder Informationen in Form von Kopien, Videos, Kassetten oder Buchvorschlägen zukommen hat lassen, die mir als Hilfestellung auf meinem weiteren Lebensweg von Nutzen waren.
Unter anderem erwähnte John mir gegenüber einmal ein Buch mit dem Titel „Die Macht der Kabbalah - von den Geheimnissen des Universums und der Bedeutung unserer Leben", das ich mir kaufte.
Im Anhang war eine Homepage angegeben, die ich mir natürlich anschaute, um mehr über diese Lehre zu erfahren. Auf einer dieser Seiten konnte ich meinen ganz persönlichen Namen von den 72 Namen Gottes eruieren lassen. Das sind spirituelle Hi-Tech-Werkzeuge von ungeahnter Wirkungskraft. Sie sind Elemente einer umfassenden Technologie des Heilens, des Schutzes und der positiven Veränderung, die 3400 Jahre lang in den je 72 Buchstaben dreier Bibelverse verschlüsselt waren. Sie verkörpern die Macht des Geistes über die Materie und die Fähigkeit, Chaos jeglicher Art zu eliminieren.
Die Kraft, die jeder Handlung und jedem Ereignis zugrunde liegt, ist das Bewusstsein. Die 72 Namen Gottes sind die Brücke zwischen dieser Kraft des Bewusstseins und ihrer Offenbarung in der äußeren Welt.

Wie du mich mittlerweile schon ein bisschen kennst, kannst du dir vorstellen, dass ich meinen persönlichen Namen von den 72 Namen Gottes natürlich wissen wollte.
Mein persönlicher Name von den 72 Namen Gottes ist die Nummer 70: „Der Plan des Schöpfers". Wenn ich merke, wie ich von Zweifeln, Panik oder einer Weltuntergangsstimmung überwältigt werde, offenbaren diese Buchstaben die dem Chaos zugrunde liegende Ordnung. Ich erkenne den Plan des Schöpfers, meine Aufgaben auf dieser Welt und die Probleme, mit denen ich konfrontiert werde.

Eines Tages läutete dann das Telefon bei mir zuhause, und ein Mann namens David meldete sich. Er meinte, dass er ein Lehrer von Kabbalah sei und mich anrief, um mir mehr von dieser Lehre zu erzählen, falls ich Interesse hätte. Zuallererst wollte ich natürlich wissen, woher er meine Telefonnummer hätte und überhaupt wisse, dass ich mit Kabbalah in Kontakt gekommen bin. Als er mir erzählte, dass ich ja meinen persönlichen Namen von den 72 Namen Gottes auf der Homepage vom Kabbalah-Center habe erstellen lassen, war mir sofort klar, dass ich dieses Procedere selbst in Gang gesetzt hatte.
Da ich ein Mensch bin, der für alles offen ist, habe ich mir dann einiges von dieser Organisation erzählen lassen.
Durch das Kabbalah-Center erhält jeder Mensch Zugang zu den praktischen Werkzeugen und spirituellen Lehren der Kabbalah, um persönliche Veränderung und Transformation zu bewirken.
Es gibt zwei Hauptgründe, die das große Interesse so vieler Menschen an Kabbalah erklären können. Der erste Grund ist: Kabbalah funktioniert. Sobald die Menschen die Weisheit und die

Werkzeuge der Kabbalah in ihrem Leben anwenden, erleben sie positive Wirkungen.
Der zweite Grund, weshalb sich so viele Menschen verschiedener Glaubensrichtungen der Kabbalah anschließen, ist der, dass es eine Art zu leben ist, die das Ausüben von Religion verstärken kann.
Kabbalah lehrt dich, dass du dir die Geschenke, die zu empfangen du erschaffen wurdest, erst einmal selbst verdienen musst. Du verdienst sie, indem du deine spirituelle Aufgabe übernimmst - den Prozess der grundlegenden Transformierung deines eigenen Selbst. Kabbalah schenkt dir die Werkzeuge für eine positive Veränderung, indem sie dir dabei hilft, die Ursprünge deiner Negativität in deinem Geist und deinem Herzen zu erkennen.
Kabbalah lehrt, dass der Mensch ein Werk ist, das sich dauernd weiter entwickelt. Jegliches Leiden, jede Enttäuschung und jedes Chaos in deinem Leben existieren nur deshalb, weil du deine Aufgaben noch erledigen musst, die der Grund deines Daseins sind. Diese Arbeit bedeutet ganz einfach, dich von der Herrschaft des menschlichen Egos frei zu machen und dem teilenden Wesen von Gott ähnlich zu werden. Im alltäglichen Leben bedeutet diese Transformation, dass du Ärger, Eifersucht und andere reaktive Verhaltensweisen zugunsten von Geduld, Einfühlungsvermögen und Mitgefühl loslassen darfst.

Das Kabbalah-Center bietet zahlreiche Möglichkeiten zum Lernen an (Online-Kurse, interaktive Meditationen, Blogs, den Kabbalah-Buchladen, Rundbriefe, die wöchentliche Weisheit, tägliche Tune Ups, Astrologie und sehr viel mehr).
Kabbalah wurde anfangs nur mündlich weiter gegeben, bis alles im so genannten Zohar niedergeschrieben wurde. Physisch

betrachtet ist der Zohar ein Buch, ein Kommentar zur Bibel – den 5 Büchern Moses – dem Alten Testament. „Zohar" ist ein hebräisches Wort und bedeutet „Glanz" oder „Geistesblitz", und er ist buchstäblich eine unbegrenzte Quelle prächtigen, spirituellen Lichtes. Die Kabbalisten erklären, dass allein der Besitz eines Zohars Kraft, Schutz und Erfüllung in dein Leben bringen kann. Und sobald du die Seiten in ihrer Urschrift scannst oder aus einer ihrer Übersetzungen lernst, entsteht eine tiefe Verbindung zum Licht des Schöpfers. Wenn du dich mit dem Zohar vertraut machst und ihn verstehst, vertieft und erweitert sich dein Bewusstsein. Du wächst spirituell und entwickelst dich weiter. Du wirst zu dem, der du sein kannst, damit du die Freude und Erfüllung erlangst, die dir der Schöpfer zugedacht hat. Das Scannen der Buchstaben – das einfache Überfliegen mit den Augen - öffnet einen unbegrenzten Kanal für das Licht.

Der Zohar erklärt dir, dass du in der Tat von Gedankenmustern beherrscht wirst, die deine Emotionen und Handlungen beeinflussen und Negativität in deinem Leben erzeugen. Mithilfe des Zohar bekommst du spezielle Werkzeuge, Schlüssel und die Weisheit, mit denen du deine Gedankenmuster durchbrechen kannst und sie in positive Gedankenmuster umwandeln kannst, die dein Leben verändern werden.

Des Weiteren erklärt der Zohar, dass dein Ego wenig mit dir selbst zu tun hat, obgleich du das glauben magst. Die Kabbalisten beschreiben das Ego vielmehr als eine Art Gewand, als einen Vorhang, der das Licht vor deinem wahren Selbst verbirgt.

Der Zweck deines Lebens besteht darin, dieses Gewand zu entfernen, das dein wahres Wesen und dein wahres Potenzial verbirgt. Das Licht des Zohar hilft dir nun dabei, Widerstand gegen dein Ego (deine eigennützigen Wünsche) zu leisten, denn diese reaktiven Verhaltensweisen halten dich vom Teilen ab, und somit empfängst du nur für dich alleine. Es gibt genug, was du an dir selbst verändern kannst, da **darfst du dich auf dich selbst konzentrieren**, anstatt deine Aufmerksamkeit darauf zu lenken, was am anderen falsch ist.

Deine Beziehungen, besonders diejenigen zu Menschen, die dir sehr nahe stehen, sind wahre Gelegenheiten für dich, damit du **Toleranz, Teilen und Liebe** nacheiferst, die alle Essenz des Schöpfers sind. Sobald du das verstanden hast, erscheint alles, was zwischen dir und anderen passiert in einem neuen Licht - auf einer viel tieferen Ebene, der Ebene deiner Seele, auf der du dich veränderst und wächst.

Eigentlich sind die schwierigen Momente, mit denen du konfrontiert bist, die wahren Gelegenheiten, die dir eine Beziehung bietet. Was wie ein Problem erscheint, ist in Wahrheit ein Geschenk - eine Chance, die inneren Hindernisse zu beseitigen, die zwischen dir und dem höchsten Glück, deiner wahren Bestimmung stehen.

Darüber hinaus sind Schwierigkeiten und Meinungsverschiedenheiten ausnahmslos Gelegenheiten für dich, zu dieser richtigen Person zu werden.

Es gibt eine Kraft, die jeden von uns innewohnt. Diese Kraft nennen die Kabbalisten das LICHT.

Wenn du einen dunklen Raum erhellen willst, schaffst du dies nur, indem du Licht in diesen Raum bringst. Und genauso ist es mit deinem Leben. Je mehr Licht du in dein Leben bringst, umso erfüllter und freudiger wird es sein.

Die Kabbalisten lehren auch das Verständnis kosmischer Prinzipien – wie zum Beispiel das Gesetz von Ursache und Wirkung. Es gibt für alles in deinem Leben einen Grund, warum dir etwas

widerfährt. Oft stellt sich eine schlimme Erfahrung als das Beste heraus, was dir passieren konnte.
Diese Aussage kann ich voll und ganz bestätigen. Ich habe durch meinen Unfall so viele verschiedene liebevolle und interessante Menschen kennen lernen dürfen, von denen ich enorm viel gelernt habe. Ich weiß heute sehr viel mehr über das Universum an und für sich und kenne zum Großteil meine Lebensaufgabe - ich weiß, warum ich hier bin und allein diese Tatsache macht mich glücklich.

Die Kabbalisten unterscheiden zwischen 2 Realitäten:
Da gibt es die illusionäre, physische 1% Welt der 5 Sinne, und zum anderen gibt es die spirituelle 99% Welt der Wunder. Wobei ein Wunder als ein ganz persönlicher Moment der Erkenntnis definiert wird oder auch als das Bewusstsein, das dir hilft, dich im tiefsten Inneren zu verändern. **Denn zuerst musst du dich verändern, damit sich die ganze Welt verändern kann.**
Diese 99% Welt ist die Quelle aller Weisheit, allen Glücks, aller Heilung, aller Freude und aller Kreativität. Das Leben ist so viel mehr, als du vor dir siehst.
Es gibt nun zwei Wege, wie du dein Leben gestalten kannst. Entweder du lebst im Licht und der Erfüllung oder in der Dunkelheit und im Chaos. Jede Entscheidung, die du triffst, verbindet dich mit dem einen oder mit dem anderen - dessen musst du dir bewusst sein. **Pflanze nur Samen (Gedanken, Gefühle, Worte und Taten), die dir dein Leben und unser aller Leben verbessern.**

Der Sinn des Daseins besteht darin, das göttliche Licht in seiner ganzen Intensität in dein Leben und in diese Welt hinein scheinen zu lassen.

Jedes Mal, wenn du dein Verhalten bei Geschäftsterminen, in der Ehe und in deinen Beziehungen zu anderen Menschen von deinem Ego bestimmen lässt, wird ein weiterer Vorhang aufgehängt, der das Licht deiner Seele und das Licht des Schöpfers verbirgt. In der zunehmenden Dunkelheit gewinnt dein Ego die Oberhand, während dein wahres Selbst in Vergessenheit gerät und immer mehr Dunkelheit in dein Leben kommt. Dabei handelt es sich um ein **reaktives Verhalten** - du reagierst auf die Impulse deines Egos.

Jedes Mal, wenn du deinem Ego widerstehst, reißt du einen Vorhang herunter. Das nennt sich **proaktives Verhalten** - du hörst damit auf, deinen reflexartigen egoistischen Impulsen nachzugeben, und gibst dem proaktiven Willen deiner Seele Raum. Das Leben wird immer heller.

Jedes Mal, wenn du diesem Drang widerstehst und dich stattdessen proaktiv verhältst, hast du deinen freien Willen zum Ausdruck gebracht.

Es gibt zwei Wege, die Vorhänge beiseite zu schieben, die dir die freie Sicht auf das Licht der Seele versperren: Durch Leid oder durch spirituelle Transformation. Das ist alles.

Durch emotionalen Schmerz verliert dein Ego an Macht, und deine Seele blüht auf. Das Problem ist, dass die Veränderungen, die das Leid in deinem Ego auslöst, meist nur vorübergehend sind. Denn wenn die Erinnerung an den Schmerz verblasst, verleitet dich das Ego dazu, seinem Drängen nachzugeben, und so gewinnt es langsam aber sicher wieder an Macht und fordert die Kontrolle zurück. Der Einfluss der Seele nimmt allmählich ab. Deine gute Stimmung, die neuen Prioritäten und deine Fürsorge anderen Menschen gegenüber weichen wieder schlechter Laune und Intoleranz.

Konflikte, Intoleranz und Dunkelheit sind in der Gegenwart von göttlichem Licht und wahrer Spiritualität ausgeblendet.
Die Kabbalisten drücken sich hier sehr deutlich aus: Du musst deinen Freunden und selbst denen, die du als Feinde ansiehst, bedingungslose Liebe und wahres Licht entgegenbringen, wenn du für dein eigenes Leben Frieden und innere Ruhe erlangen willst.
Bedingungslose Liebe und echtes Licht berühren die Seele des anderen sofort und erwecken im Gegenzug Liebe und Licht.

Nun aber zurück zu David und mir.
David erklärte mir in groben Schritten, worum es bei der Kabbalah geht und fragte mich, ob ich Interesse hätte, mit ihm weiter an meiner Entwicklung zu arbeiten. Für mich hörte sich das alles ganz interessant an, und so entschloss ich mich dazu, mich in diese Thematik etwas mehr einzuarbeiten.
Als Erstes kaufte ich mir einen Zohar, der aus 23 Bänden besteht und in hebräischer und englischer Sprache abgedruckt ist.
Es gibt nämlich jede Woche einen Abschnitt im Zohar, den du täglich scannst (du gehst mit den Augen über die hebräischen Buchstaben und zwar von rechts nach links), und somit verbindest du dich mit dem Zohar und dem Licht dieses Abschnitts. Am besten machst du diese Verbindung nach Sonnenuntergang. Wochenbeginn und der Beginn eines neuen Abschnitts im Zohar ist der Sonntag. Die kraftvollste Zeit für den Zohar ist freitagabends und der ganze Samstag (Shabbat).
Weiters hat uns (damit ist eine Gruppe von Menschen gemeint, die alle denselben Lehrer haben, um sich ihrer ganz persönlichen, spirituellen Entwicklung zu widmen) David entweder über eine Telefonkonferenz oder mittels Mail die Energie der Woche näher erklärt. Was ist damit gemeint? In jedem Abschnitt des Zohar

steckt ein gewisser Code, der von den Lehrern an die Schüler weitergegeben wird. Das heißt, dass jeder Abschnitt für ein ganz bestimmtes Thema steht, mit dem du dich in dieser Woche intensiv beschäftigst, um in deinem Leben Fortschritte zu machen.
Weiters gab es noch wöchentliche „Tune Ups", die mir ebenfalls Anreize für die kommende Woche lieferten.
Da sich der kabbalistische Kalender am Mond orientiert, gibt es jeden Monat einen monatlichen Newsletter, der das aktuelle Sternzeichen etwas genauer unter die Lupe nimmt und ebenfalls viele Informationen liefert, um an sich arbeiten zu können.
Die Familie Berg (der Rav, Karen und ihre beiden Söhne Michael und Yehuda) ist sehr bemüht, die Lehre von Kabbalah so vielen Menschen wie nur möglich zugänglich zu machen. Das geschieht mittels Büchern, Studiengruppen, Mails, Workshops, DVDs und vielen anderen Werkzeugen, die ihnen der Zohar vermittelt hat.
Ich persönlich habe Gebrauch gemacht von folgenden kabbalistischen Werkzeugen:

- ⊙ Zohar
- ⊙ 72 Namen Gottes
- ⊙ The Living Kabbalah System 1-3
- ⊙ Telefonkonferenzen mit David
- ⊙ Tägliche Tune Ups via Mail
- ⊙ Wöchentliche Tune Ups via Mail
- ⊙ Monatlicher Newsletter via Mail
- ⊙ Kabbalistisches Horoskop

Bei den Telefonkonferenzen mit David ging es großteils um die Energie der Woche, und was ich im speziellen dafür tun kann, um

in dieser Woche so viel Licht wie nur möglich in mein Leben und das aller bringen zu können.
Am Anfang war ich natürlich total begeistert von all dem Wissen, das mir David so nach und nach vermittelte. Ich habe auch brav im Zohar gescannt und über die 72 Namen Gottes meditiert. Dabei ist das Kribbeln in meinen Beinen deutlich stärker geworden. Also habe ich für mich beschlossen, diese Lehre noch näher kennen zu lernen und die Telefonkonferenzen mit David weiterhin abzuhalten.
Ab einem gewissen Zeitpunkt habe ich dann aber irgendwie festgestellt, dass diese großartigen Veränderungen, von denen viele in den Videos sprechen, die Kabbalah ausüben, auf sich warten lassen. Es kann natürlich sein, dass ich mit dem Scannen des Zohar und dem Meditieren über die 72 Namen Gottes zu wenig an mir selbst gearbeitet habe, um mein inneres Wesen zu verändern. Wie auch immer - habe ich nach zirka einem guten Jahr Kabbalah die Verbindung mit David abgebrochen. Ich war seiner Meinung nach zu verschlossen, damit er mir mehr hätte helfen können.
Ich für mich hatte schon eine Weile das Gefühl, dass mir die anfängliche Freude, mich täglich mit Kabbalah zu beschäftigen, etwas abhanden gekommen ist. Aus diesem Grund habe ich dann Elke – du wirst sie in den nächsten Kapiteln genauer kennen lernen - einmal bei einem unserer Termine gefragt, ob Kabbalah für mein weiteres Leben ein wichtiger Bestandteil sein wird. Darauf teilte mir Elke mit, dass ich mich in einem meiner vergangenen Leben sehr intensiv mit dieser Lehre befasst habe, und es sich daher für mein jetziges Leben erübrigt hat. Sichtlich erleichtert und beruhigt konnte ich aufgrund dieses Wissens meinen Kontakt zu David und Kabbalah abbrechen.

Zusätzlich zu diesen bereits beschriebenen Werkzeugen, die uns Kabbalah in die Hand gibt, gibt es noch einige Veranstaltungen, die sehr viele Kabbalisten gemeinsam feiern (Shabbat, Rosh Hodesh, Rosh Hashana, Yom Kimpur, Pesah, Purim, Shavout).
David wollte mich davon überzeugen, dass es für mich und meine Entwicklung von Vorteil wäre, wenn ich zum Beispiel das Pesah Fest mit vielen Kabbalisten gemeinsam feiern würde. Da diese gemeinsamen Treffen meist irgendwo in Amerika stattfinden, wäre das schon ein enormer Aufwand für mich gewesen. Deshalb habe ich Gabi (meine Seelendame - du wirst später noch sehr viel mehr über sie erfahren) gefragt, ob es notwendig ist, dass ich an einer kabbalistischen Veranstaltung teilnehme. Sie hat mir gesagt, dass sie spürt, dass Kabbalah im Grunde genommen eine gute Energie ausstrahlt, aber die vielen Menschen zusammen sehr gemischte und diffuse Energien verbreiten. Mit einem Wort - sie riet mir davon ab, diese Veranstaltung in Amerika zu besuchen. Und so blieb ich dieser Veranstaltung fern.

Ein Werkzeug der Kabbalisten, das ich auch in Anspruch genommen habe, habe ich dir bis jetzt noch vorenthalten. Und zwar handelt es sich dabei um das kabbalistische Horoskop.
David hat mir im Laufe unseres gemeinsamen Weges diese Art der Selbsterfahrung vorgeschlagen, weil er der Meinung war, dass mir das auf jeden Fall weiter helfen wird können.
Um so ein Horoskop erstellen lassen zu können, musste ich mein Geburtsdatum, meine Geburtszeit und meinen Geburtsort angeben. In meinem Fall gab ich noch meine Telefonnummer bekannt, da mich eine Astrologin vom Kabbalah-Center anrief, um mir alles zu berichten, was sie so sehen konnte. Und ich kann dir jetzt schon sagen, dass es für mich sehr spannend gewesen ist.

Teilweise erfuhr ich Neues, und teilweise hat sie mir Dinge bestätigt, die ich schon wusste.
Der Zweck des kabbalistischen Horoskops ist es, in die vergangenen Leben zu schauen, in denen wir unser Karma erschaffen haben, dieses dann mit in unser momentanes Leben bringen, um es hier zum Positiven zu verändern. Weiters hat sie aufgrund meines Sternzeichens, meines Aszendenten und meines Sternbilds zum Zeitpunkt meiner Geburt genauere Angaben bezüglich meiner Fähigkeiten, Talente, Aufgaben und meiner Bestimmung anstellen können.
Ich vereinbarte per Mail einen Termin mit dieser Astrologin, die mich dann von Amerika aus anrief. Das ganze Telefonat zwischen uns beiden fand auf Englisch statt und wurde von ihr zusätzlich noch aufgezeichnet. Das gesamte Telefonat, das ungefähr eine $\frac{3}{4}$ Stunde dauerte, hat sie mir dann per Post auf einer CD geschickt, wobei sie eine kleine blaue Mappe mit zwei DinA4 Blättern meiner Sternbilder hinzugefügt hat. Somit konnte ich mir dann mein kabbalistisches Horoskop nochmals in aller Ruhe anhören. Ich werde dich nun an diesem meinem kabbalistischen Horoskop teilhaben lassen, weil ich es als sehr spannend und informativ empfunden habe. Hier nun also die Botschaft der Astrologin an mich:
Da ich im Sternzeichen Fisch geboren bin, und der kabbalistische Kalender den Mond und die Sonne zur Berechnung des Sternzeichens heranzieht, hat mir die Dame gesagt, dass zum Zeitpunkt meiner Geburt die Sonne im kabbalistischen Sternzeichen auf Fisch stand, der Mond auf Skorpion und mein Aszendent die Jungfrau ist. Also bin ich im kabbalistischen Horoskop ebenfalls ein Fisch. Das Sternzeichen Fisch ist ein sehr mystisches Zeichen - sehr spirituell.

„Du suchst immer nach der spirituellen Bedeutung hinter den Dingen. Für dich ist Gesundheit und körperliche Totalität sehr wichtig. Du bist jemand, der in größeren Zusammenhängen denkt, der intuitiv ist und der aufgrund seiner Gefühle Entscheidungen trifft. Du bist diese Art von Person, die, wenn sie einen Raum betritt, die Energie um sich spürt. Auf der einen Seite sind für dich das Körperbewusstsein und das Physische sehr wichtig, auf der anderen Seite bist du sehr, sehr spirituell.
Du musst sehr glücklich in deiner Kindheit gewesen sein - ***stimmt.***
Deine Eltern sind sehr religiös und gehen zur Kirche – ***stimmt.***
Du hast sehr viel Leid von deinen früheren Leben mitgebracht (hat mir Gabi ebenfalls bestätigt, wie du später erfahren wirst). Du bist mit einem großen Drama von irgendeinem vergangenen Leben zurückgekommen, um dieses zu lösen. Du bist eine sehr starke Person in Bezug auf Dinge, für die du dich entschieden hast beziehungsweise die du haben willst. Du besitzt eine erstaunlich starke Intuition, bist aber dennoch eher misstrauisch. Du öffnest dich anderen Personen eher schwer und vertraust Menschen weniger. Ab und zu fällt es dir schwer, dich selbst zu mögen, du fürchtest dich vor dir selbst, du glaubst zu wenig an dich selbst, du machst dich selbst nieder, obwohl du eine sehr starke Seele hast. Deine Absicht in dieser Welt ist es, dass du der Welt deine Lektion zeigst beziehungsweise sie lehrst. Dazu ist es notwendig, dass du dich um andere kümmerst – du hast die Aufgabe, die Botschaft in der Welt weiterzusagen und dadurch bringst du etwas sehr Besonderes in die Welt.
Du bist sehr, sehr spirituell, und du hast eine spezielle Aufgabe, die du in diesem Leben schaffen kannst."

Irgendwie sind wir dann darauf gekommen, dass ich die Absicht habe, ein Buch zu schreiben. Sie entgegnete nur: „Definitiv JA! Ich ermutige dich, dass du es auch wirklich tust."
Danach hat sie davon berichtet, dass ich zu Zeiten Jesus viel mit ihm unterwegs war.
„Du warst eine der Personen, die mit ihm gegangen ist, und das ist die Quelle deiner Seele. Du bist eine sehr hohe Seele, du hast sehr viel Energie in dir, du bringst sehr viel Liebe, Frieden und Heilung in die Welt, weil du dich aufgrund deines Leids wieder mit dem Kanal verbunden hast.
Also, in einem deiner vergangenen Leben warst du mit Jesus unterwegs, und du warst eine der engsten Personen, die ihm bei den Heilungen geholfen hat und ihm dabei geholfen hat, wieder das Licht Gottes überallhin zu bringen. Du bist überall mit ihm hingereist.
Du hast dieses „Opferbewusstsein" in dieses Leben zurückgebracht. Das bedeutet, dass du den Weg des Leidens gewählt hast.
Auch wenn du des Öfteren den einfachen Weg gehen könntest, wählst du meist den Schwierigeren."
Nun kam sie zu meinem Unfall. Sie meinte, dass ich die Absicht hatte, komplett und definitiv diese Welt zu verlassen, als der Unfall passierte. Sie sagte, dass die Sonne im Löwen stand, der Mond im Skorpion und der Aszendent war an diesem Tag der Steinbock. Und das Einzige, warum du zurückgekommen bist, sind deine vergangenen Leben. Sie meinte weiters: „Wenn ich mir dein Diagramm von deinem Unfallsdatum anschaue, dann hätte ich gesagt, dass diese Person „tot" ist - das war der Job dieses Unfalls. Deshalb hast du zum damaligen Zeitpunkt ein wirkliches

Wunder erlebt, und du wirst noch ein sehr langes Leben haben. Du musst etwas für die Welt tun.
Zwei Seelen, zwei sehr, sehr hohe Seelen warten darauf, durch dich in Erscheinung zu treten; sie wollen wirklich kommen." (Auch diese Information habe ich schon vor längerer Zeit von Gabi erhalten, nachdem wir uns einmal über das Thema „Kinder" unterhalten hatten. Gabi hat ebenfalls von zwei Kinderseelen gesprochen, die unbedingt von mir in die Welt geholt werden wollen. Die Übereinstimmung dieser Information ist phänomenal.)
Dann sind wir wieder auf das Thema „Buch schreiben" zurückgekommen. Sie meinte: „Ilse, du musst dieses Buch schreiben. Das wird dir die nötige Kraft geben, mehr an dich selbst zu glauben und dich von deinem „Opferbewusstsein" wegbringen.
Manchmal erniedrigst du dich selbst und akzeptierst Dinge, die du niemals akzeptieren müsstest. Du musst dich stärker fühlen. Du bist eine sehr, sehr hohe Seele. Du bist hierher auf die Erde gekommen, um der Welt etwas zu zeigen. Du bist sowohl für dich in dieses Leben gekommen als auch für andere, für die Welt, und deshalb ist es wichtig, dass du stärker wirst. Du hast enorm viel Kraft. Auch wenn du im Rollstuhl sitzt, besitzt du enorm viel Kraft. Du hast sehr viel Kraft in deinen Gedanken. Du musst all die Kraft aus deinen vergangenen Leben zurückholen, um sie jetzt in Aktion treten zu lassen. Du kannst ein sehr, sehr guter Lehrer oder Coach sein. Wenn du ein Buch schreibst, wird es dir helfen, viel von dieser Energie zu kanalisieren. Du bist sehr, sehr intelligent.
Deine Eltern sind religiös, aber nicht spirituell und so ist es für dich schwer, Spiritualität zu leben.

In der Zeit mit den Christen, in der Hilfe und die heilende Kraft am Tagesprogramm standen, ist dir ein Fluch - eine negative Energie auferlegt worden. Du darfst jetzt in diese Situation Licht bringen, meditiere und vergib dieser Person.
Du machst jetzt eine Wandlung durch - du steigst aus deinem Film aus, in den du dich selbst hineinmanövriert hast. Es ist ein sehr, sehr großer Wandel."
Sie hat mir auch geraten, von zuhause auszuziehen und mit meinem Freund zu leben - ein Leben als Paar.
„Jetzt ist kosmisch gesehen, die richtige Zeit für dich gekommen, in der dir das Licht die Gelegenheit gibt, um in deinem Leben vorwärts zu kommen. Hol dich aus deinem Opferbewusstsein heraus. Treib dich selbst dazu an, vorwärts zu schreiten, dann wird sich die Situation verändern. Du hast nun die Möglichkeit, alles zu korrigieren. Lass all die negative Energie von damals los.
Alles hängt von dir ab - von deinem Bewusstsein und deinem freien Willen als Mensch.
Du veränderst dich gerade sehr im spirituellen Bereich - es ist Zeit emotional und spirituell stärker zu werden und sich vorwärts zu bewegen.
Du kannst heiraten, eigene Kinder haben, arbeiten - sei ein Lehrer/Coach, schreib ein Buch. Du musst dein Leben weiter leben, um der Welt etwas geben zu können.
Du kannst diese Aufgabe schaffen, wenn du dich weiter entwickelst, ansonsten bleibst du dort stecken, wo du dich gerade befindest. Du hast alle Werkzeuge erhalten, um diese Aufgabe zu bewältigen.
Du weißt jetzt, wer du bist, was du gemacht hast und wie stark du bist - also begib dich zurück auf die Straße der Sieger!

Das wird ein großer Teil deiner Heilung sein:

- Zieh von zuhause aus
- Arbeite, finde einen Job
- Studiere
- Schreib ein Buch
- Meditiere

Jeder dieser Punkte wird dich Schritt für Schritt zu deinem wahren Zweck führen.
Du hast dir dein eigenes Karma von deinen vorangegangenen Leben erschaffen, und jetzt ist es zu dir zurückgekommen, damit du es korrigieren kannst. Du hast die Chance erhalten, hier auf Erden am Leben zu sein, was dein Verdienst ist, und du hast nun die Möglichkeit, alles zu korrigieren.
Beweg dich in deinem Leben vorwärts, das ist das Geheimnis für dich!
Ich wünsche dir, dass du die Kraft hast, die dir dein Wunder geschehen lässt."

Wie du siehst, kannte ich die eine oder andere Botschaft bereits aus anderen Quellen, aber dennoch wurden noch immer genug Themen angesprochen, an denen ich noch viel an mir arbeiten darf.
Dass ich mir dieses Leben dazu ausgesucht habe, um alles Negative von meinen vergangenen Leben aufzuarbeiten, hat Gabi mir auch schon gesagt. Deshalb wurde mir auch diese „körperliche" Ruhe zugedacht. Denn nur dadurch ist es mir möglich, mich viel mehr und intensiver um mich selbst zu kümmern, als wenn ich mich ganz normal in der Außenwelt bewegen könnte. Dann wäre ich viel zu sehr vom Treiben im Außen

abgelenkt. Diese Art zu leben habe ich bis zu diesem Leben praktiziert.
Nun ist es anders gekommen - eine komplette Wende in meinem Leben ist passiert: Mein Leben hat sich von einem total Sportlichen hin zu einem Leben ohne großartige körperliche Bewegung verändert. Ich persönlich habe dieses für mich sicherlich ungewohnte und komplett neue Leben immer als Chance angesehen. Es musste doch Sinn machen, warum ich noch hier auf Erden am Leben bin. Die einfache und für mich auf der Hand liegende Schlussfolgerung kann daher nur lauten: Ich habe noch eine Aufgabe zu erledigen. Ich bin noch ein wertvoller Bestandteil dieser Erde, sonst wäre ich jetzt schon wo anders - genauso wie du - **jeder, der auf dieser Erde lebt, ist enorm wichtig und wertvoll.** Ich hoffe, du bist dir dessen bewusst!
Aufgrund dieser meiner Einstellung sind all diese Menschen in mein Leben getreten, von denen ich dir schon berichtet habe und noch berichten werde.
Ich habe mehr Wissen über das Leben an und für sich erhalten und somit über mich selbst. Warum ist es so gekommen, wie es gekommen ist, und was kann ich tun, um ein glücklicher und gesunder Mensch zu werden?
Ich denke diese beiden Fragen habe ich dir größtenteils schon beantwortet. Lies einfach entspannt weiter, und dir wird mehr Klarheit über unser Dasein in die Hand gegeben. Viel Spaß dabei!

Nun möchte ich nochmals auf Kabbalah zurückkommen und dir einige meiner Meinung nach tolle Werkzeuge, die ich in einem Jahr Kabbalah Studium erhalten habe, in Form von kurzen Statements oder Fragen mit auf deinen Weg geben, die dir bei deiner Weiterentwicklung sehr behilflich sein können.

- Du hast genau die Umstände, die du brauchst. Diese Umstände sind zu einem ganz bestimmten Zweck in dein Leben getreten. Das Bewusstsein, das dazu notwendig ist, muss lauten: Dieser Umstand ist deswegen da, weil er mich etwas ganz Bestimmtes lehren will.

- Du musst die Ergebnisse deiner vergangenen Handlungen akzeptieren. Du kannst sie dadurch verändern, indem du darauf achtest, was du JETZT tust.

- In jedem Menschen sind eigentlich 3 Menschen enthalten:
  1. Der, der du bist.
  2. Der, der du sein willst.
  3. Der, den du jeden glauben lässt zu sein.

- Wenn du wirklich ein unglückliches Leben führen willst, versuche alle Erwartungen anderer von dir zu erfüllen.

- Mach dir die Mühe das Gute in jeder Situation zu erkennen, und schätze negative Ereignisse mehr als Gelegenheiten und weniger als Bestrafungen!

- Die Ursache zu sein ist einfach:
  Mach einfach das Gegenteil davon, wenn du versucht bist, auf eine Situation negativ zu reagieren. Das braucht wie alles im Leben Übung, wird aber natürlicher, je öfter du es in deinem Leben

anwendest. Du musst zu einem spirituellen olympischen Athleten werden und dich geistig und emotional trainieren. Indem du deine Reaktionen stoppst und somit unter Kontrolle bringst, wird es dir möglich sein, deine göttliche Natur zu entwickeln und zu manifestieren.

- Die Proaktive Formel lautet:
  1. Ein Hindernis erscheint.
  2. Meine Reaktion ist der wahre Feind.
  3. Stoppe und füge Bewusstsein ein (Warum ist das in meinem Leben? Warum ist das passiert? Was ist der tiefere Sinn dieser Situation?)
  4. Sei proaktiv. Wandle dieses Hindernis in eine Gelegenheit um, um Licht zu enthüllen.

- Jede Zelle hat Bewusstsein. Krankheit ist eine Ansammlung von Zellen mit einem negativen Bewusstsein.

- Das Universum ist ein riesengroßer Spiegel für dich – was du in anderen siehst, ist eigentlich in dir. Die Welt wurde so zusammengestellt, dass du, wann immer du einen negativen Charakterzug an anderen Menschen in deinem Leben erkennst, dir sicher sein kannst, dass dieser Charakterzug auch in dir ist. Andernfalls hättest du ihn nicht gesehen.
  Das Universum zeigt, woran du noch an dir arbeiten darfst – welche Dinge noch der LIEBE bedürfen.

- Du kannst deinen Weg nie mit dem der anderen vergleichen. (Ein Mann ohne Schuhe weinte, bis er einen Mann ohne Beine traf!)

- Wenn Licht in der Seele weilt,
  dann wird Schönheit in der Person sein.
  Wenn Schönheit in der Person weilt,
  dann wird Harmonie im Haus sein.
  Wenn Harmonie im Haus ist,
  dann wird Ordnung in der Nation herrschen.
  Wenn Ordnung in der Nation herrscht,
  dann wird Frieden in der Welt sein.

- **Die Wahrheit ist, wenn du mit dem Licht verbunden bist, ist alles möglich.**

- Andere werden sich nur dann ändern, wenn du dich änderst!
  Es ist wichtig zu verstehen, wie du dein Bewusstsein verändern musst. Beginne also damit, deine Gedanken bewusst zu kontrollieren. Alles beginnt mit einem Gedanken, wird zu einer Idee und schließlich endet alles in einer Tat. Du kannst jeden Gedanken und jede Emotion dafür verwenden, dass du entweder mehr Licht oder mehr Dunkelheit in deinem Leben produzierst. Es liegt allein bei dir und deinem freien Willen, wofür du dich entscheidest.

- Fehler sind nur dann Fehler, wenn du nichts aus ihnen lernst.

- Zweifel ist der universelle Katalysator, der dich in deiner Entwicklung hemmt.

- Vermeide Urteile über jemanden, denn jeder kommt von einer anderen Ausgangslage. Jeder hat an etwas anderem an sich selbst zu arbeiten.

- Sei zu jedem Moment gegenwärtig. Oft leben die Menschen in der Vergangenheit oder in der Zukunft. Damit hören sie auf zu leben. **Der einzige Moment, den wir haben, ist das Jetzt.** Die Vergangenheit ist Geschichte, die Zukunft ist ein Geheimnis und **die Gegenwart ist ein Geschenk**.

- Akzeptiere dich, so wie du bist!

- Das, was du aussendest, erhältst du zurück. Deshalb prüfe deine Gedanken, Worte und Taten und werde dir ihrer bewusst. Denn jeder Gedanke, jedes Wort und jede Tat bringt dir ein Ergebnis.

- Wir haben alle ein großes Geschenk erhalten, das wir mit der Welt teilen dürfen. Wenn wir es mit anderen teilen, erhalten wir dafür Licht.

Gerade dieser letzte Satz spricht mir aus der Seele. Ich habe das große Geschenk „weiter leben zu dürfen" erhalten.

Nun sehe ich es als ein großes Privileg an, dich an meinen Erfahrungen der letzten 6 Jahre teilhaben zu lassen, weil ich absolut davon überzeugt bin, dass die eine oder andere Information für dich dabei ist, die dir sicherlich in positiver Art und Weise in deinem Leben weiter helfen kann.
Eines, was mich an der Lehre von Kabbalah am meisten beeindruckt hat, waren die sehr symbolhaften und aussagekräftigen Geschichten. Jede Geschichte wurde zu einem ganz bestimmten Zweck erzählt. Und deshalb habe ich beschlossen, dich an dieser Stelle als Abschluss an drei meiner Lieblingsgeschichten, die ich in einem Jahr Kabbalah Studium habe kennen lernen dürfen, teilhaben zu lassen. Viel Spaß und Erkenntnis wünsche ich dir dabei.

1. Geschichte:
Es gibt eine Geschichte über zwei Schuhverkäufer.
Sie reisen in ein Land der Dritten Welt und der erste berichtet seiner Frau in der Sekunde, in der er landet: „Schatz, ich mach mich wieder auf den Heimweg. Es gibt keine Hoffnung hier. Niemand hier trägt Schuhe, deshalb gibt es hier keinen, an den ich verkaufen könnte." Er reist mit dem nächsten Flieger nach Hause.
Der zweiter Kerl ruft seine Frau an und sagt: „Schatz, du kannst dir nicht vorstellen, was ich hier gefunden habe. Es gibt soviel Nachfrage. Keiner trägt Schuhe! Ich könnte an das ganze Land verkaufen."
Er verkauft schließlich tausende und abertausende Schuhe.
Die Botschaft dieser Geschichte lautet:
Schau heute nochmals dorthin, wo du vorher keine Gelegenheit vermutet hast!

2. Geschichte:

Es war einmal ein sehr kleiner Frosch, der in eine riesige Schüssel voller Rahm gefallen ist. Er war außer Stande, irgendwie herauszukommen. So beschloss der kleine Frosch zu strampeln und zu strampeln, und zu strampeln bis letzten Endes der Rahm zur Butter wurde, und es ihm möglich war, sich mittels Sprung aus der Schüssel in Sicherheit zu begeben.

Die Botschaft dieser Geschichte:

Du kannst entweder die Hoffnung aufgeben, wenn du mit schwierigen Herausforderungen konfrontiert wirst oder du kannst strampeln, strampeln und nochmals strampeln, bis sich diese Herausforderung in einen Segen verwandelt. Egal, wie dunkel dein Leben zurzeit ist, es gibt immer Licht am Ende des Tunnels. Wisse, dass es eine Lösung gibt, egal, was es ist, dass dich gerade droht, zu überwältigen.

Ich fühle mich auch ein bisschen wie dieser Frosch. Ich habe mich selbst in eine durchaus fordernde Situation gebracht und habe dabei feststellen dürfen, dass es sich auf alle Fälle lohnt, voller Zuversicht, Vertrauen, Hoffnung, Glauben, Freude und Liebe zu sein, damit sich mir die Lösung für mein Problem zeigen kann.

3. Geschichte:

Zwei junge Angestellte arbeiteten für ihren Arbeitgeber, vor dem sie große Achtung hatten. Den beiden wurde aufgetragen, eine alte Scheune sauber zu machen, die später einmal das Arbeitszimmer ihres Arbeitgebers werden würde.

Wie du dir vorstellen kannst, war das eine harte und schmutzige Arbeit. Der erste Junge war dabei trotzdem glücklich, er pfiff und sang, während er seine Aufgaben verrichtete. Der zweite

Junge erledigte seine Arbeit ebenso gewissenhaft wie der erste Junge, aber er tat dies mit deutlich weniger Begeisterung.
Schließlich hatte der zweite Junge genug von der guten Laune des ersten Jungen. Er unterbrach seine Arbeit einen Augenblick und fragte: „Warum bist du eigentlich so fröhlich?"
Der erste Junge dachte einen Moment darüber nach, und dann erwiderte er: „Ich freue mich, denn ich weiß, wenn wir fertig sind, wird unser Arbeitgeber in einem ordentlichen Raum sitzen können."

<u>Botschaft dieser Geschichte:</u>

Diese Geschichte zeigt dir klar auf, dass es ganz bei dir selbst liegt, egal, mit welcher Aufgabe du momentan beschäftigst bist, mit welcher Einstellung du an sie herangehst. Du kannst es so wie der zweite Junge machen und viel Zeit damit vergeuden, dich über die aufgetragene Drecksarbeit zu ärgern oder dir, so wie es der erste Junge getan hat, dem Endprodukt deiner Arbeit bewusst zu werden und dich daran freuen, jemand anderen eine riesengroße Freude bereiten zu können.
Diese Geschichte trägt sehr viel Wahres in sich. Bei allem, was wir tun, kommt es letztlich darauf an, mit welcher Einstellung und mit welcher Absicht wir an die Sache herangehen.
Ich kann dir nur den Rat geben, halte dir immer wieder das glückliche, schöne, harmonische und perfekte Endresultat vor Augen und in deinem Bewusstsein, dann wird dir jede „Arbeit" um vieles leichter fallen. Speziell dann, wenn du weißt, dass du damit anderen eine Freude machen kannst; denn die Freude eines anderen ersetzt dir zu mindestens 100% jede Anstrengung, die du dafür auf dich genommen hast.

20

FRANZ UND ISABELLA – DIE FARBANWENDER

Mitte Jänner 2009 erhielt Rupi von einer Bekannten einen Anruf, die ihm mitteilte, dass sie von einem Menschen gehört hatte, der Querschnittsgelähmten bereits aus dem Rollstuhl geholfen hatte. Sie gab ihm die Telefonnummer, damit wir uns näher informieren konnten. Rupi telefonierte dann gleich mit diesem Herrn und vereinbarte einen Termin, damit wir uns das Ganze persönlich erklären und veranschaulichen lassen konnten.
Als Rupi mir diese „frohe Botschaft" überbrachte, hielt sich die Begeisterungsfähigkeit meinerseits in Grenzen.

Du wirst dich fragen, warum dies so war?
Ich kann es dir gerne erklären. Weil ich mich einfach gut aufgehoben fühlte. Ich habe in den letzten 6 Jahren immer wieder die verschiedensten „Helfer" angezogen, die ich für eine mehr oder weniger lange Zeit für mein allgemeines Wohlbefinden in Anspruch genommen habe. Viele von ihnen habe ich nach einer gewissen Zeit wieder losgelassen, weil ich es irgendwie in mir gespürt habe, dass ich es ohne ihre Hilfe genauso schaffe und von all diesen „guten Seelen", wie ich sie gerne nenne, bin ich bei zweien hängen geblieben – Gabi und Elke. Ich freue mich jedes Mal, wenn wir uns wieder sehen, wenn wir uns gegenseitig austauschen, wenn ich wieder viel dazu lernen darf und Erfahrungen mache, von denen ich total positiv überrascht bin, wenn ich in die richtige „Therapie" mit jeder von beiden eintauchen darf, wenn ich mich total glücklich und zufrieden

danach auf die Heimreise begebe und zu mir sagen kann: „Wieder was gelernt!" Ich fühle mich bei den beiden einfach gut aufgehoben, so verstanden und akzeptiert, wie ich bin. Und genau diese Freude gibt mir immer wieder die Bestätigung, dass diese zwei Personen genau die richtigen sind, die mich auf meinem Weg weiterhin begleiten können.
Und daher der Ausdruck - „ich habe mich gut aufgehoben gefühlt" - ich habe für mich zwei Personen gefunden, denen ich vollkommen vertraue und die mir schon viel Hilfe, Kraft, Mut, Hoffnung, Freude und Liebe entgegengebracht haben, dass ich für mich wusste, dass mein Weg, der mir ja auch immer wieder von den beiden bestätigt wird, absolut in die richtige Richtung geht.
So, und nun kam Rupi total euphorisch mit dieser neuen Therapiemöglichkeit. Einerseits war ich eher der Meinung, dass ich momentan mit meinen beiden Therapeutinnen mehr als gut versorgt bin. Andererseits stellte ich mir die Frage: „Warum kam gerade jetzt dieser Anruf, und welche Botschaft ist für mich wohl darin versteckt?"
Nachdem ich schon so vieles ausprobiert hatte, nahmen wir diesen Termin wahr. Ich wollte mir einfach diese neue Therapieart näher erklären lassen und dann entscheiden, ob ich sie machen werde.
Unseren ersten Termin hatten wir bei einem Arzt, der den so genannten Ist-Zustand dokumentieren wollte. Er wollte sich einfach davon überzeugen, dass es sich bei mir tatsächlich um eine Querschnittslähmung handelt. Er kopierte sich dann noch ein Krankenblatt von mir, auf dem diese Diagnose schriftlich festgehalten war und erzählte uns kurz, worum es sich bei der besagten Therapie handle. Weitere Details könne uns aber Herr Franz sicher besser erklären und dann auch gleich in praktischer Art und Weise demonstrieren.

Und so fuhren wir dann am nächsten Tag zu diesem besagten Mann, der zusammen mit einer Frau schon auf uns wartete.
Ich war schon gespannt, was da auf mich zukommen würde, blieb aber offen und dachte mir, dass es schon Sinn machen würde, sich das Ganze anzuhören.
Also dieser Herr Franz erklärte mir, dass es als Allererstes für ihn von enormer Bedeutung sei, zu wissen, ob ein Nerv bis in die Zehen durchgängig aktiv ist. Dazu nahm er eine Wünschelrute zur Hand und strich mit seiner Hand entlang meines Beines hinunter bis zu den Zehen. Das machte er dann noch einige Male und stellte freudestrahlend fest, dass es Nerven gibt, die bis in die Zehen ihre Aktivität erhalten haben. Das war eine überaus gute Voraussetzung dafür, die Therapie zu beginnen.
Und für mich war es natürlich eine Bestätigung dafür, was ich immer schon wusste, nämlich, dass ich es sicher wieder schaffe, mich gehend, laufend, stehend oder hüpfend durch die Gegend zu bewegen. ***Juchhu!***
Anschließend hat Herr Franz mir erklärt, wie seine selbst entwickelte Therapieform funktioniert. Er hat sich die Tatsache, dass Farben unterschiedliche Frequenzen besitzen, zu Nutze gemacht. So haben zum Beispiel Rot- oder Orangetöne eine niedrigere Frequenz als Silber. Der Frequenzverlauf bei Rot ähnelt einer Wellenform und der bei Silber stellt eine sehr hochfrequente Zickzack-Bewegung dar. Aufgrund der unterschiedlichen Frequenz kann er nun gewisse Blockaden auffinden und zugleich eliminieren.
In meinem Fall hat er mir das wie folgt erklärt: Da der Bereich des Rückmarks um den 4. und 5. Brustwirbel sehr in Mitleidenschaft gezogen wurde, und dort auch das Rückenmark gequetscht wurde, kam es zu einer Unterversorgung der

Blutgefäße, Nerven und aller sonstigen betroffenen Bereiche. Aufgrund dieser Unterversorgung konnten die Blutgefäße und Nerven nur sehr vermindert ihrer tatsächlichen Arbeit nachgehen. Herr Franz beschrieb diesen Zustand als „Winterschlaf". Er hat es sich nun zur Aufgabe gemacht, die Funktionen der nahe liegenden vollkommen in Ordnung befindlichen Nerven aufgrund der Farbtherapie besser zu versorgen, damit sie die Aufgaben der eingeschränkten Nerven übernehmen können. Er bezeichnete dies als einen „Bypass", der um die verletzte Stelle gelegt wird, wie das bereits sehr erfolgreich in der Herzchirurgie gemacht wird.
Ich denke, ich habe jetzt all die Informationen, die ich von Herrn Franz und seiner Tochter erhalten habe, erläutert. Jetzt wirst du dich fragen, wie diese Therapie vonstatten ging?

Also das Ganze lief so ab:
Ich habe mir jedes Mal, bevor sie an mir arbeiteten, meine Schuhe ausgezogen und bin dann eigentlich relativ entspannt und ruhig in meinem Rollstuhl gesessen.
Die ersten paar Male hatte er eine Krankenschwester als Assistentin, die hinter mir auf einem Sessel saß und die Farbe über meinen Rücken sausen ließ, die er ihr vorgab.
Wie funktionierte das „Farbe über den Rücken sausen" lassen?
Beide stellten sich zum Beispiel die Farbe Dunkelrot vor und ließen sie über ihre Hände, die sich einige Zentimeter über meiner Körperoberfläche bewegten, in meinen Körper fließen. Herr Franz saß auf einem Sessel vor mir und nahm dann die Energie, die er von meinem Rücken über seine Assistentin erhielt, von meinen Oberschenkeln beginnend mit bis hinunter in die Zehen. Diesen

Vorgang, der bis zu einer $\frac{3}{4}$ Stunde dauerte, nannten sie das so genannte „Aufladen".
Isabella, das ist die Tochter von Herrn Franz, die gemeinsam mit ihrem Vater diese Therapie erfunden hat, hat zusätzlich noch die Begabung, dass sie sehr genau „sieht" und „spürt", wo irgendwelche Blockaden sind beziehungsweise wo zu viel Energie ist und dadurch der harmonische Fluss gestört ist.
Sie hat mir das so erklärt, dass sie die Energiebahnen wie einen Wasserschlauch sieht, und wenn es irgendwo eine Blockade gibt, dann wird dieser Schlauch immer dunkler und dunkler.
Wenn Isabella am Rücken gearbeitet hat, dann hat sie oben im Halswirbelbereich die Energie in meinen Körper geschickt und unten im Lendenwirbelbereich wieder mit der anderen Hand aufgefangen. So konnte sie sehr genau feststellen, ob es im jeweiligen Bereich Blockaden gab oder ob alles frei war.
Wie konnte sie das feststellen?
Ganz einfach, beide oder alle drei Personen, die an mir arbeiteten, haben die unterschiedlichen Farbprägungen mit einem unterschiedlichen Kribbeln auf der Handinnenseite wahrgenommen.
Wenn Isabella nun zum Beispiel ein sehr helles Blau oben im Halswirbelbereich reinschickte und alles frei gewesen ist, dann musste unten im Lendenwirbelbereich wieder genau dieselbe Energie herauskommen. Spürte sie hingegen im Lendenwirbelbereich ein deutlich schwächeres Kribbeln, war das ein Zeichen dafür, dass es irgendwo dazwischen eine Blockade gab. So ging sie Zentimeter für Zentimeter mit der unteren Hand Richtung Halswirbelbereich, um die Blockade genau zu orten. Wenn sie dann gefunden wurde, wurde sie mit der richtigen Energie wieder ins Gleichgewicht gebracht – und der harmonische

Energiefluss in diesem Bereich wurde wieder vollkommen hergestellt.
Nachdem der Rücken halbwegs frei und vollkommen aufgeladen war, und die Beine auch gut „unter Strom" standen, war ich an der Reihe. Nun ging es daran, meine Beine zu bewegen.
Zuvor möchte ich dir noch erzählen, dass ich diese unterschiedlichen Farbtöne, die durch meine Beine geschickt wurden, sehr wohl als ein unterschiedliches Kribbeln in meinen Beinen wahrnehmen konnte. Gold zum Beispiel löste ein sehr feines, zartes Kribbeln aus.

Franz führte mit seiner Tochter die Therapie so durch, ohne viel Worte bezüglich der momentan richtigen Farbfrequenz zu verlieren. Seine Tochter fing mit einer Farbe am Rücken an, die er dann direkt in meine Beine übernahm und eigentlich gleich wusste, um welche es sich dabei handelte. Auch ich konnte ihnen immer wieder sagen, um welche Farbe es sich handelte, und ob es angenehm oder zu intensiv war. Denn wenn die Intensität, mit der sie die Farbenergie durch meinen Körper schickten, zu hoch wurde, nahm ich das Kribbeln als stechend und stark brennend wahr. Sie legten sehr großen Wert darauf, immer wieder ein Feedback von mir zu erhalten, weil sie die Intensität der Therapie mehr nach ihrem Gefühl praktizierten. Isabella hatte das meiner Meinung besser im Gefühl als ihr Vater, der aber gleich bei unserer ersten Begegnung zugab, sehr ehrgeizig zu sein. Er meinte: „Ich möchte was sehen, und wenn ich etwas Bewegung in den Beinen oder Füßen gesehen habe, dann möchte ich, dass es jedes Mal ein bisschen mehr wird." Diese Einstellung war natürlich auch in meinem Sinne, jedoch kann ein Außenstehender schlecht das Befinden der jeweiligen Person beurteilen, und deshalb waren sie über jedes Feedback von mir froh.

Jeder Mensch ist doch letzten Endes ein Individuum und reagiert auf die vorgestellte Therapieart anders. Auch ist jeder Tag ein neues Abenteuer, eine neue Herausforderung und eine neue Chance, denen ich mich immer wieder voller Freude stelle. Wobei ich in den letzten Jahren lernen durfte, dass ich mich sehr wohl auf mein inneres Gespür - auf mich selbst verlassen kann. **Wer sonst könnte mich besser kennen als ich mich selbst!**

Zurück zur Therapie - also nachdem ich voll aufgeladen war, war es mir möglich meine Füße Zentimeter für Zentimeter nach hinten oder seitlich nach außen zu schieben.
Ich kann dir sagen, dass das ein sehr bewegender Moment war - Freude pur für alle Anwesenden.
Mein inneres Gefühl, das mir von Anfang an verdeutlichte, dass ich einen Lernprozess zu bewältigen habe, bei dem ein glückliches Ende das Ergebnis sein wird, hat mich durch diese Erfahrung bestätigt.
Wenn diese Farb-Energiearbeit jedoch zu lange dauerte und meine persönliche Anstrengung ebenfalls zu viel wurde, zeigte mir das mein Körper, indem sich meine Beine vermehrt verkrampften. Mir war dieses Signal sehr einleuchtend, das da hieß - „Stopp, Ilse, für heute ist es genug, lass es gut sein!" Franz ignorierte dieses Zeichen manchmal, weil der erwünschte Tageserfolg eher bescheiden ausfiel. Nach einigen weiteren Versuchen musste er sich aber meinem Körper fügen, und wir beendeten die Therapiestunde dennoch meistens zufrieden.

Herr Franz gab mir noch ein spezielles Öl mit nach Hause, das für die bessere Durchblutung der Rückenmuskulatur sorgte und eine spezielle Salbe, die um die Wirbel einmassiert wurde, um die Geschmeidigkeit der Wirbelkörper wieder herzustellen. Das Öl durfte mir Rupi zweimal täglich einmassieren und die Salbe einmal täglich. Zugegeben diese Art von Therapie hieß ich selbstverständlich mit offenen Armen willkommen.
Zusätzlich empfahl er mir 3x/Woche 5 dag Broccoli zu essen - am besten gedünstet. Auch diese Empfehlung setzte ich in die Tat um und dabei stellte ich fest, dass meine Beine irgendwie leichter und beweglicher wurden. Die Krämpfe sind sicher etwas zurückgegangen. Also, wie du siehst, machte ich deutliche Fortschritte.

Herr Franz hat mittlerweile 5 oder 6 Querschnittsgelähmte, die sich seiner Therapie anvertrauten, und deshalb hat er mir anfangs gesagt, dass er mit mir jede Woche 6 Monate arbeiten möchte, und falls es zu keinerlei Verbesserung irgendeiner Art und Weise kommt, ist er bereit, sich der Tatsache zu stellen, dass seine Therapie bei mir eben erfolglos geblieben ist.
Da dieser Herr auch in Kärnten zu Hause ist, habe ich die wöchentliche gemeinsame Arbeit auf ein 14 -tägiges Treffen an zwei aufeinander folgenden Tagen vorgeschlagen. Er war damit einverstanden, und so fuhren wir alle 2 Wochen nach Kärnten, um dieser neuen Therapieform nachzukommen.
Trotz der Erfolge, die sich Monat für Monat einstellten, hatte ich ein widersprüchliches Gefühl in mir, das ich anfangs ignorierte beziehungsweise aufgrund der tollen Erfolge als belanglos abstempelte.

So kam es dann, dass Gabi - meine Seelendame - mich fragte, als sie mit ihrer gewohnten Lichtarbeit bei mir beginnen wollte, ob sich irgendetwas bei mir verändert hätte. Selbstverständlich hatte ich sie in meine neue Therapie eingeweiht. Gabi bemerkte nämlich eine starke Blockade im rechten Rückenbereich, die sie mir anschließend wieder aufgelöst hat.
Auf meine Frage, ob dies etwas mit der neuen Therapieform zu tun hatte, fragte sie mich nur, ob diese Therapeuten auch mit Lichtwesen arbeiten. Diese Frage konnte ich eindeutig verneinen. Gabi meinte dann bloß noch, dass ich schon wissen würde, was gut für mich sei.
Bei meinem übernächsten Besuch bei Gabi stellte sie abermals diese Verspannung im rechten Rückenbereich fest. Und diesmal gingen wir der Ursache etwas genauer auf den Grund. Gabi meinte, dass die Intensität der Energie im gesunden Rückenbereich eindeutig zu hoch sei, und somit würden diese Verspannungen zustande kommen.
Selbstverständlich habe ich diese Informationen an Herrn Franz weitergeleitet. Wie sehr er sich diese zu Herzen genommen hat, kann nur Herr Franz selbst beantworten.
Ich setzte also meine Therapie fort und meine Fortschritte konnten sich sehen lassen. Ich konnte meine Beine immer besser und schneller in Bewegung bringen. Und trotzdem war da immer noch dieses komische Gefühl in mir - was wollte es mir sagen?
Die Antwort kam dann einige Wochen später Anfang August 2009, als ich wieder einmal bei Elke - meiner Body Talk Anwenderin - eine Therapie in Anspruch nahm.
Jedes Mal, bevor Elke und ich uns der eigentlichen Therapie widmen, fragt mich Elke, was es denn so Neues bei mir gibt, ob sich etwas getan hat oder ob mich irgendetwas belastet. Dann

erzähle ich ihr alles Wichtige. Unter anderem habe ich ihr die Fortschritte meiner neuen Therapieform geschildert und von meinem Gefühl, das ich dabei hatte.
Wie immer sagte Elke meistens nur so viel, dass wir einfach mit ihrer Therapie beginnen und es einfach auf uns zukommen lassen, ob wir diese Frage in unserer Therapieeinheit beantwortet bekommen oder ob wir anschließend nochmals die Frage behandeln müssen.

Ich kann dir schon so viel verraten, ich habe mein ultimatives Heilmittel erhalten. Irgendwie habe ich es mir erhofft, dass ich es eines Tages erhalten werde, und als ich es dann über Elke an diesem wunderschönen Tag bekommen habe, hat sich die Frage, ob ich die Therapie bei Herrn Franz noch weiter mache, einfach erübrigt.

Wir haben nach der Therapie bei Elke noch gemeinsam gegessen, und ich habe Herrn Franz angerufen und ihn informiert, dass ich meine eigene Therapie seiner vorziehe.
Er hat sehr gelassen und freundlich reagiert, nachdem ich mich noch für seine Dienste bedankt habe und ein Wiedersehen in Aussicht gestellt habe, worüber er sich freuen würde.
Ich kann dir sagen, dass das sehr befreiend war.
Und wieder Mal eine Bestätigung für mich, dass ich mich auf mich selber und mein Gefühl 100%ig verlassen kann.

Auch diese Begegnung hat mir gezeigt, dass wir Menschen ein enormes Potenzial in uns haben, dass wir zu Dingen fähig sind, von denen wir kaum zu träumen wagen, sie aber dennoch Wirklichkeit sind.

Jeder von uns hat irgendein Talent in sich, das, wenn es gelebt wird, sehr vielen einen großen Dienst erweisen kann. Herr Franz ist für mich diesbezüglich ein Vorzeigebeispiel.
Dafür, dass ich ihre ganz besondere Therapieform kennen lernen durfte, möchte ich mich nochmals recht herzlich bei den beiden bedanken.

Welches ultimative Heilmittel ich erhalten habe, wirst du bald erfahren.
Freue dich einfach schon mal darauf!

21

ELKE – DIE BODY TALK ANWENDERIN

Dieses Kapitel habe ich so konzipiert, dass ich dir die wichtigsten Details jedes Treffen mit Elke, die mir im Gedächtnis geblieben sind beziehungsweise von denen ich mir ab einem gewissen Zeitpunkt Notizen machte, berichte. Du wirst also meine Erfahrungen bei dieser speziellen Therapie in den nächsten Seiten von einem Termin auf den anderen mitverfolgen können.

Eines Tages, als wir wieder einmal bei Frau Huber (Kapitel 14) waren, erzählte sie uns nach dem Ende der Massage von einer Frau, die eine ganz besondere Behandlung macht und mir sicherlich am Weg meiner Genesung behilflich sein kann. Als sie unser starkes Interesse wahrnahm, griff sie zu ihrem Handy, wählte eine Nummer und gab mir anschließend das Handy in die Hand, damit ich gleich selbst mit dieser Dame sprechen konnte. Es stellte sich heraus, dass wir gleich in den nächsten Tagen an einem Feiertag, es war der 15. August 2006, zu ihr kommen durften. Ich sagte zu, und so waren wir an diesem Tag das erste Mal bei Elke, so heißt diese Dame.
Elke erzählte uns bei unserem ersten Treffen, dass sie, als ich sie anrief, eigentlich gerade am Weg in den Garten war, um dort einige Arbeiten zu verrichten. Irgendwie spürte sie aber, dass dieser Anruf wichtig sei und deshalb kehrte sie nochmals um und nahm den Anruf entgegen. So bin ich innerhalb sehr kurzer Zeit zu meiner nächsten „Wegbegleiterin" gekommen.

Elke hat uns kurz ihre Lebensgeschichte erzählt. Sie war eine Zeit lang diplomierte Krankenschwester, ist dann nach Guatemala ausgewandert, hat dort ihren Mann kennen und lieben gelernt und ist jetzt mit ihrem Mann nach Österreich zurückgekehrt.
Sie hat eine Ausbildung absolviert, die sich „Body Talk" nennt, und diese wendet sie nun an ihren Klienten mit großem Erfolg an.
Was ist „Body Talk"? Hier eine kurze Erklärung:
Body Talk wurde von einem gewissen John Veltheim ins Leben gerufen. Es ist eine umfassende, relativ einfache, effektive und sichere Form der Energietherapie, die dem Körper hilft, seine Systeme in Balance zu bringen und damit die Gesundheit zu verbessern. Der Körper-Geist-Komplex wird dabei als synchron arbeitende Gesamtheit betrachtet. Ein schlechter Gesundheitszustand weist darauf hin, dass die angeborene Fähigkeit des Körpers, sich selbst zu heilen und die innere Synchronizität aufrechtzuerhalten, aufgrund von Dysbalancen geschädigt ist. Gute Gesundheit kann nur erreicht werden, wenn alle Körperteile und Systeme richtig funktionieren, und ihre Aktivitäten synchronisiert werden. Das ist die Rolle der inneren Weisheit im Körper.
In einer normalen Body Talk Sitzung wird die innere Weisheit des Betreffenden anhand von Biofeedback „befragt". Sie weist den zertifizierten Body Talk Anwender darauf hin, was im Heilungsprozess Priorität hat. Anhand dieser Informationen kann der Anwender feststellen, welche Körperaspekte schlecht miteinander vernetzt sind und nur mangelhaft mit anderen Aspekten kommunizieren.
Der Anwender spricht Vernetzungspunkte an, indem er sie leicht berührt. Mit der jeweiligen Vernetzung im Zentrum seiner Aufmerksamkeit tippt der zertifizierte Body Talk Anwender

zuerst sanft auf den Kopf und dann auf den Herzkomplex des Klienten. Das Austippen auf dem Kopf befähigt die innere Weisheit, die angesprochenen Vernetzungen im Gehirn zu registrieren und somit die Funktionen und die Kommunikation innerhalb des Körpers zu verbessern. Das Austippen über dem Herzzentrum befähigt die innere Weisheit, die angesprochenen Vernetzungen als Erinnerung zu speichern. Auf diese Weise können die dem Körper innewohnenden Heilungsfunktionen auf allen Ebenen gestärkt werden - physisch, mental, geistig, emotional und spirituell.
Die Body Talk Erfinder haben allen Menschen die Möglichkeit geboten, von einigen Vorteilen der Body Talk Methode zu profitieren, indem sie ein Body Talk Access Programm entwickelt haben. Dabei gibt es fünf allgemeine, grundlegende Body Talk Techniken, die zu einem täglichen Programm zusammengefasst werden können, und deren Anwendung sich sehr positiv auf den Gesundheitszustand eines Menschen auswirkt. Die regelmäßige Anwendung dieses Programms kann den Körper-Geist-Komplex eines Menschen insgesamt ins Gleichgewicht bringen. Die Symptome verringern sich, der allgemeine Gesundheitszustand wird verbessert und anhand der vorbeugenden Eigenschaften der Techniken stabilisiert. Es ist eine Form der Selbsthilfe, die einfach zu lernen und anzuwenden ist.

So, jetzt ist Schluss mit den rein theoretischen Erklärungen. Nun folgen all meine Erfahrungen, die ich bei Elkes Therapieeinheiten gemacht habe. Ich hoffe, sie sind für dich genauso interessant wie sie es für mich waren.

Wir kamen also an diesem besagten Feiertag im August 2006 das erste Mal zu Elke. Wir wurden sehr herzlich empfangen, in ihren Therapieraum geführt, und dann erzählte ich ihr alles, was sie von mir wissen wollte.
Ich lag auf einem Massagetisch, und sie saß seitlich neben mir. Zuallererst musste sie meine innere Weisheit befragen, ob diese Art der Therapie für mich momentan geeignet ist. Dies machte sie über einen gewissen Biofeedback Mechanismus, der sich Muskelwiderstandstest nennt. Dazu streift sie mit dem Zeige- und Mittelfinger über irgendeine Hautstelle am Körper. Elke verwendet den Unterarm. Wenn sie nun um Erlaubnis fragt, bei mir arbeiten zu dürfen, streift sie gleichzeitig mit ihren Fingern über meinen Unterarm. Gibt ihr meine innere Weisheit die Antwort JA, dann kann sie ganz normal hin und her streifen. Gibt ihr meine innere Weisheit die Antwort NEIN, dann baut der Muskel einen so hohen Widerstand auf, dass ihr ein normales Weiterstreifen der Finger verweigert wird. Bei all ihren Fragen an meinen Körper/meine innere Weisheit gibt es nur die beiden Antwortmöglichkeiten ja oder nein.
Elke bat nun um Erlaubnis, mit mir arbeiten zu dürfen und erhielt die Antwort „Ja". ***Juchhu!***
Sie erzählte mir, dass diese Frage sehr bedeutend ist, weil sie schon einige Klienten hatte, bei denen als Antwort „Nein" kam. Dann war diese Art der Therapie für diese Personen zum jeweiligen Zeitpunkt entweder noch zu früh oder einfach die falsche.

Bei dieser ersten Sitzung ging es darum, alle körperlichen Narben, die ich mir so in meinem Leben geschaffen habe, zu entstören, damit wieder alles mit genügend Energie versorgt werden konnte.

Da ich doch einige Narben im Laufe dieses Lebens angesammelt habe, dauerte dieses „den Körper wieder mit voller Energie zu versorgen" zirka $1\frac{1}{2}$ Stunden. Es war ein sehr angenehmes Arbeiten. Hin und wieder durfte ich ihr bei gewissen Techniken behilflich sein, indem ich sie mit tiefen Atemzügen unterstützte, damit der Körper schneller beziehungsweise besser das Alte loslassen konnte, um die neue gute Energie voll und ganz aufzunehmen.
Das Einzigartige bei dieser Therapie ist, dass der Körper - die innere Weisheit bestimmt, was für dich zum momentanen Zeitpunkt gut ist, und der Body Talk Therapeut darf dann die jeweiligen Veränderungen oder Hilfestellungen dem Körper zugänglich machen.
Ich hatte ein gutes Gefühl bei der ganzen Sache. Dass ich da zu jemand ganz Besonderem gekommen bin, hat sich dahingehend bestätigt, dass wir nach der Therapie noch zu einer sehr guten Suppe von Elke und ihrem Mann, Enrique, eingeladen wurden und uns so noch etwas besser kennen lernen konnten. Dafür war und bin ich ihr heute noch sehr dankbar.
Unsere Gesprächsthemen gingen weit über die Therapie hinaus und ich denke, dass Elke und Enrique unser Beisammensein auch genossen.

Unser nächster Termin wurde auf genau die gleiche Art und Weise ausgemacht, wie wir bei der Therapie gearbeitet haben - mittels Muskelwiderstandstest. Elke fragte, in wie vielen Wochen ich die nächste Therapie von ihr in Anspruch nehmen darf. Das Ergebnis lautete: in 7 Wochen.

7. Oktober 2006

Bei der nächsten Therapie wurden wir wieder herzlich von Elke und Enrique empfangen. Bevor Elke mit der Therapie begann, fragte sie mich noch, wie es mir in den letzten Wochen ergangen ist, was sich verändert hat, womit ich mich beschäftigt habe und was sich sonst noch so in meinem Leben getan hat. Nachdem ich ihr nach bestem Wissen und Gewissen die Fragen beantwortet hatte, hat sie wie immer um Erlaubnis gefragt, und dann ist sie ins System von Body Talk eingestiegen. Was das bedeutet, will ich dir nur ganz kurz erläutern:
Das System hat vier Stufen, und Elke fragt den Körper, in welcher Stufe sie denn beginnen darf. Das kann die Stufe 4, die Stufe 2, die Stufe 3 oder die Stufe 1 sein. Wenn ihr der Körper zum Beispiel als Antwort gibt, dass er heute gerne mit der Stufe 3 beginnen möchte, dann sucht Elke nach der betreffenden Thematik in Stufe 3 und hilft dem Körper, sich wieder ins Gleichgewicht zu bringen. Das geht dann so lange weiter, bis der Körper genug Informationen erhalten hat, und so quasi sagt: „Für heute ist es genug, danke!" Meistens installiert Elke wichtige Informationen zur Heilung im Körper, die dann sowieso noch einige Wochen oder Monate in mir weiter arbeiten.

In den ersten Therapieeinheiten hat mein Körper tadellos all die Informationen des Body Talk Systems an- und aufgenommen.
Ich kann mich noch an ein Gespräch nach einer Behandlung erinnern, in dem Elke mir gestanden hat, dass sie natürlich immer wieder bei den vorangegangen Treffen gefragt hat, ob sie im physisch verletzten Bereich arbeiten darf. Die Antwort lautete immer „nein". Das zeigte ihr und mir, dass alles am richtigen Ort, zur richtigen Zeit und in der richtigen Reihenfolge auf dich

wartet, sofern du bereit bist, dich mit dir selbst auseinander zu setzen, an dir zu arbeiten und so Veränderungen in deinem Leben vorzunehmen, die ab und zu schwer fallen, aber mit der Zeit eine enorme Wirkung zeigen.

Als Elke mich eines Tages nach der Therapie fragte, was ich denn heute noch so alles vor habe, und ich ihr erzählte, dass wir noch zu zwei weiteren Therapien fahren, hat sie einen sehr klugen und für mich sehr einprägsamen Satz erwähnt, den ich mir in weiterer Folge sehr zu Herzen genommen habe.
Elke sagte: **„Ilse, oft ist weniger mehr!"**
Ich hatte es in mir eigentlich längst gefühlt, dass die Wochenenden, die wir in Kärnten verbringen, sicherlich gut und oft auch sehr lehrreich waren, und jetzt kommt das erwartete „aber", aber eigentlich sind wir nur von einer Therapie zur nächsten gefahren, und wenn wir Glück hatten, konnten wir zwischendurch schnell etwas Essbares zu uns nehmen. Irgendwie war es auch verständlich, dass wir so viel wie möglich in dieses Wochenende verpacken wollten, weil wir doch einige Kilometer zurückgelegt hatten und uns die Zeit genommen hatten, intensiv an meiner Heilung zu arbeiten.
Ich möchte dir nur der Anschauung halber ein sehr intensives Wochenende kurz skizzieren:
<u>Freitag:</u>

15:00 Uhr	Abfahrt von Pöverding
18:30 Uhr	Ankunft in Landskron
19:00 - 20:30 Uhr	Pyramide sitzen
20:30 - 21:30 Uhr	Massage von Georg
22:00 Uhr	Ankunft im Quartier

Samstag:

09:30 - 13:30 Uhr	Body Talk bei Elke
14:00 - 16:00 Uhr	Scio bei Marianne
16:00 - 17:00 Uhr	Craniosacraltherapie bei Frau Huber
18:00 - 19:30 Uhr	Pyramide sitzen
19:30 - 20:30 Uhr	Massage von Georg
21:00 Uhr	Ankunft im Quartier

Sonntag:

09:00 - 10:30 Uhr	Pyramide sitzen
10:30 - 11:30 Uhr	Massage von Georg
11:45 Uhr	Abfahrt von Landskron
15:30 Uhr	Ankunft in Pöverding

Wie du siehst, haben wir jede Gelegenheit genutzt, meinem Körper so viele Therapien wie möglich an einem Wochenende angedeihen zu lassen.
Der Vollständigkeit halber sei hier erwähnt, dass wir in den Anfangszeiten, wenn wir in Kärnten waren, immer die Pyramide und die spezielle Massage bei Georg in Anspruch nahmen und meistens noch eine Scio Behandlung am Samstag machten. Zwischen den Terminen bei Elke lagen ja immer mehrere Wochen beziehungsweise Monate. Und die Craniosacraltherapie bei Frau Huber nahmen wir sehr spontan wahr. Wenn sie Zeit für uns hatte, war das okay, und hatte sie schon etwas anderes vor, war es auch gut so.

Jetzt zurück zu Elkes Aussage: „Ilse, oft ist weniger mehr!"
Da machte es „klick" bei mir beziehungsweise war es eine Bestätigung für mich, dass **ich meinem inneren Gefühl durchaus Vertrauen entgegenbringen darf.**
Wenn ich jetzt darüber nachdenke, wie viele Strapazen ich meinem Körper in dieser Zeit zugemutet habe, kann ich ihm eigentlich nur tiefe Dankbarkeit und Wertschätzung entgegenbringen für all seine Stärke und Geduld mit mir. „Danke, mein lieber Körper."
Irgendwie haben all die Therapien, die ich an diesen Wochenenden machte, verschiedene Bereiche in mir angesprochen, weil ich eigentlich gestärkt davon die kommende Woche angegangen bin.
Sicherlich ist es auch erwähnenswert, dass ich in all der Zeit seit meinem Unfall mit sehr guter Gesundheit gesegnet war, wofür ich all meinen Therapeuten und mir selbst unendlich dankbar bin. Denn dass es mir körperlich so gut geht, führe ich auch auf die vielen Behandlungen zurück, die ich in all den Jahren auf mich genommen habe. Abseits der angenehmen und wohltuenden Therapien, die mir da zuteil wurden, haben mich all diese Menschen immer wieder darauf hingewiesen, dass sie deutliche Fortschritte bemerken können. Wie du dir vorstellen kannst, hat mich das sehr gefreut und motiviert, meinen eingeschlagenen Weg weiter zu gehen.
Um den Gedanken „oft ist weniger mehr" abzuschließen, habe ich nach diesem Wochenende beschlossen, mehr auf mein Gefühl zu vertrauen. Wir sind nur mehr sehr sporadisch nach Kärnten gefahren. Eigentlich nur dann, wenn ich bei Elke einen Termin hatte. Den Besuch in der Pyramide habe ich als Wieder-Aufladen meiner Akkus selbstverständlich genutzt.

Das Schöne an der ganzen Sache war, dass mein Körper sehr gut auf die willkommene Pause reagiert hat, und mir meine Therapeuten wiederum beim nächsten Besuch bestätigten, dass sie merkliche positive Veränderungen wahrnehmen konnten.
Denn, wie du dir vorstellen kannst, habe ich zuhause fleißig an mir weiter gearbeitet. Dazu aber etwas später.

8. März 2008

Jetzt komme ich zu einer Sitzung, die es in sich hatte. Immer, wenn wir zu Elke kommen, werden wir zuerst einmal sehr herzlich willkommen geheißen. Irgendwie spüre ich diese Herzlichkeit und Freude von einem zum anderen Mal auf eine sehr intensive Art und Weise, obwohl wir uns seit 2006 in etwa erst 10-mal getroffen haben und relativ selten miteinander telefonieren. Vor jedem Termin melde ich mich kurz bei Elke, ob der ausgemachte Termin von ihrer Seite noch aufrecht ist, und falls bei ihr etwas dazwischen kommt, meldet sie sich rechtzeitig bei mir.
Elke ist seit geraumer Zeit ganz angetan vom „Leuchten" meiner Augen. Sie sagt dann: „Ilse, du hast so ein tolles Strahlen in deinen Augen, das ist enorm!" Beim ersten Mal war ich überrascht von dieser Aussage. Mittlerweile bin ich sehr dankbar dafür, dass ich Elke und Enrique habe kennen lernen dürfen, weil sie mir ein Gefühl von Sicherheit, Geborgenheit, Freude und innerem Wachstum geben.
Außerdem sagt sie immer zu Rupi: „Du hast wirklich ganz großes Glück mit Ilse. Sie ist ein wahrer Schatz. Pass gut auf sie auf. Du hast da etwas ganz Besonderes erhalten!"
Ich denke, dass Rupi und ich unsere Beziehung sehr schätzen und durch diesen Unfall eigentlich noch tiefer und inniger zusammengewachsen sind. Wir wissen auch, was wir am anderen

haben, und ich bin ganz persönlich sehr, sehr dankbar dafür, dass mir in dieser Zeit so ein Mensch, Freund, Helfer, eine treue Seele zur Seite gestellt wurde, der all diese Dinge, die mir zufallen, voller Enthusiasmus mit mir teilt. Das Zuckerl, das Rupi dabei erfährt, ist, dass er erstens bei allen Therapien anwesend ist und damit zu dem gleichen Wissen gelangt wie ich, und dass er zweitens den Großteil der Therapien ebenfalls für sich und seine Weiterentwicklung nutzt.

Wie bei allem, so ist es auch bei diesen Informationen, die wir erhalten. Es geht darum, dass du die Informationen als solche erkennst, verstehst, verinnerlichst und anwendest. **In der Anwendung liegt die Kraft.** Was nützt das Wissen, dass elektrischer Strom zum Beispiel Licht produziert, wenn der Lichtschalter unberührt bleibt.

Das Anwenden solcher Informationen funktioniert ausschließlich durch Übung. Je öfter du die jeweilige Information in dein Leben integrierst, umso einfacher und automatischer geht es mit der Zeit. Am Anfang wirst du dich selbst wohl immer wieder darauf aufmerksam machen müssen, mehr darauf zu achten, die Information tatsächlich zu leben. Aber wenn du das immer wieder machst, wird es zur Gewohnheit und schlussendlich automatisiert.

Der tolle Nebeneffekt bei all den Informationen, die wir mittlerweile erhalten haben, ist der, dass es sich dabei um Hilfestellungen handelt, die allesamt sehr, sehr positive Veränderungen im Leben herbeiführen können.

Viele Informationen, die ich von meinen guten Seelen erhalten habe, so bezeichne ich jene Menschen, die mir seit meinem Unfall zur Seite gestellt wurden, um mir und meinem inneren Wachstum ein wenig auf die Sprünge zu helfen, habe ich zumindest ausprobiert.

Wie du weißt, ist jeder Mensch ein einzigartiges Individuum. Das heißt, dass jeder seinen eigenen Lebensweg gehen darf. Jeder hat hier auf Erden eine andere Aufgabe, die er mit besten Wissen und Gewissen erfüllen wird, sofern er überhaupt in der Lage ist, diese Aufgabe zu erkennen. Für den einen passt die jeweilige Übung oder Information zu 100% und für eine andere Person stellt sie sich als unbrauchbar heraus. Deshalb habe ich bei all den gut gemeinten Übungen immer das Prinzip angewendet: „Einfach ausprobieren." Ich habe jede Übung eine Zeit lang gemacht, und dann habe ich ohnedies schon gespürt, ob mir die Übung gut tut oder ob es besser ist, sie aus meinem Heilungsprojekt auszugliedern.

Ja, du hast richtig gelesen. Ich bezeichne meine Heilung als Projekt. Als ich wieder mal ein Buch gelesen habe, ist mir spontan, angeregt durch die Inhalte, die ich in diesem Buch gefunden habe, die Idee gekommen, dass ich aus meiner Heilung, die zu 100% passiert, einfach ein Projekt mache.

Ich möchte nun den Vergleich anstellen, dass das Leben aus vielen Projekten besteht, die sich idealerweise so ergänzen, dass sich jeder von uns zu seinem Besten entwickeln kann.

Bei sehr vielen Menschen steht im Laufe ihres Lebens das Projekt Hausbau am Lebensplan - sich seine eigene Wohlfühloase zu schaffen. Und dazu braucht es sehr viele Überlegungen und Planungen, die zu Papier gebracht werden. Bessere Ideen verwerfen alte Pläne, es finden Gespräche mit diversen Spezialisten und mit anderen „Häuselbauern" statt - mit einem Wort, es werden alle guten Informationen gesammelt, damit dann am Ende ein Haus entsteht, in dem sich alle wohl fühlen. Ein Platz, an dem du dich zurückziehen kannst, an dem du dich fallen lassen

kannst, an dem du einfach die Seele baumeln lassen kannst und an dem Erholung pur stattfinden kann.
Genauso mache ich es mit meinem Projekt „Heilung". Ich sammle so viele Informationen wie möglich, stelle sie auf die Probe, indem ich sie einige Zeit lang anwende. Wenn sie sich als effizient herausstellen, behalte ich sie weiterhin im Programm, ansonsten lasse ich diese Information mit einem kleinen „Dankeschön" los. In letzter Zeit kann ich mir „das Auf-die-Probe-Stellen" ersparen, weil ich mir bereits ein so gutes und tiefes Vertrauen mir gegenüber erarbeitet habe, dass ich es fühlen kann, ob die jeweilige Information für mich wichtig ist.
Von enormer Bedeutung ist es bei meinem wie bei jedem anderen Projekt, dass du für alles offen bist. Selbstverständlich gibst du die Richtung, in die es geht, klar und deutlich vor. In meinem speziellen Fall ist das die perfekte körperliche Gesundheit, die automatisch die geistige und seelische mit einschließt. Darüber aber später etwas mehr.
Und, so denke ich, darf ich mir alle Informationen, die für diese perfekte körperliche Gesundheit auf mich zukommen, genau unter die Lupe nehmen und dann entscheiden, ob ich sie für mich anwende. Wenn der Entschluss gefasst wurde, dass diese Information für mich wichtig ist, dann wende ich sie so oft wie möglich in meinem Leben an. Manche Übungen mache ich schon Jahre lang und mir geht es, wie du ja weißt, blendend.
Was ich damit klar verdeutlichen möchte, ist, dass ich Dinge, für die ich mich einmal entschieden habe, mit aller Konsequenz wirklich durchziehe, weil ich mir vorher genau überlegt habe und eventuell am eigenen Leib erspürt habe, ob das etwas ist, was mich in meinem Leben vorwärts bringt.

So habe ich mich vor 6 Jahren dafür entschieden, meine Heilung als meine momentane Lebensaufgabe zu sehen, weil ich davon überzeugt war und noch immer bin, dass ich mein Projekt sehr, sehr positiv zu meinem Wohle und dem Wohle vieler anderer abschließen kann. All das Wissen, all die Informationen und all die körperlichen Verbesserungen, die ich bis jetzt erfahren durfte, haben mich darin bestätigt, dass ich am richtigen Weg bin, und ich weiß, dass ich damals die richtige Wahl getroffen habe.

17. Mai 2008

So ist es dann bei einer Therapie von Elke zu folgendem Ereignis gekommen: Elke ist in das Body Talk System eingestiegen und hat schon einige Zeit mit mir gearbeitet, als sie mir mitteilte, dass ich jetzt etwas für andere Seelen machen könnte, die „am Weg" sind.

Um dir den letzten Satz etwas verständlicher zu machen, möchte ich dir kurz mein ganz persönliches Verständnis vom Leben näher bringen, das ich über die letzten Jahre hindurch erhalten habe.
Der Mensch besteht aus einem physischen Körper, einer Seele und einem Geist. Das ist etwas, was du sicherlich weißt beziehungsweise schon gehört hast. Der physische Körper ist unser „Werkzeug", mit dem wir uns hier auf dem Planeten Erde bewegen dürfen. Doch viel entscheidender als unser Körper sind unser Geist und unsere Seele. Der Geist in Form unserer Gedanken bestimmt unser Leben. Und die Seele speichert alle Erfahrungen in Form unserer Gefühle.
Wenn sich nun ein Mensch dazu entschließt, das menschliche Leben auf dieser Erde hinter sich zu lassen, dann sind der physische Körper und der Geist unbedeutend, da sie leblos geworden sind. Hingegen lebt die Seele eines jeden Individuums

ewig. Die Seele macht sich dann auf die Reise zum Licht, dorthin, wo sie her gekommen ist, um dann zu entscheiden, was mit ihr in weiterer Folge passieren wird.
Bei Kindern führt dieser Weg meistens direkt ins Licht. Andere Seelen kommen erst über viele Umwege dorthin zurück, woher sie gekommen sind, um dann ihre weitere Lebensaufgabe zu erfüllen.
Wir Menschen lassen sehr viele Gedanken und Gefühle in uns zu, die uns schaden, weil wir uns an unsere schöpferischen Fähigkeiten erst wieder erinnern müssen, um sie dann zu verinnerlichen und bewusst anzuwenden. Somit können wir uns ein Leben erschaffen, das unseren Vorstellungen und Wünschen entspricht.
Und genau diese vielen negativen und zum Großteil unbewussten Gedanken und Gefühle, die wir im Laufe unseres Lebens zugelassen haben, verhindern dann den direkten Weg zum Licht, wenn wir uns von unserem physischen Körper trennen.
Genauso dürfte es bei einer Gruppe von Seelen gewesen sein, von der Elke bei dieser Therapie gesprochen hat. Seelen mit ähnlichen Aufgaben können sich schon mal zu einer Gruppe zusammenschließen, damit sie gemeinsam an die Lösung ihrer Aufgabe kommen. Diese Seelen haben sich mich als „Vorbild" ausgesucht, weil ich trotz all meines körperlichen Leids, das mir widerfahren ist, ein lebensfroher Mensch geblieben bin. Und in dieser Sitzung durfte ich mithilfe von Elke einigen Seelen ins Licht helfen.
Ich kann dir berichten, dass das eine sehr erhebende und zugleich eine etwas überraschende Erfahrung für mich war. Es war einfach ein schönes Gefühl, jemand geholfen zu haben.
Und nachdem Elke diese Transformationshilfe meinerseits diesen besagten Seelen geben konnte, teilte sie mir mit, dass ich jetzt

das Wissen darüber erhalten darf, dass ich sozusagen der „Chef" dieser Seelen sei. Sie haben sich an mir die Attribute der Lebensfreude, der Ausdauer und der Stärke ausgesucht. Immer, wenn ich diese Eigenschaften voll und ganz in mein Leben integriere und lebe, helfe ich diesen Seelen ein Stückchen mehr in Richtung Licht zu kommen.
Somit habe ich zusätzlich zu meiner Verantwortung gegenüber meinem eigenen Leben, eine Gruppe von Seelen erhalten, die sich jedes Mal freuen, wenn ich mich freue. Was gibt es Schöneres?
Somit bewahrheitet sich wieder einmal ein Sprichwort für mich, das ich etwas umformuliere: **„Geteilte Freude, ist doppelte Freude!"** Also bei mir trifft das zu 100% zu.

2. August 2008

Bei dieser Therapieeinheit kam es dann zum Auslöser, warum ich dieses Buch geschrieben habe.
Elke fragte uns wie immer, wie es uns denn ginge und was wir ihr an Neuigkeiten erzählen wollen beziehungsweise was uns denn gerade so am meisten beschäftigt.
Bei Elkes Therapie haben Rupi und ich uns folgende Reihenfolge zur Gewohnheit gemacht. Zuerst wird Rupi von Elke behandelt und anschließend ich. Nachdem Elke mit Rupi fertig war, kam also ich an die Reihe. Ich legte mich mit dem Rücken auf den Massagetisch, und Elke kam nach einer kleinen Pause (die nützt sie, um sich die wichtigsten Informationen der vorher gemachten Therapie aufzuschreiben) zu mir, setzte sich wie immer auf ihren Drehsessel neben mich und wollte mit der Body Talk Sitzung beginnen. Sie fragte um Erlaubnis, jedoch kam dieses Mal ein „nein" als Antwort. Elke blieb sichtlich ruhig und gelassen und plötzlich wie aus heiteren Himmel, sprudelte es folgende Sätze

nur so aus ihr heraus. Ich kann dir jetzt nur noch diese Worte wiedergeben, die mir noch im Gedächtnis geblieben sind, die da lauteten:

„Ilse, du wirst geliebt. Du bist geschützt. Du wirst geführt. Du darfst auf deine Führung vollkommen vertrauen. Du bist ein liebenswertes Wesen, und **du hast die Aufgabe, ein Buch über all die Ereignisse seit deinem Unfall zu schreiben.**

Außerdem kannst du alle Gedanken und Gefühle, die dich belasten, geistig auf eine kleine Reise mitnehmen." Und zwar wurde die mir so beschrieben: Ich darf mir eine schöne Wiese vorstellen, durch die ein Bach fließt, und auf diesem Bach schwimmt ein kleines Schiff. Dieses Schiff kann ich jetzt mit all meinen Sorgen, Ängsten und was auch immer mich sonst noch belastet oder womit ich so im Leben konfrontiert werde, das ein negatives Verhalten in mir auslöst, beladen. Anschließend schaue ich noch zu, wie es mit all diesen unangenehmen Gedanken und Gefühlen wegfährt. Ich kann diese Gefühle und Gedanken im übertragenden Sinne loslassen.

Nachdem Elke mit dieser, ich nenne es „Durchsage" fertig war, hat sie dann noch ein Wort auf Spanisch gesagt, das soviel bedeutet wie „na servas".

Sie war selbst total über die Informationen überrascht, die für uns beide bestimmt waren. Und zugleich habe ich aber ein Funkeln in ihren Augen wahrgenommen, das ich dahingehend interpretierte, dass wir beide gemeinsam etwas Außergewöhnliches erleben durften.

Selbstverständlich habe ich sie gleich gefragt, wer denn da jetzt in Wahrheit zu mir gesprochen hat. Sie teilte mir mit, dass das eine Durchsage meines Höheren Selbst gewesen sei (das ist ein Teil in uns, der Millionen von Jahren weiterentwickelt ist als wir selbst, der in der Zeit zurückreist, um uns dabei zu helfen, in die Zukunft zu gelangen, indem es unser spirituelles Wachstum unterstützt), und ich könne schon Überlegungen anstellen, wie ich das Buch gestalten möchte, und dann kann es schon losgehen mit der Schreiberei. Sie meinte nur noch, dass es ganz wichtig sei, das Buch in meinem momentanen körperlichen Zustand zu schreiben, weil ich dann viel überzeugender wirke. Ein weiteres Detail, das dieses Buch unbedingt beinhalten muss, ist, **Lebensfreude** in und zwischen so vielen Zeilen zu verpacken wie es mir nur möglich ist.

Ich wusste sofort, welchen Titel mein Buch trägt, und wie ich es in groben Zügen schreiben werde. Nähere Details werden sich sowieso während des Schreibens ergeben, dachte ich. Und so ist es dann auch eingetreten.

So ist die Idee zu diesem Buch entstanden. Eigentlich muss ich richtigerweise sagen, dass mir die Idee, ein Buch über all meine Erfahrungen zu schreiben, sozusagen durchgesagt worden ist. Mittlerweile habe ich die Bestätigung von zwei unterschiedlichen Quellen erhalten, dass die Inhalte dieser Durchsage wirklich richtig waren, und dass ich das Schreiben meines ersten Buches in Angriff nehmen kann.

Wie du siehst, habe ich auf meine „innere Stimme“ gehört und auf Worte Taten folgen lassen.

Elke hat mich wissen lassen, dass ihr das so in dieser Form zum ersten Mal passiert ist. All das, was mir in dieser Sitzung zugefallen ist, habe ich mir redlich verdient, meinte Elke. So etwas kann nur dann geschehen, wenn du bereit bist, viel und hart an dir zu arbeiten. Diese Aufgabe habe ich von Anfang an auf mich genommen, weil ich irgendwie in mir gespürt habe, dass ich etwas ganz Besonderes leisten darf, um dieses große Wunder der

„Heilung", das mein sehnlichster Herzenswunsch ist, Wirklichkeit werden zu lassen.
Diese „innere Stimme" hat mich einerseits dahingehend bestätigt, dass der eingeschlagene Weg der richtige ist und andererseits dazu aufgefordert, meine Erfahrungen mit anderen zu teilen, die in irgendeiner Art und Weise vom Weg abgekommen sind und Hilfe suchen. Dann macht all das mir Widerfahrende absolut Sinn.
Es ist daher wichtig, bei all den „Niederlagen", die du dir selbst so im Leben zuführst, dass du wieder aufstehst und die riesengroße Chance ergreifst, aus deinem Leben das Beste zu machen. Alles im Leben hat einen Sinn. Jedes Ereignis im Leben - positiv wie negativ - ist eine Botschaft, die es zu erkennen und zu verstehen gilt. Du kannst jetzt die Herausforderung annehmen und vieles in deinem Leben aufarbeiten, um positive Veränderungen herbeizuführen oder das Geschehene als Tatsache akzeptieren und weiterhin als „armes Opfer" leben.
Ich habe es von Anfang an als eine Herausforderung gesehen, der ich mich mit vollstem Einsatz gestellt habe. Diese Einstellung habe ich sicherlich meiner jahrzehntelangen sportlichen Betätigung zu verdanken. Jedes Match, egal, ob es ein Volleyballmatch oder ein Fußballmatch gewesen ist, war immer eine Herausforderung für mich, meine beste Leistung abzurufen - das Erlernte vom Training im Match umzusetzen - und mich in den Dienst der Mannschaft zu stellen mit dem Hintergedanken viel Spaß und Freude am Sport zu haben. Mit dieser Einstellung habe ich ein recht erfolgreiches sportliches Leben geführt, wofür ich heute noch sehr, sehr dankbar bin.
Und wie es aussieht, können mich diese lehrreichen Jahre als Sportlerin, gerade in meiner jetzigen Situation bestärken, weiter

an mich zu glauben und meinen eingeschlagenen Weg weiter zu gehen.
Genauso wie damals geht es bei dieser Herausforderung darum, das erhaltene Wissen im Leben anzuwenden, und ich kann mit viel Freude und Dankbarkeit heute schon festhalten, dass ich einigen Personen habe helfen dürfen.

Wie ist es bei Elke in den Therapieeinheiten weiter gegangen, wirst du dich jetzt fragen.
Immer sehr spannend, interessant und sehr, sehr informativ.
Da Elkes Mann aus Guatemala stammt und er sich sehr gut mit Schamanismus auskennt, hat Elke aufgrund ihrer gemeinsamen Jahre diese Lehre kennen gelernt. Und so verbindet sie immer wieder ihre Body Talk Kenntnisse mit dem Schamanismus.
Laut Schamanismus bin ich in der Geburtskraft „B'at'z" geboren, die für Fröhlichkeit, Heiterkeit und Herzensspontanität steht. Als sie mir das sagte, konnte ich diese Eigenschaften sehr wohl als passend an mir erkennen und auch Elke, die mich nun wirklich nur ein paar Mal im Jahr sieht, hat bestätigt, dass sie diese Wesenzüge an mir erkennen kann.

Weiters teilte sie mir mit, dass mein Unfall für mich und mein gesamtes Umfeld, vor allem für meine Familie, eine Gelegenheit war und noch immer ist, **den liebevollen Respekt miteinander tatsächlich zu leben und jeden so anzunehmen, wie er oder sie nun mal ist.**
So kam es bei dieser Sitzung dazu, dass Elke eine Familienaufstellung für meine Familie gemacht hat, die mir Bekanntes wieder ins Gedächtnis gerufen hat, das schon tief ins Unterbewusstsein gerutscht war beziehungsweise waren es Dinge,

die man gerne verdrängt. Das Ausmaß bestehender negativer Energien zwischen einigen meiner Familienmitglieder hat mich selbst etwas überrascht, jedoch wusste ich danach wenigstens, dass wir erstens etwas für alle tun durften und zweitens kann ich jetzt sicher besser damit umgehen, weil ich weiß, wie jeder zu jedem steht.
Zu diesem Thema fällt mir gerade eine nette, sehr symbolträchtige Geschichte ein, die ich mit dir teilen möchte. Ich weiß ganz genau, dass du dir die richtigen Schlüsse daraus in dein Leben mitnehmen wirst. Viel Erfolg dabei!
Neulich in einem Kaffeehaus schnappte ich ein Vater-Sohn-Gespräch auf. Der Sohn, der so wirkte, als sei er gerade von der Hochschule nach Hause gekommen, fragte seinen Vater: „Glaubst du, es wird im Nahen Osten bald Frieden geben?" Der Vater legte seine Zeitung nieder und sagte: „Wie kannst du annehmen, dass Palästinenser und Israelis friedlich leben könnten, solange du dauernd mit deiner Mutter streitest?"

Eine unserer wichtigsten Aufgaben hier auf Erden besteht darin, in Frieden mit uns selbst und jedem Mitmenschen zu leben. Unser eigenes untolerantes Verhalten gegenüber anderen, lässt folgende Formel zur Wirklichkeit werden:

1 übel gelaunte Person + 1 glückliche Person =

2 übel gelaunte Personen

Wenn du selbst intolerant oder verurteilend, zynisch oder sarkastisch (= aufgestauter fehlgeleiteter Ärger) bist, dann ist es nur natürlich, wenn andere dich auf dieselbe Art und Weise behandeln oder die ganze Welt aus den Angeln bricht. Es geht darum, dein eigenes Verhalten zu prüfen und dich dafür zu entscheiden, die „Waffen", die du täglich benutzt, niederzulegen. Deine negativen Worte und Taten sind diese Waffen. Erst wenn du dein eigenes Leben betrachtest und bemerkst, dass du mit Riesenschritten in Richtung Akzeptanz der Meinung, des Glaubens und des Verhaltens anderer gehst, kannst du erwarten, dass sich ganze Völker und Nationen mit Toleranz und menschlicher Würde begegnen.

<u>Zurück zu Elkes Therapie:</u>
Unter anderem haben wir auch immer wieder an der energetischen Reinigung meines Elternhauses gearbeitet. Teilweise durften wir in meiner Ahnenlinie etwas zum Positiven wenden.

Elke durfte den Unfallschock und die dadurch entstandenen Ängste und Sorgen meiner Mutter lösen, was sich natürlich auch positiv auf mich auswirkte. Außerdem konnte die letzte Schockenergie aus meinem Nervengewebe entfernt werden. Dies wiederum hatte zur Folge, dass mein Rückenmark wieder frei fließen kann. ***JUCHHU!***

Anschließend kamen wir zu dem Thema „SCHULD". Elke erklärte mir, dass Schuld ein Wort ist, das sehr negativ behaftet ist und eigentlich aus dem Wortschatz der Menschheit gestrichen gehört.

Elke formulierte es so: **Jeder macht für sich Erfahrungen im Leben, an denen er wachsen darf.**

Nachdem ich diese Botschaft empfangen hatte, habe ich dieses Wort sofort aus meinem Wortschatz gestrichen. Ich hoffe, du kannst es mir gleichtun.

Elke fragte vorsichtig nach, wie es um das Buch, das ich schreiben darf, stehe. Ich antwortete, dass ich zwar bereits damit begonnen hatte, es momentan aber wieder irgendwie habe einschlafen lassen. Sie machte mich darauf aufmerksam, dass es für mich und meine Entwicklung von enormer Bedeutung sei, dass ich das begonnene Buch vollende und es so vielen Menschen wie möglich zugänglich mache.
Sie bestärkte mich dahingehend, dass ich mein Wissen über die Sportwissenschaft und das Wissen über Spiritualität, das ich mir in den letzten Jahren habe aneignen dürfen, kombinieren könne, um vielen Sportlern tatkräftig auf einer anderen Ebene des Lebens zur Seite zu stehen. Diese Idee, die sie mir da unterbreitete, fand ich schon sehr gut. Ich denke, es wird mir schon rechtzeitig mitgeteilt werden - in welcher Form auch immer, was ich nach dem Schreiben dieses Buches zu tun habe, um aus mir und der Menschheit das Beste rauszuholen.

24. Jänner 2009

Sehr erfreulich, aufbauend und bestätigend war es auch, als Elke mir bei dieser Sitzung sagte, dass sie mich gerade eben stehend und gehend gesehen hat. Also wie du siehst, läuft alles nach Plan. Das Einzige, das dazu nötig ist, um solche Erfahrungen erleben zu dürfen, ist, dass du gewillt bist, dich zu verändern.

Bei diesem Treffen meinte Elke gleich beim Hinaufheben und Hinlegen meiner Beine auf den Massagetisch, dass sie sich

verändert anfühlen. Wenn ich ganz ehrlich bin, habe ich mir so eine Aussage in dieser Richtung erwartet, aus dem einfachen Grund der Selbstbeobachtung.
Selbstbeobachtung ist ein gutes Stichwort, auf das ich kurz eingehe. Aufgrund meiner Erfahrung, die ich in den letzten Jahren gemacht habe, ist es zumindest bei mir vorher so gewesen, dass ich mich im geistigen und seelischen Bereich selbst kaum wahrgenommen, erfahren oder beobachtet habe. Ich lebte in den Tag hinein, so nach dem Motto: „Na schau ma mal, was der Tag heute wieder bringen mag!"
Das hat sich aber von einem Tag auf den anderen komplett verändert. Aus heutiger Sicht kann ich dir nur raten, dich selbst sehr genau zu beobachten, um etwas für das Wachstum deines Wesens zu tun.
Da ich ja sehr viel Sport betrieben habe, und dabei der physische Körper im Mittelpunkt steht, ist es eine unabdingbare Sache, gut auf seinen Körper aufzupassen, um möglichst lange leistungsfähig zu sein und zu bleiben. Aufgrund meiner sportlichen Laufbahn hatte ich, allein was den Körper betraf, sehr wohl eine gute Selbsteinschätzung und ein gutes Körpergefühl entwickelt, wie weit ich meine Leistungsreserven aus mir herauskitzeln konnte. Ab und zu mutete ich mir aber dann zu viel zu beziehungsweise dachte ich, dass dieses kleine Wehwehchen schon wieder verschwinden würde. Damit will ich eigentlich nur feststellen, dass ich ein gutes Gefühl für meinen Körper entwickelt habe, jedoch meine Seele und meinen Geist, die den wesentlichen Teil in uns ausmachen, habe ich in der damaligen Zeit aus reiner Unkenntnis vollkommen vernachlässigt.
Heute wüsste ich, dass ich mich bei dem kleinsten Wehwehchen, das mir mein physischer Körper zeigt, fragen darf, warum das

gerade jetzt in meinem Leben auftritt und wie ich es benutzen kann, um an mir selbst zu arbeiten.
Ich bin der felsenfesten Überzeugung, dass ich mir etwas, das ich mir selbst zugefügt habe (unter uns gesagt, ist alles, was wir in unserem ganz persönlichen Leben erfahren immer selbst verursacht - aber dazu etwas später mehr), auch nur selbst wieder in Ordnung bringen kann. Wenn du also fest daran glaubst und dir selbst das Vertrauen schenkst, dann kommen wie in meinem Fall die „lieben Seelen" ganz von allein zu dir, um dich ein Stückchen deines Weges zu begleiten und dich zu unterstützen. Denn unser aller Ziel darf es sein, dass wir gemeinsam in Harmonie, Liebe, Gesundheit und Wohlstand leben.

Zurück zu mir:
Aufgrund dieses einschneidenden Erlebnisses, meinen physischen Körper nur mehr rollender Weise durch die Welt zu bewegen und der Tatsache, dass sich dennoch Leben im gelähmten Bereich befindet, das ich als starkes Kribbeln wahrnehme, bin ich sehr aufmerksam gegenüber irgendwelchen Veränderungen in meinem Körper geworden. Ich freue mich wie ein kleines Kind, wenn ich klitzekleine Veränderungen wahrnehme, weil ich ganz genau weiß, dass es sich dabei um Verbesserungen handelt, die sich auch sehr darüber freuen, von mir wahrgenommen und wertgeschätzt zu werden. Denn alles im Leben, das du wertschätzt und für das du dankbar bist, bleibt dir erhalten, alles andere wird aufgrund geringerer Aufmerksamkeit irgendwann aus deinem Leben verschwinden. Und wenn du etwas verloren hast, weißt du erst wieder, wie wertvoll es gewesen ist.
Ich spreche da, wie du ja weißt, aus eigener Erfahrung. Wenn du aber - so wie ich - das Glück hast, wieder auf den richtigen Weg

zu gelangen, ist es doppelt schön und wertvoll, solch eine Erfahrung gemacht zu haben.
Ich für mich weiß, dass ich dieses einschneidende Erlebnis gebraucht habe, um wieder zu mir selbst zu finden und das zu leben, wozu ich auf diese Erde gekommen bin.

Also Elke hat bei mir Veränderungen bei meinen Beinen festgestellt, die ich nur bestätigen kann. Sie sind auf alle Fälle leichter im Sinne von geschmeidiger geworden - einfach lockerer. Die Spasmen haben sich in den letzten Wochen deutlich zurückgebildet, was von enormer Bedeutung ist, weil dadurch die Nerven wieder besser zusammenarbeiten können.
Anschließend habe ich Elke von allen Neuigkeiten, die sich seit meinem letzten Besuch abgespielt haben, erzählt.
Ich erzählte, dass ich jetzt eine Farbtherapie mache, auf die ich sehr gut anspreche. Unter anderem habe ich erwähnt, dass ich diese Therapie alle 2 Wochen an zwei aneinanderfolgenden Tagen mache statt einmal pro Woche. Sie hat mir gleich bestätigt, dass es so wie ich es jetzt mache, komplett in Ordnung ist; anders wäre es für meinen Körper zu viel gewesen. Somit habe ich wieder eine Bestätigung erhalten, dass ich auf meine erste Intuition, die ich hatte, als mir gesagt wurde, dass die Therapie einmal pro Woche ausgeführt werden kann, vollkommen vertrauen darf. Dass ich mich damals richtig entschieden hatte, hat mir mein gutes Gefühl, das ich dabei hatte, als ich diese Variante gewählt habe, gezeigt, und Elke hat es mir nun 4 Monate später als absolut richtige Entscheidung bestätigt.

Als ich Elke den Teil aus einer meiner vorigen Lebensabschnitte erzählte, in dem ich mit Jesus unterwegs war, meinte sie nur, dass

ich eine schon viel ältere Seele bin. Ursprünglich kam ich von Lemuria, um anschließend in Atlantis zu landen. Dort ist mir dann ein Implantat eingepflanzt worden. Du wirst dich jetzt fragen: „Was ist ein Implantat?" Ein Implantat haben sehr mächtige zerstörerische Wesen dazu verwendet, um Seelen, die nur das Gute sahen und für die weitere positive Entwicklung des Planeten gesorgt hätten, zu manipulieren. Mir wurde damals ein zerstörerisches, kriegerisches Implantat eingesetzt, das Elke an diesem Tag herauslösen durfte. Noch dazu, wo an diesem Tag, die Energie der geistigen Chirurgie war. Also war ich wieder mal zur richtigen Zeit am richtigen Ort. Elke hat dieses Implantat aus meinem Nabelbereich, aus meinem Herzen und aus meinem Gehirn mithilfe der Schwertspitze von Erzengel Michael entfernt.
Als sie mir davon erzählte, fragte sie mich, ob ich in letzter Zeit von Schlangen geträumt hätte. Als sie das Wort Schlange im Zusammenhang mit Traum aussprach, fiel mir gleich der Traum ein, der zwar schon einige Zeit zurücklag, aber genau mit dieser Thematik zu tun hatte. Elke meinte nur noch, dass sich dieses Implantat sehr leicht herauslösen hat lassen. Von Gabi weiß ich, dass Implantate erst dann auftauchen und anschließend entfernt werden dürfen, wenn du sehr viel an dir selbst arbeitest. Auch wieder eine Bestätigung für mich, immer weiter an mir zu arbeiten und am Ball zu bleiben. Wie heißt es so schön: „Es zahlt sich auf alle Fälle aus!"

Weiters stellte Elke an meiner Körpervorderseite vom Hals bis zum Becken Lichtbahnen fest, die sie deutlich spüren und, ich nehme auch an, sehen konnte. Es ist einfach beeindruckend, was sich so alles bei mir abspielt. Ich kann mich immer wieder nur bedanken, dass ich diesen Weg gegangen bin und so schöne und informative Erfahrungen über mich selbst erhalte. Jedes Mal erfahre ich wieder neue Dinge über mein Leben, und zusätzlich erhalte ich Botschaften von meinem höheren Selbst, wie ich mich noch besser verhalten beziehungsweise mein Leben gestalten kann. Das ist so erfüllend, dass mir die passenden Worte dafür fehlen. Ich kann nur immer wieder „danke" sagen.

9. Mai 2009

Als Elke ins System einstieg, gelangte sie gleich zu den Nervenzellen, die nach einer Unterstützung verlangt haben, und sie auch prompt von ihr erhalten haben.
Außerdem wurden noch die letzten Angst- und Schuldgedanken aus meinem physischen Körper gelöscht, die sich noch an meiner Verletzungsstelle befunden haben.

Elke wiederholte während der ganzen Therapie folgende Aussage immer wieder:
„Liebe heilt alles!"
Dass diese Aussage zu 100% stimmt, dessen bin ich mir bewusst.
Alles im Universum ist Energie, die sich uns aufgrund unterschiedlicher Frequenzen auf unterschiedliche Art und Weise darstellt (Gedanken → Worte → Taten → Tatsachen). Einleuchtend ist, dass positive Gedanken höher schwingen als negative Gedanken. Und die Liebe stellt dabei, die höchste Schwingungsfrequenz überhaupt dar. Daher steht doch auch in der Bibel: **„Liebe deinen Nächsten wie dich selbst!"** Zu dieser Aussage möchte ich kurz Stellung nehmen, weil sie meiner Meinung nach von entscheidender Bedeutung ist.
Wenn wir imstande wären, ich schreibe ganz bewusst WÄREN, alle Menschen, die uns in unserem Leben begegnen, bedingungslos

zu lieben, genauso wie wir uns selbst lieben, dann würden wir im wahren Paradies auf Erden leben.

Was bedeutet **LIEBE** für mich:

Ich habe durch mein höheres Selbst erfahren, dass es absolut wichtig ist, Folgendes zu wissen: Einerseits gibt es ja - wie wir alle wissen - die Schöpfung. Wir wurden von einer höheren Macht erschaffen. Und diese Schöpfung, der wir unser Leben zu verdanken haben, **liebt uns immer genauso, wie wir jetzt gerade sind.** Ich möchte dies nochmals wiederholen, um die Wichtigkeit dieser Aussage zu verdeutlichen. Es gibt also im Universum eine Schöpfungsliebe, die besagt, dass **wir geliebt sind, so wie wir sind.** Ansonsten wäre die Schöpfung ja absolut sinnlos gewesen. Es ist doch absolut genial zu wissen, dass **wir geliebt werden, so wie wir sind,** egal, wie unser Körper aussieht, egal, wie wir unsere Beziehungen zu anderen leben, egal, wie erfolgreich oder erfolglos wir in unserem Beruf sind und egal, wie andere über uns denken. Da gibt es eine **enorme Macht, die für alle zugänglich ist, die uns immer über alles liebt.**

Der zweite wichtige Punkt im Bezug auf Liebe, ist die **Selbstliebe – das absolute JA zu sich selbst.** Wer kann das schon von sich aus behaupten. Wie viele Menschen nörgeln oder jammern, weil sie sich als zu dick, zu alt, zu klein, zu groß, zu faul, zu schwach, zu dumm, zu arm, zu wertlos, zu stur, ... empfinden. Dabei geht es aber darum, **dich so anzunehmen und dich so zu akzeptieren, wie du bist.** Denn wenn wir das wirklich tun, dann kommt alles andere, was wir uns so sehnlichst wünschen, ganz von alleine.

Der dritte Punkt bezüglich Liebe ist **das wertfreie Sein. Wenn du wertfrei lebst, liebst du.**

Nur wenn du dich selbst liebst, so wie du bist und somit urteilsfrei über dich selbst denkst, bist du auch fähig, andere zu lieben, und sie so sein zu lassen, wie sie sind.
Hand aufs Herz. Schaffst du das?
Es ist eine absolut anspruchsvolle Aufgabe. Genau aus diesem Grund sind wir ja auch hier. Wir wollen doch etwas schaffen. Wir wollen für uns und für alle ein besseres und vor allem harmonischeres Leben. Das ist dann gewährleistet, wenn wir **„unseren Nächsten so lieben können, wie wir uns selbst lieben!"**
Wenn du dich selbst schlecht behandelst oder ständig nur jammerst, wie schlecht es dir geht, dann werden dich andere auch schlecht behandeln. Denn so wie du in den Wald hineinrufst, so kommt es zu dir zurück.
Behandle dich gut, lobe dich für Dinge, die du gut gemacht hast, freue dich an Dingen, die sich dir im Außen als wunderschön präsentieren, dann werden dich andere auch gut behandeln.

Weitere wahre Aussagen in diese Richtung lauten:
Dein Verhalten bestimmt deine Verhältnisse!

Deine Beziehung zu dir entscheidet über deine Beziehung zu anderen!

Lenke deinen Blick auf die kleinen Geschenke des Alltags. So vermehrst du dein Glücklichsein!

Betrachte deine Mitmenschen als Lehrer!

Bemühe dich, in allem etwas Positives zu finden.

Du kannst jede Situation von zwei Seiten betrachten. Du kannst schauen, was du verloren hast und klagen, das Leben sei ungerecht und hart zu dir. Oder du suchst nach dem Gewinn, nach dem Positiven, danach, was du daraus lernen kannst. Was im ersten Moment negativ erscheint, erweist sich im Nachhinein oftmals als positiv (kann ich aus eigener Erfahrung zu 100% bestätigen!). Es ist sicherlich eine Herausforderung, allen Umständen etwas Positives (auch wenn es „nur" etwas Klitzekleines ist) abzugewinnen, aber die Möglichkeit besteht immer.

Das wichtigste Gebot der Nächstenliebe:
„Behandle andere so, wie du gern von ihnen behandelt werden möchtest!"

Das wichtigste Gebot der Selbstliebe:
„Behandle dich selbst so, wie du gern von anderen behandelt werden möchtest!"

Zu der Aussage **„Betrachte deine Mitmenschen als Lehrer"** möchte ich dir die so genannten Spiegelgesetze näher bringen, die dich sicherlich zum Nachdenken und zum Arbeiten an dir anregen – davon bin ich überzeugt!

SPIEGELGESETZE:

Das Universum und somit alles, womit ich mich umgebe, ist mein Spiegel.

1. **Spiegelgesetz**

   Alles, was mich am anderen stört, ärgert, aufregt oder in Wut geraten lässt, und was ich anders haben will, das trage ich selbst in mir.

   Alles, was ich am anderen kritisiere, bekämpfe und/oder verändern will, kritisiere, bekämpfe und unterdrücke ich in Wahrheit in mir selbst und wünsche mir, dass es anders wäre.

2. **Spiegelgesetz**

   Alles, was mich verletzt, was ein anderer an mir kritisiert und/oder verändern will, zeigt mir, dass es mich betrifft und in mir nach Erlösung ruft. Meine gegenwärtige Persönlichkeit fühlt sich gekränkt und beleidigt.

3. **Spiegelgesetz**

   Alles, was mich kalt lässt, was ein anderer an mir kritisiert, mir vorwirft, an mir verändern will oder an mir bekämpft, ist sein eigenes Bild, sein eigener Charakter, seine eigene Unzulänglichkeit, die er nur auf mich projiziert.

4. **Spiegelgesetz**

   Alles, was mir am anderen gefällt, was ich an ihm/ihr liebe, bin ich selbst, habe ich selbst in mir und liebe dies im anderen. Ich erkenne mich selbst im anderen, wir sind in diesem Punkt eins.

Sehr spannend, oder?

Wir Menschen haben sehr, sehr viele Eigenschaften, Überzeugungen, Charakterzüge, Glaubensmuster und Verhaltensweisen im Laufe unserer Leben angesammelt, die uns eigentlich nur behindern und uns absolut für unser Weiterkommen im Weg stehen. Aber aufgrund von Unwissen, Ignorieren oder von Gewohnheit ist es oftmals so, dass wir uns leichter tun, wie gewohnt weiterhin so zu denken, zu fühlen und zu handeln, als die Herausforderung beim Schopfe zu packen und uns mit uns selbst auseinanderzusetzen, um gewisse Verhaltensweisen zu ändern.
Ich habe mir schon des Öfteren die Frage gestellt, warum es eigentlich so viele Menschen auf diesem Planeten Erde gibt. Ich bin für mich zu folgender Antwort gekommen:
Abgesehen davon, dass jedes Individuum enorm wertvoll für die Weiterentwicklung der Erde ist, weil du dir ganz bewusst diesen Planeten für dein jetziges Leben ausgesucht hast, begegnest du unzähligen Menschen in deinem Leben. Mit einigen wenigen pflegst du engeren Kontakt und andere wiederum triffst du zum Beispiel bei irgendeiner Veranstaltung, ihr redet beiläufig ein paar Worte miteinander, und das war's dann schon wieder. Dennoch ist die Person, die du nur kurz getroffen hast, genauso wertvoll für dich wie diejenige Person, mit der du dich immer wieder triffst. Denn wie du ja jetzt aufgrund der Spiegelgesetze weißt, ist jede Person, jeder Umstand und jede Umgebung für dein Wachstum förderlich, wenn du wirklich daran interessiert bist, dich mit dir selbst etwas genauer zu beschäftigen.
Ist dir eine Person von Anfang an sympathisch, dann hast du zwar jemanden getroffen, mit dem du viel Freude haben kannst, von dem du aber in Wahrheit nur mehr wenig zu lernen hast, weil er mit vielen deiner Charaktereigenschaften übereinstimmt. All die positiven Dinge, die du in dieser speziellen Person siehst, hast du

in Wirklichkeit auch in dir, ansonsten wäre es für dich unmöglich, sie zu erkennen.
Vorher habe ich schon kurz etwas über Selbstbeobachtung geschrieben. Wenn du so willst, können dir deine Mitmenschen dabei behilflich sein, dich selber viel besser kennen zu lernen, da sie dir unmissverständlich sowohl deine positiven als auch deine negativen Seiten aufzeigen.
Auf der anderen Seite ist eine Person, die dich all deine negativen Eigenschaften dahingehend erkennen lässt, indem dich diese Person ärgert, stört, kritisiert oder auf irgendeine Art und Weise deine negativen Gedanken und Gefühle zum Vorschein bringt, weit hilfreicher, weil es eigentlich im Leben darum geht, all deine negativen Eigenschaften in Positive umzuwandeln. Und wenn dir das gelingt, dann ist es das Einfachste auf der Welt **„deinen Nächsten so zu lieben wie dich selbst!"**
So, was machst du jetzt mit diesem Wissen. Zuerst einmal tief durchatmen. Lies dir die Spiegelgesetze noch ein paar Mal durch, schreib sie dir raus und trag sie bei dir - lass sie ein Teil von dir werden, aber nur dann, wenn du wirklich bereit bist, an dir zu arbeiten. Jetzt liegt es ganz allein bei dir, was du daraus machst. Denn wie du ja mittlerweile schon erfahren hast, ist jeder ganz allein für sein Leben verantwortlich.

Nachdem du dieses Buch in deinen Händen hältst, hast du sicherlich abgesehen von etwas Neugierde die Absicht, genauso wie ich bei all meinen Therapien immer die Absicht hatte, mich weiter zu entwickeln, wichtige Dinge für mein Leben zu lernen und neues Wissen in mein Leben zu integrieren. Soviel kann ich dir garantieren, dass dein Leben sich dadurch immens verbessert, und zusätzlich lernst du dich um vieles besser kennen.

Jetzt heißt es, mutig und bewusst dieses Wissen in die Tat umzusetzen. Aus eigener Erfahrung kann ich dir mitteilen, dass ich selbst auch erst gerade am Anfang dieses neuen, spannenden und überaus positiven Weges bin und es mir immer wieder Freude und Spaß macht, wenn ich etwas an mir entdecke, dass ich vor einigen Jahren eigentlich als normal und wenig störend empfunden habe, und das sich jetzt als eine sehr negative Eigenschaft an mir herauskristallisiert hat.

Nachdem wir in einer, ich bezeichne es mal vorsichtig, „Nörglerwelt" leben, habe ich die Erfahrung an mir selbst gemacht, dass ich erstens negative Eigenschaften verstärkt zuerst an anderen wahrnehme als an mir selbst, die natürlich nur mein eigenes Wesen widerspiegeln und zweitens fallen mir jetzt unangemessene Verhaltensweisen zwischen Personen viel schneller auf als früher. Du wirst mit der Zeit und mit jeder Erfahrung, die du ins Positive kehrst, einfach sensibler für Dinge, für die es sich voll und ganz lohnt, sich ihrer anzunehmen, weil sie sich auch von dir wünschen, dass du ihnen ihre Aufmerksamkeit schenkst und sie ins Positive lenkst.

Schlussendlich kann ich dir nur den Rat geben, alle Informationen Schritt für Schritt anzugehen, denn es ist wichtig, dass die Marschroute entlang unseres Lebensweges „vorwärts" lautet, auch wenn es nur winzige Schritte sind. Also Kopf hoch und voller Entschlossenheit entlang des neuen Weges. Beobachte dich und deine Mitmenschen ganz genau und lobe dich für die Dinge, die du nach dem richtigen Erkennen umgewandelt hast, indem du dich auf eine andere Art und Weise verhalten hast. Denn immer dann, wenn du dir dieser Umwandlungen bewusst wirst, werden weitere wichtige folgen, die dir ein besseres und harmonischeres Leben bescheren werden. Viel Erfolg dabei! Ich weiß, dass du es schaffst!

Aufgrund der Tatsache, dass ich, so ehrlich muss ich schon sein, ohne es bewusst gewusst zu haben, schon sehr vielen Seelen, die mich gerade in den letzten Jahren beobachtet haben, helfen habe dürfen, ins Licht zu gehen, bekomme ich sehr viel Liebe und Dankbarkeit von diesen Seelen als eine Art „Dankeschön" zurück. Und dies macht mich wiederum sehr dankbar und lässt für mich den Schluss zu, dass obwohl jeder für sich selbst verantwortlich ist, ein jeder von uns sehr wohl Positives wie auch leider Negatives in seiner Umgebung bewirken kann. Daher kann ich dir nur immer wieder ans Herz legen, dass du sehr achtsam mit dir und deiner Mitwelt umgehst.

Elke hat mir die viele Liebe und Dankbarkeit von den vielen Seelen ausrichten lassen und es auf meine ausdauernde und willensstarke Persönlichkeit zurückgeführt. Sie meinte, es ist beeindruckend, was ich schon alles geleistet habe. Es tut natürlich immer gut, wenn ich so ein Lob erhalte, noch dazu von einem Menschen, dem ich schon so viele schöne und inhaltsreiche Stunden zu verdanken habe. Ich selbst empfinde es einfach als meine Aufgabe, die ich wirklich gerne mache, und wenn ich damit jemanden helfen kann, freut mich das Ganze umso mehr.

Anschließend hat Elke meine beiden Gehirnhälften wieder in Balance gebracht.
Zum Schluss dieser Sitzung durfte sie noch eine Lichtspirale in mir installieren, die so lange im Einsatz ist, wie mein Körper sie eben benötigt.

1. August 2009

Nachdem ich Elke in groben Zügen erzählt hatte, wie es mir ging, was sich so alles bei mir getan hat, und was mir noch so alles am Herzen lag, wollte ich unbedingt eine Frage von Elke beantwortet haben. Und zwar ging es um meine „neue" Farbtherapie. Auf der einen Seite machte ich wirklich gute Fortschritte, andererseits hatte ich dabei immer ein etwas komisches Gefühl, das mir irgendetwas sagen wollte. Die beiden Therapeuten waren auf alle Fälle sehr liebenswerte Menschen und hatten da etwas Großartiges entdeckt und zur Anwendung gebracht und geben sicherlich einigen Menschen damit enorme Hoffnung und Zuversicht. Selbstverständlich sind auch diese Gefühle in mir geweckt worden, als ich zum ersten Mal willentlich meine Füße ein kleines Stückchen zur Seite bewegen konnte.

Wieder eine Bestätigung für mich, dass ich wieder auf die Beine komme.

Aber dennoch hatte ich da dieses komische Gefühl. Während der ganzen Therapie wurde über alle möglichen Dinge gesprochen - auch über sehr persönliche, familiäre Angelegenheiten, die eigentlich nur meine beiden Therapeuten etwas angingen.

Dann wurde die Therapie meiner Meinung nach immer zu lange durchgeführt - mein Körper wurde mit enorm viel Energie überschüttet, und wenn es ihm dann zuviel wurde, fingen meine Beine an, sich immer wieder spastisch zu bewegen. Das war meistens auch das Ende der Therapie.

Also trotz dieser tollen neuen Erfahrung, die mir da zuteil wurde, hatte ich da dieses Gefühl in mir, dem ich bei meinem Besuch bei Elke nachgehen wollte.

Elke meinte nur, dass wir jetzt erst mal mit unserer Therapie beginnen und dann werden wir schon sehen, ob diese Thematik

währenddessen beantwortet wird, oder ob wir danach noch einmal genauer nachfragen dürfen. Gesagt - getan.
So begann sie mit ihrer Therapie an mir und konnte zu Beginn gleich einmal sehr starke negative Emotionen aus meinem physischen Körper lösen, die bei ihr extrem kalte Hände verursachten.

Im weiteren Verlauf meiner Therapie wurden mir meine Handchakren für Heilung, Ordnung und Stabilität geöffnet, damit ich dann folgende Übung an mir selbst durchführen kann, die ich im vorigen Kapitel als mein ultimatives Heilmittel bezeichnet habe. Es handelt sich dabei um die

Übung der **SCHÖPFUNGSLIEBE**:

Wie ich ja schon einmal berichtet habe, besteht die Schöpfungsliebe aus drei Teilen:

1. **Ich bin geliebt, so wie ich bin.**
2. **Absolutes Ja zu mir selbst.**
3. **Wertfreies Sein = lieben**

Elke hat mir den Zugang zu dieser Schöpfungsliebe gewährt, meine Handchakren geöffnet und mir folgenden Satz mitgeteilt, den ich jedes Mal aufs Neue sagen darf, um diese Schöpfungsliebe in mir zu aktivieren. Dieser Satz lautet wie folgt:

„Die reine Schöpfungsliebe fließt jetzt in mein gesamtes Geist-Körper-System ein."

Dann lege ich meine Handflächen auf die verletzte Stelle und lasse so diese Schöpfungsliebe gezielt dorthin fließen.
Diese Übung kann ich je nach Gefühl so oft wiederholen, wie ich will.
Ich mache es so, dass ich meinem Lichtwesen (Genaueres dazu etwas später) die Frage stelle, wie lange denn die Wirkung dieser

Übung anhält beziehungsweise wann es wieder erforderlich ist, diese spezielle Übung zu erneuern. Es sagt mir dann klar und deutlich, dass ich sie in 3, 4, 5 oder 6 Stunden wieder machen darf. Und so mache ich es dann auch.
Elke gab mir noch zu verstehen, dass ich die Übung auch vor dem Schlafen gehen machen kann und diese enorm positive, hochfrequente Energie bis in die Nacht hinein schwingen lassen kann. Und am nächsten Morgen vor dem Aufstehen lasse ich gleich wieder diese Energie in meinen physischen Körper einfließen, damit der Heilungsprozess seinen Lauf nimmt.
Also ich war anfangs total sprachlos und überwältigt. Ich denke, Elke hat sich für mich total gefreut, weil sie mir so sehr hatte helfen dürfen. Es war ein fantastischer Moment, als sie mir diese Übung übermittelte, weil ich immer genau wusste, dass ich es wortwörtlich selbst in der Hand habe, mich selbst zu heilen. Und diese Übung ist die Bestätigung für meine Ausdauer, für meine feste Überzeugung, es zu schaffen, wieder vollkommen gesund zu sein, für mein Vertrauen mir selbst gegenüber, dass ich dieses „Wunder" vollbringen kann und für meinen Glauben an mich selbst, auch diese Herausforderung positiv zu bewältigen und damit mir selbst und der gesamten Welt etwas Gutes zu tun.
Zusätzlich darf ich diese Schöpfungsliebe anderen Menschen, Tieren, Dingen oder Orten zukommen lassen, indem ich meine Handfläche von mir weg halte und an die Person, das Tier, den Gegenstand oder den Ort denke. So einfach und schnell funktioniert das. Dabei fühle ich ein starkes Kribbeln an meinen Handinnenflächen, das mich diese wunderschöne Energie spüren lässt. Selbstverständlich wende ich dieses unermesslich große Geschenk, das ich da von Elke erhalten habe, für viele andere und für mich an, denn das Schönste bei dieser Übung ist es, sie mit

jemand teilen zu dürfen - auch wenn ich das still und heimlich mache.

Ein weiteres Geschenk, das mir an diesem Tag offenbart wurde, ist folgende Übung: Elke hat mir gesagt, dass ich mir zusätzlich zu meiner „Schöpfungsliebe-Übung" vorstellen kann, dass ich unter einem Wasserfall stehe, von dem ausschließlich Licht auf mich fällt. Sie meinte, ich darf mir das Ganze wie eine „Lichtdusche" vorstellen, und während dieser Übung ist es wichtig für mich, dass ich das Gefühl entwickle, dass eine klare Lichtbahn durch mich hindurch schwingt, dass dieses Licht harmonisch und in einem Fluss durch mich hindurch schwingt beziehungsweise dass all meine Energien wieder harmonisch zu fließen beginnen.
Somit habe ich mein **„persönliches Heilmittel"** erhalten. Recht herzlichen Dank - Elke und allen Beteiligten!

Aufgrund der Tatsache, dass ich über meine Handchakren die Schöpfungsliebe selbst bei mir anwenden und zusätzlich immer wieder die so genannte Lichtdusche in Anspruch nehmen darf, hat sich für mich die Frage, ob ich die Farbtherapie weiter mache, eindeutig beantwortet.
Elke hat mir am Ende der Therapie erzählt, dass sie einen Klienten hat, der sich mittels Lichttherapie selbst geheilt hat. Sie gab mir die Telefonnummer von diesem Mann, damit ich mit ihm das Gespräch suchen kann.

17. Oktober 2009

Von diesem Besuch bei Elke gibt es viel Interessantes und Erfreuliches zu berichten.

Als Elke mit der Therapie begonnen hat, hat sie sofort festgestellt, dass sie eine sehr gute Herzensenergie und viel Freude in meinem Brustbereich spüren kann. Und diese Energie wirkte sehr, sehr stabil auf sie. Sie meinte, dass sie in meinem Herzen Liebe, Dankbarkeit und inneren Frieden spürt, und dass sich mein „inneres Kind" in einer Halle voller hellem Licht befinde.

Dann erzählte sie mir, dass sie entlang meines gesamten Rückens viele tausende Lichtbahnen sehen kann. Sie meinte total begeistert: „Da hat sich enorm viel getan!" Zwischen den Lichtbahnen entdeckte Elke im Laufe der Therapie „Verklebungen", wie sie es nannte, die sie mittels ihrer Hand herauslösen durfte. Aufgrund dieses Lösens der Verklebungen wurden meine Lichtbahnen viel klarer. Recht herzlichen Dank, Elke!

Weiters durfte Elke mit ihren Händen in meine verletzte Stelle einen intensiven Lichtstrahl schicken, der nach und nach dazu führte, dass Elke in ihren Händen und ich in meinen Beinen ein sehr starkes „Brennen" zu spüren bekamen. Dieser Teil der Therapie verlief in absoluter Ruhe. Sie sagte mir zu Beginn dieser Übung, dass ich voll und ganz in die Liebe, die Dankbarkeit und das Urvertrauen eintauchen kann. Elke wollte einmal während der Übung den Versuch starten, ihre Hand von meiner verletzten Stelle zu nehmen, doch sie wurde wie ein Magnet auf die besagte Stelle zurückgezogen. Sie sagte: „Ich muss das jetzt bei dir machen!" Worauf ich entgegnete: „Dann wird es schon gut sein, so wie es ist!"
Wenn Elke im Verlauf dieser Übung ihre Hand entlang meines Oberkörpers bis hin zu meinen Knien auf und ab bewegt hat, so

habe ich diese „Auf-und-Ab-Bewegung" in Form von unterschiedlicher Kribbelstärke in meinen Beinen verspürt. Da fällt mir nur noch das Wort „sensationell" ein, obwohl noch etwas zu dieser ganzen Übung hinzukam.
Elke durfte um meine vielen Lichtbahnen eine violette Schutzhülle geben. Meine Aufgabe besteht jetzt darin, dass ich mir diese Lichtbahnen immer wieder vorstelle und das Licht einfach von oben nach unten fließen lasse.

Als Nächstes fand Elke noch tiefe Angstenergien in mir, die sie aus all meinen Knochen herausgelöst hat. Nachdem das geschehen war, sah sie in meinen Knochen Kristalle funkeln, die mein gesamtes Knochenskelett zum Leuchten brachten.

Elke saß bei mir und sagte nur „schön", denn sie durfte Wellen in Regenbogenfarben (rot - orange - gelb - grün - blau - violett) durch meinen gesamten Körper auf und ab schicken.

Ich denke, aufgrund all ihrer Gefühle, die Elke mir gegenüber immer wieder ganz offen zeigt, dass ihr die Zeit mit mir sehr viel Freude bereitet. Das beruht selbstverständlich zu 100% auf Gegenseitigkeit.

Als Elke wieder ein sehr zufriedenes Lächeln in ihrem Gesicht zum Vorschein brachte, wusste ich, dass jetzt nur etwas Wunderschönes passiert sein kann. Sie sagte mir, dass sie ein Bild von mir gesehen hat. In diesem Bild stehst du mit deinem Buch - sie wiederholte nochmals die Tatsache, dass ich da mit meinem Buch STEHE, und dieses Buch der Welt übergebe, und dieses

Buch unendlich weite Lichtstrahlen von sich gibt. ***Klingt einfach wundervoll!***
Mein Part bei dieser ganzen Sache besteht darin, dass ich mir immer wieder dieses Bild in Erinnerung rufen darf.

Dann ließ mir mein Höheres Selbst ausrichten, dass ich meine Aufgabe gelöst habe – ich habe den Weg zu mir selbst wieder gefunden und somit auch die Quelle in mir entdeckt - ich habe die Trennung zwischen mir und der Quelle aufgehoben und bin jetzt eins mit ihr. ***JUCHHUUUU!***

Du wirst es kaum für möglich halten, es kommt noch besser. Meine Seele hat mir ebenfalls folgendes ausrichten lassen:
„Danke, ich bin geheilt!"
Du kannst dir sicherlich vorstellen, welche Freude da in mir hochstieg. Mein einziger Gedanke, der mir dazu einfiel lautete:
„Ja, ich hab's geschafft!"
Was bedeutet das nun? Elke hat mir gesagt, und diese Tatsache habe ich schon in einigen Büchern gelesen, dass nur dieser Weg möglich ist, sich zu heilen - indem du zuerst deine Seele heilst, dann folgt das Physische automatisch. Umgekehrt gehst du einen Umweg!

Als wir schon am Ende der Therapie waren, hörten Elke und ich ein Miauen vor der Tür. Elke fragte mich, ob es mich stört, wenn sie ihre Katze zu uns hereinlässt. Sie stand auf, ging zur Tür und meinte noch, dass die Katze mir auf irgendeine Art und Weise helfen will. Also nahm sie die Katze auf ihren Schoss. Die Katze begann sogleich mit einem für mich gut hörbaren Schnurren. Elke

teilte mir mit, dass das Schnurren einer Katze wie ein Mantra anzusehen ist, dass sie in meinen Körper eingespeichert hat.
Ein Mantra nennt man im Sanskrit ein Gedankeninstrument, das durch ständiges Wiedergeben einer bestimmten Wahrheit Wirklichkeit wird. So wird das Ausgesprochene - in diesem speziellen Fall das Schnurren der Katze – langsam, aber sicher zu einem inneren Bestandteil der Person selbst und ihres Bewusstseins.
Elke gab dann noch das Wissen preis, dass das Schnurren von Katzen besonders gut bei Knochenverletzungen hilft.

Nachdem wir mit der Therapie fertig waren, sah mich Elke an und meinte, dass meine Narbe am Kinn, die mir von meiner langen Operation zurückgeblieben ist, einen zart rosaroten Farbton angenommen hat. „Es sieht so aus, als ob viele kleine Rosenquarzkristalle aus dieser Narbe leuchten würden", meinte sie begeistert.

Als ich dann wieder in meinem Rollstuhl saß, fasste ich in der Gegenwart von Elke nochmals meine Aufgaben zusammen, die ich zuhause weiterhin durchführen darf.

1. Weiterhin die Übung der Schöpfungsliebe machen mit der zusätzlichen Botschaft an meinen Körper - **„Ich bin die vollkommene Gesundheit."**
2. Die beiden Visualisierungsübungen mit den Lichtbahnen und mit dem Bild von meinem Buch durchführen.
3. Fleißig an der Fertigstellung meines Buches arbeiten.

Elke nickte und dann gingen wir in die Küche, wo Enrique wieder einmal für uns gekocht hat.

Während des Essens hat das Telefon geläutet, und Elke ging damit ins Nebenzimmer, um ungestört reden zu können.
Als sie wieder zurückkam, sagte sie nur, dass dieser Mann, Helmut ist sein Name, wieder angerufen hat, und ihr erzählte, dass er ebenfalls das Bild von mir stehend und mein Buch in der Hand haltend gesehen hat. Er wollte mir auch sagen, dass es sehr wichtig ist, das Licht fließen zu lassen. Elke meinte nur, dass dieser Mann eine ganz besondere Gabe besitzt. Sie gab mir nochmals die Telefonnummer von ihm, weil er mir über Elke ausrichten hat lassen, dass er sich über einen Anruf von mir freuen würde.

Als wir noch beim Essen saßen, hat Elke zu mir gesagt, dass sie während der Therapie folgende Botschaft erhielt. Und zwar kann Enrique bei seiner nächsten Feuerzeremonie eine violette Kerze für mich anzünden. Ich darf mir ebenfalls zuhause eine violette Kerze zum besagten Zeitpunkt anzünden und mir dieses „Fließenlassen" dabei sehr intensiv vorstellen.
Selbstverständlich habe ich diese Chance genützt und tatsächlich ist das Kribbeln in meinen Beinen sehr, sehr stark geworden. ***Einfach phänomenal!***

Als wir uns dann verabschiedeten, hat Elke noch zu Enrique gemeint: „Schau dir doch das starke Leuchten in ihren (Rupis und meinen) Augen an."
Weiters teilte mir Elke mit, dass es in nächster Zeit sehr wichtig für mich ist, viel Wasser zu trinken und viel zu schlafen.
Wir waren schon vor der Tür, als wieder das Telefon läutete und Helmut noch eine Botschaft an Elke für mich durchgegeben hat. Elke durfte noch ein tief sitzendes Karma aus der verletzten

Stelle lösen. Recht herzlichen Dank, lieber noch unbekannter Helmut!
Der letzte Satz, den Elke zu mir sagte, wird mir immer im Gedächtnis bleiben.
„Ilse, dein Buch ist die Ursache für deine Heilung!"
Vielen herzlichen Dank, Elke!

16. Jänner 2010

Als Rupi und ich gerade mit dem Auto bei Elke angekommen sind, ist Elke von einem morgendlichen Spaziergang zurückgekehrt. Die Wiedersehensfreude war sehr groß. Elke hat uns dann im Anschluss an unsere beiden Therapien gesagt, dass sie, als sie uns vom Auto aussteigen gesehen hat, zu sich selbst gesagt hat: „Zwei Lichtkinder kommen!"

Bevor Elke mit der Therapie bei mir begann, mussten sie und Rupi mich zuvor noch auf ihren Massagetisch heben, damit ich mich dann vollkommen entspannt ihrer Therapie hingeben konnte. Als ich im Langsitz dasaß, und Elke meine Beine noch in ihren Händen hielt, stellte sie fest, dass die Energie in den Beinen bis in meine Zehen frei fließt. Sie streifte noch einige Male mit ihren Händen ab meinen Knien meine Beine hinunter und konnte ihren ersten Eindruck jedes Mal bestätigen. ***Alles läuft nach Plan!***

Als sie dann mit meiner Therapie begonnen hat, hat sie festgestellt, dass meine Herzensenergie weit offen ist und mein Verständnis für das Menschsein ebenfalls komplett vorhanden ist. Dann hat sie festgestellt, dass die Lichtbahnen auf meinem Rücken, die ich immer wieder mit Licht beschicke, dabei sind, sich zu manifestieren. ***Wer sagt´s denn!***

Anschließend hat sie 7 Lichtstrahlen meines Schutzengels bei mir eingespeichert.

Als Nächstes fragte sie mich, was ich mit dem Wort Luzifer verbinde.
Ich: „Teufel!"
Elke hat mir mitgeteilt, dass das Bewusstsein meines Verständnisses bezüglich Luzifer noch ein alter Seelenanteil in mir ist. Es hat sozusagen Schattenanteile aus vergangenen Inkarnationen hinterlassen, die sehr stark mit Angst und Schuld zu tun hatten. In Wahrheit jedoch sind diese Angst- und Schulderlebnisse lediglich Erfahrungen, die uns zu dem Verständnis bringen, dass Luzifer im Grunde genommen das Licht in sich selbst trägt und daran hat sie mich wieder erinnert. Es kommt einzig und allein auf die Sicht der Dinge an!
Elke konnte dieses Angst- und Schuldbewusstsein, das sich an der Oberfläche meiner Brustwirbelsäule zu erkennen gab, rauslösen beziehungsweise aus meinem System rausschwingen.
Danach konnte Elke in alle Zellen meines Körpers das Quellbewusstsein - „Die Quelle ist in mir", „Die Uressenz ist in mir", Das „Ich bin - Bewusstsein", „Das göttliche Licht" und das „Bewusstsein der Heilung" - einspeichern. Somit trägt jetzt jede neue Zelle, die sich in meinem Körper bildet, das Quellbewusstsein in sich! Und über dieses Quellbewusstsein geschieht Heilung; das heißt, dass Heilung passiert, wenn ich das Quellbewusstsein in meinem Alltag lebe. Somit hat Elke mir die „Selbstheilungskraft" in mein System eingeschwungen. ***JUCHHU!***
Weiters durfte Elke die „kosmische Nabelschnur", die von der Ursprungsenergie genährt wird, auf meine verletzte Stelle richten.

Dann konzentrierten wir uns eine Weile lang auf die Zellatmung. Während dieser Übung hat Elke mir alle 20 Schöpfungskräfte in mein System eingespeichert. Im Anschluss an die Therapie hat Elke mir gesagt, dass ich an den folgenden 20 Tagen eine weiße Kerze (steht für die „Reinigung") anzünden kann, um mich mit der jeweiligen Schöpfungskraft des Tages zu verbinden. Sie erklärte mir, dass die Kerze symbolisch für unseren Körper steht und das Licht, das die Kerze zum Leuchten bringt, stellt unsere Seele dar. Wenn ich die Kerze angezündet habe, kann ich alles, von dem ich mich lösen möchte - was mich in irgendeiner Art und Weise belastet, in dieses Licht geben.

Als wir dann ziemlich am Ende angelangt waren, hat sie mir nochmals einen kurzen Überblick von der gesamten Therapie gegeben – was sie alles für mich tun durfte. Sie fängt dann an, über ein Thema zu reden und fährt eigentlich die ganze Zeit mit ihren Fingern über meinen Unterarm, um mittels Muskelwiderstandstest festzustellen, ob ich all ihre Informationen auch hören darf. Denn bei einer Sache, die sie gesehen hat, fragte sie in Gedanken einige Male hintereinander, und es kam immer die Antwort NEIN. Elke ließ mich wissen, dass es etwas sehr Schönes ist und dass sie es mir so gerne mitteilen würde. Ich konnte natürlich erahnen, dass es sich dabei um meine Heilung handelt, und sagte zu ihr: „Es passiert einfach, richtig?" Ich denke, ich habe den Nagel auf den Kopf getroffen. Elke gab mir den Rat: „Sei das Quellbewusstsein, bleibe frei von Erwartungen und sei präsent im Hier und Jetzt!" ***Alles klar!***
Weiters meinte Elke noch, dass ich das Body Talk System, mit dem sie anfangs sehr viel an mir gearbeitet hat, momentan verweigere.

Sie gab mir zu verstehen, dass ich mich in der nächsten Zeit mehr mit den Mayakräften beschäftigen kann. Enrique, Elkes Mann, hat gerade ein Buch über diese Thematik fertig gestellt. Er muss es nur noch ins Deutsche übersetzen lassen, und dann werde ich mich in diese Thematik einarbeiten.

Da Elke mir in Form meines höheren Selbst die Nachricht übermittelt hat, dass ich ein Buch über all meine Erfahrungen seit meiner Verletzung schreiben kann, habe ich sie gebeten, mir das Vorwort zu diesem Buch zu schreiben. Selbstverständlich habe ich ihr rechtzeitig vor diesem Termin das Rohmaterial geschickt. Wir haben kurz vor Weihnachten 2009 miteinander telefoniert, und sie hat mir mitgeteilt, dass sie das Buch sehr schnell durch hatte. Sie sagte, dass der Aufbau vom Körperlichen über das Emotionale bis hin zum Spirituellen sehr gut erkennbar ist. Sie überschüttete mich mit Worten voll des Lobes, der Wertschätzung und der Dankbarkeit und meinte, dass sie sich schon darauf freut, wenn das Buch fertig ist, weil sie es dann vielen ihrer Kunden geben kann, die damit ein besseres Verständnis über sich selbst erwerben können und ihr viele Erklärungen erspart bleiben werden.
Elke zeigte mir dann mein Manuskript, das ich von Rupi kopieren und zu Elke per Post schicken ließ. Rupi hatte die Seiten meines Buches in eine alte Firmenmappe gesteckt und so verschickt. Als ich mein Manuskript mit dieser „alten" Mappe gesehen habe, musste ich Elke die Frage stellen, ob diese Mappe energiemäßig irgendeine Auswirkung auf mein Buch haben kann? Elke meinte zu meiner Beruhigung, dass die Lichtkraft, die diese Seiten ausstrahlen, so stark ist, dass etwas Niedrigeres, Schlechtes

oder Negatives chancenlos ist, diese Lichtkraft in irgendeiner Art und Weise zu schmälern.
Elke fügte noch hinzu: „Du bist einfach zu stark in deiner Kraft! Da du der Verfasser dieser Seiten bist, spiegelt sich diese Kraft in diesen Seiten wider!" ***Sehr beruhigend!***
Elke möchte sich das Buch mit ihrem Mann ein zweites Mal in aller Ruhe durchlesen und anschließend das Vorwort verfassen.
Als Letztes gab mir Elke noch mit auf den Weg, dass ich die Übung der Schöpfungsliebe und die Seelenübung von Gabi unbedingt regelmäßig praktizieren muss. Immer wenn ich daran denke, bedeutet das, dass mich mein Inneres Sein daran erinnert, mich wieder mehr auf mein wahres Sein zu konzentrieren.

Elke schaute mittels Muskelwiderstandstest nach, wann wir uns wieder sehen. Der Test ergab in 17 Wochen - das wird gegen Mitte Mai sein. Elke stellte fest, dass ich mich schön langsam flügge mache. ***Alles ist möglich!***

22

GABI – DIE SEELENDAME

Auch in diesem Kapitel habe ich es so gehandhabt, dass ich dir von jenen Terminen Bericht erstatten werde, die mir noch in Erinnerung geblieben sind. Ab einem gewissen Zeitpunkt machte ich mir während der Therapie Notizen, die ich gerne mit dir teilen werde.
Du wirst die Welt in diesem Kapitel aus einem ganz anderen Blickwinkel kennen lernen. Für meine Entwicklung war diese Begegnung mit Gabi mitsamt all ihrem Wissen interessant und sehr wertvoll. Ich hoffe, du kannst für dich auch wertvolle Informationen aus diesem Kapitel in dein Leben mitnehmen. Viel Freude dabei!

Als wir eines Tages bei Marianne einen Termin hatten, kam ihre Tochter kurz herein und fragte mich, ob ich Hilfe von einer Dame in Anspruch nehmen möchte, zu der sie mit ihrem Sohn fährt. Sie erklärte mir kurz, worum es sich dabei handelte, und ich willigte ein. Sie nahm sich sicherheitshalber eine Unterschrift von mir mit, damit die besagte Dame genauer Auskunft geben konnte.
Bei unserem nächsten Termin bei Marianne sagte mir ihre Tochter stichwortartig, was die Dame bei mir herausgefunden hat und vereinbarte einen Termin für den 20. Juli 2006 für mich.
Gabi, so heißt die Dame, zu der wir uns an diesem Tag auf den Weg gemacht haben, besitzt die Fähigkeit, mit allen Seelen kommunizieren zu können.

Ich habe dir ja schon im Vorfeld kurz erklärt, dass der Mensch aus Körper, Geist und Seele besteht. Wobei die Seele der Teil von uns ist, der immer und ewig ist und sein wird. Gabi hat gemeint, dass wir alle schon viele Male auf der Erde waren und zwar immer mit einer bestimmten Aufgabe, die wir vor unserem „Wiederkommen" für uns bestimmt haben.
Unsere Seele speichert alle Erfahrungen in Form von Gefühlen, und so nehmen wir Leben für Leben all die Erfahrungen mit, die wir noch lösen müssen, weil sie weder uns selbst noch dem Universum dienlich sind. Dabei spreche ich von Erfahrungen, die bei uns unangenehme Gefühle auslösen wie Angst, Sorge, Kummer, Schuld, Verdruss, Kritik, Hass, Eifersucht und jedes andere zerstörerische Gefühl.
Gabi besitzt nun die Fähigkeit, mit jeder Seele zu kommunizieren. Sie kann so der wahren Ursache einer Krankheit, eines Leidens oder einer Disharmonie - in welchen Bereich auch immer - auf den Grund gehen.

Kurz möchte ich auf Gabis Lebensgeschichte eingehen. Gabi hatte ein schweres Nierenleiden und somit die Wahl zwischen Dialyse oder dem Vertrauen sich selbst gegenüber. Sie entschied sich für Zweiteres und kam dann zu einer Dame, die sie heilte. Im Laufe der Zeit konnte sie immer wieder Stimmen wahrnehmen, die sie um Hilfe baten. Und so kam es dazu, dass sie das Talent, mit allen Seelen zu kommunizieren, in ihr entdeckte, das sie mittlerweile dahingehend einsetzt, anderen Menschen zu helfen, ihr Seelenheil zu finden und sich so mit ihrer Unterstützung selbst zu heilen.

Bei meinem ersten Termin mit Gabi erzählte ich wieder einmal, warum ich im Rollstuhl gelandet bin. Anschließend stellte sie sich hinter mich, schloss ihre Augen und hielt ihre Hände einige Zentimeter über meinen Rücken und meinen Brustbereich. Nachdem sie damit fertig war, fragte sie mich, ob ich recht viele oder starke Medikamente nehme. Ich erwiderte, dass ich während meines Aufenthalts im Krankenhaus und im Rehabilitationszentrum einige Medikamente genommen habe, sie aber anschließend mit Hilfe von Georg und John nach und nach absetzte. Zusätzlich habe ich meinen Körper mithilfe von John entgiftet.

Danach stellte sie sich wieder hinter mich und das vorige Procedere wiederholte sich noch einmal. Als Gabi mit ihrer Arbeit an mir fertig war, setzte sie sich mir gegenüber auf einen Sessel und begann mir zu erzählen, was sie herausgefunden hatte.

In irgendeinem Vorleben war ich ebenfalls eine Frau mit 2 Kindern (Mädchen) und lebte in einem Haus. Dieses Haus aber stand in Flammen. Das Tragische an diesem Ereignis war, dass meine beiden Töchter sich noch im Haus befanden. Ich wollte sie unbedingt retten, indem ich mit dem Rücken gegen die brennende Haustür gerannt bin, um ins Haus zu kommen, was jedoch fehlschlug. So hatte ich meine beiden Kinder verloren. Gabi beschrieb mir die Situation so, dass ich wie gelähmt dastand. Außerdem stellte sich nach diesem schweren Verlust bei mir ein Gefühl von Leere und Sinnlosigkeit ein. Ich war damals auch ungefähr in dem Alter, in dem mir in meinem heutigen Leben mein Unfall passiert ist.

Gabi hat mir dazu erzählt, dass sie dieses Phänomen schon des Öfteren beobachtet hat - nämlich, dass einem etwas Ungelöstes zu ungefähr demselben Alter nochmals widerfahren kann.

Da die Menschheit sich selbst das Leben schwer gestaltet, braucht sie immer wieder schwere Leiden, Krankheiten oder Krisen, um aufzuwachen und auf den richtigen Weg zurückzufinden.
Wenn ich mich mit jemandem über mich und meinen momentanen körperlichen Zustand unterhalte, sage ich zum Unverständnis der meisten, dass ich sogar dankbar bin, dass mir das alles passiert ist, weil ich all dieses Wissen über mich und das Leben Schritt für Schritt habe erfahren dürfen. Ich habe Einblicke und Informationen bekommen, die so wunderschön und zugleich sehr aufschlussreich waren und die mich wieder auf den richtigen Weg gebracht haben, weil ich es zugelassen habe.

Gabi hat mir erzählt, dass Kinderseelen normalerweise direkt ins Licht zurückkehren, wenn sie die Entscheidung getroffen haben, sich von der Erde zurückzuziehen. Als sie nachschaute, ob meine beiden Lieben auch diesen Weg genommen haben, musste sie feststellen, dass sie sich noch irgendwo zwischen Erde und Licht befanden. Sie konnte sie dann aber dazu überreden, ins Licht zu gehen.
Ich stelle mir das Gespräch, das Gabi mit einer Seele führt, so vor, wie wenn zwei Menschen ganz normal miteinander reden. Und genauso schildert sie es mir auch.
Als nun meine beiden Kinderseelen „ins Licht" gehen durften, arbeitete sie mit meiner Seele, um die Erlebnisse von meinem damaligen Leben zu lösen. Anschließend machte sie mit mir noch eine – ich nenne sie „Lichtübung", die ich selbst auch immer wieder zuhause praktizieren kann.
Die **erste Lichtübung**, die ich dann bis zu unserem nächsten Treffen täglich machen durfte, lautete wie folgt:

„Ich verbinde mich mit meiner Seele, meinem Licht in mir. Stoppe Gedanken, Verstand und Ego jetzt und vergrößere das Licht in mir, sodass es meinen ganzen Körper und meine ganze Aura umgibt."
Diese Übung dient dazu, wieder Kontakt zu deiner Seele herzustellen, womit du deiner Seele sehr viel Freude bereitest. Dabei ist es wichtig, still zu werden. Still zu werden in dem Sinne, dass du deine Gedanken für eine Weile komplett abschaltest. Wie du am Anfang merken wirst, ist es eine große Herausforderung, tatsächlich ohne Gedanken still da zu sitzen. Aber wie heißt es so schön: **„Übung macht den Meister!"** Einfach immer wieder probieren, und mit der Zeit wirst du es schaffen, für einige Minuten gedankenlos zu sein, und damit schaffst du dir den Zugang zu deiner Seele. Sie wird dir für diese Zeit unendlich dankbar sein, soviel kann ich dir versprechen.

Weiters durfte ich während dieser ersten Lichtübung negative Energien (Gedanken, Worte und Gefühle), die mir täglich an mir selbst auffielen, im Licht mit folgendem Satz auflösen:
„Ich löse die Energien der _____ (z.B. Angst - genau beschreiben!) in meinem Licht auf!"
Wenn du dich aufmerksam beobachtest, wirst du dich täglich dabei erwischen, dass du entweder selbst Gedanken hegst, die deiner glücklichen Zukunft im Wege stehen oder auf Umstände deine Aufmerksamkeit richtest, die ebenfalls negativer Art sind. Durch diese Art der Beobachtung machst du dir bewusst, was du gerade gedanklich verursachst. Wenn du dir dessen bewusst bist, stoppe diese Gedanken beziehungsweise Beobachtungen auf der Stelle und löse diese Energien der Angst, des Kummers, der Sorge, des Neids, des Hasses, der Traurigkeit, usw. sofort in

deinem Licht auf. Damit nimmst du diesen negativen Energien ihre Kraft, und dein Leben nimmt einen weit harmonischeren Verlauf.

Und am Ende eines jeden Tages machte ich es mir zur Gewohnheit, folgende Botschaft vor dem Schlafengehen auszusprechen:
„Ich löse alle Energien meiner Gedanken, Worte und Gefühle von diesem Tag, die niedriger waren als mein Licht, in meinem Licht auf!"
Trotz deiner Bemühungen immer positiv zu denken und negative Energien sofort im Keim zu ersticken, wirst du am Anfang dieses Umdenkprozesses unterbewusst noch viele Gedanken hegen, die deine Seele belasten. Darum ist es absolut von Vorteil, die oben beschriebene Übung vor dem Schlafengehen wirklich in die Tat umzusetzen. Diese Übung nimmt einerseits sehr wenig Zeit in Anspruch, und andererseits wird sie sich mit der Zeit sehr positiv auf dein Leben auswirken.

Abschließend meinte Gabi, dass sich meine Seele sehr gefreut hat, dass ich ihr endlich wieder meine Aufmerksamkeit geschenkt habe.
Natürlich waren noch weitere Besuche bei Gabi notwendig, um all die wichtigen Dinge, die mich in meinem Weiterkommen blockierten, zu entdecken und aus meiner Seele herauszulösen.

Nachdem ich erst später damit begonnen habe, mir über all die Informationen, die während einer Sitzung bei Gabi ausgetauscht wurden, Notizen zu machen, kann ich nur mutmaßen darüber, dass es ungefähr weitere 2 bis 3 Sitzungen gedauert hat, bis dieses

Ereignis, das für meinen momentanen körperlichen Zustand mitverantwortlich ist, vollkommen umgewandelt war.

Ich kann mich noch gut an eine Sitzung erinnern, an der Gabi wieder einmal mit mir gearbeitet hat. Meine Seele freute sich enorm über meine Einsicht und das viele Licht, das sie von Gabi in den Sitzungen immer wieder erhalten hat. Und so meinte meine Seele zu Gabi: „Na, was ist jetzt, von mir aus kann es los gehen!" Gabi musste dann meiner Seele erklären, dass die Menschen auf der Erde einen Körper haben, und das genau dieser Körper soweit sein muss, damit alles wieder einwandfrei funktionieren kann.

Bei Gabis Sitzungen komme ich zuerst an die Reihe, und anschließend ist Gabi noch für Rupis Fragen und Seelenübung da. Als ich bei einer dieser Sitzungen fertig war und Rupi mit seinen Fragen begann, bemerkte ich, dass sich über meiner rechten Schulter ein Schleier, der aus vielen kleinen funkelnden Steinchen bestand, befand. Überrascht über diese neuartige Erscheinung wandte ich meinen Blick weg von meiner rechten Schulter, um dann nach einer kurzen Zeit neuerlich über diese einen Blick zu werfen mit dem Ergebnis, dass ich diesen Schleier noch immer sehen konnte. Kurzerhand habe ich mich dann entschlossen, das Gespräch von Rupi und Gabi zu stören, um Gabi zu fragen, worum es sich bei diesem Phänomen handelt. Sie schaute ebenfalls über meine rechte Schulter und sagte mir mit einem Lächeln im Gesicht, dass ich „meinen Schutzengel" gesehen habe. Voller Freude genoss ich die sichtbare Anwesenheit meines Schutzengels, der noch eine ganze Weile für mich sichtbar geblieben ist.

Ich konnte meinen Schutzengel noch ein weiteres Mal sehen, und zwar war das nach einem Besuch bei Braco, der ja behauptet, dass er mit Hilfe des Blütenstaubs der Blumen, die jeder mit nach Hause nehmen darf, einen Schutzengel erweckt, damit er dich begleitet. Einerseits war dies die Bestätigung dafür, dass Braco die Wahrheit in seinem Buch geschrieben hat, und andererseits habe ich mich sehr auf dieses Wiedersehen mit meinem Schutzengel gefreut, denn wer kann schon von sich behaupten, seinen Schutzengel gesehen zu haben. ***Danke schön!***
Auch diese wunderschöne Begebenheit ist ein weiterer Grund dafür, warum ich so dankbar bin, dass ich diesen Unfall, der der Auslöser für meinen Wandel mit all den einzigartigen Erfahrungen war, gehabt habe. Ich denke, dass du als Außenstehende/r diese Dankbarkeit nachvollziehen kannst.

Ab einem gewissen Zeitpunkt machte ich mir dann genauere Notizen beziehungsweise nahm ich mir meine Lichtübung, die immer komplexer wurde, auf einem Diktiergerät auf, um sie zu Hause in der richtigen Art und Weise wiederholen zu können.
Genauere Notizen von Gabis Besuchen habe ich mir ab dem 18. Februar 2008 gemacht, an denen ich dich jetzt gerne teilhaben lasse.

Ich habe nur eine Bitte an dich:
Sei dir der Besonderheit all dieser Informationen, die ich dir hier zukommen lasse, bewusst.
Ich für mich bin für die **vielen Geschenke**, die ich im Laufe der letzten Jahre von Gabi bei jeder Sitzung erhalten habe, von ganzem Herzen sehr, sehr dankbar. Vielen herzlichen Dank, Gabi!

Meine erste Frage an Gabi lautete: „Gibt es einen Grund, warum ich noch immer im Rollstuhl sitze?"
Sie erklärte mir, dass ich in meinen Vorleben sehr vieles gemacht habe, außer zu mir selbst gefunden zu haben – ich habe nur immer im Außen, von mir weg gelebt und das ist eigentlich das erste Leben, in dem ich es mir ausgesucht habe, **die wirkliche Erfahrung meiner Selbst zu machen**. Und so darf ich es auch sehen. Ich darf mich jetzt annehmen und mich selber erfahren. Aus diesem Grund ist mir nun diese Ruhe gegeben worden. Ich darf erkennen, dass es bei dem ganzen Unterfangen um die Heilung meiner Vorleben geht. Dann wird die Zeit wie im Flug vergehen, dann werde ich diese Geduld aufbringen können. Sie wiederholte es nochmals: **„Erkenne, dass es eigentlich eine große Heilung all deiner Vorleben ist, dass du dein Selbst jetzt erkennst, jetzt erfährst und jetzt spürst – es ist sozusagen das einzelne Spüren, das langsame Spüren von dir selbst!"**
Es steht auf meinem Lebensplan, mich langsam wieder zu spüren, und ich darf diese Veränderungen tief dankbar annehmen, dass ich mich selbst spüren darf, immer mehr und immer mehr. So wird mein Licht, meine Energie immer mehr in den physischen Körper gelangen. Gabi gab mir diesbezüglich einen guten Rat mit auf meinen Weg: „Leg dein Augenmerk mehr darauf, wie schön es eigentlich ist, dich immer mehr und mehr zu spüren, dann wird alles schnell gehen."
Sie sagte noch, dass ich mir viel vorgenommen habe und schon vieles gelöst habe! Ich sei drauf und dran, alles zu lösen. Je mehr ich das erkenne, je mehr ich in dieses Bewusstsein hineingehe, desto weniger gehe ich in das Bewusstsein, wieder gehen zu können.

Außerdem hat Gabi gemeint, dass Rupi und ich uns vom Gesicht her sehr verändert haben.

Die nächste Frage lautete: „Was habe ich noch für eine Aufgabe?
Die Antwort: „Das liegt ganz bei dir. Du kannst entweder alles still und heimlich genießen oder du gibst deine Erfahrungen mittels Buch weiter, wobei dir die Lichtwesen ganz sicher zur Seite stehen werden."
Wie du siehst, habe ich mich für die zweite Variante entschieden, weil ich glaube, dass all meine Erfahrungen vielen Menschen helfen können, wieder zu sich selbst zu finden und das Leben zu leben, für das sie hierher gekommen sind.

Weiters stellte Gabi fest, dass sich in dem Haus, in dem ich momentan mit meinen Eltern lebe, sehr alt eingesessene Energien befinden.
Diese Energien kannst du mittels folgender Übung auflösen:
Stelle dir geistig das Haus mit vier Lichtsäulen an den vier Hausecken vor, die sich zu einer großen Lichtsäule verbinden. Anschließend wird das Haus mit weißem Licht von Erzengel Gabriel (Reinigung) gefüllt und um dieses weiße Licht kommt dann das blaue Licht von Erzengel Michael (Ablösen von Altem) herum.
Zusätzlich kannst du die einzelnen Räume und Möbel mit weißem und blauem Licht füllen.
Sobald du diese Lichtübung machst und damit „das Licht" im Haus manifestierst, können die Engel bleiben und ihre Arbeit verrichten, um die du sie gebeten hast!

Wenn es irgendwelche Schwierigkeiten oder Unstimmigkeiten in der Familie, im Beruf, in deiner Partnerschaft, in Freundschaften welcher Art auch immer gibt, dann kann dir folgende Übung helfen:

Gehe ins Licht (siehe erste Lichtübung S. 249). Bei jedem Atemzug atmest du aus deinem Herzen rosarotes Licht aus und hüllst die ganze Situation ein. Stelle ganz bewusst alle beteiligten Personen in dieses rosarote Heillicht hinein. Dann bittest du um eine Lösung, die für alle Beteiligten am besten ist, und jegliche Energien, die niedriger sind als das Licht, lösen sich in diesem Licht auf.

Die Energien, die du im Licht auflösen willst, kannst du genau benennen (Sorge, Angst, Kummer, Hass, usw.). Abschließend verstärkst du bei allen das Licht mit Liebe, Vertrauen, Bewusstsein, gegenseitigem göttlichen Verständnis, Frieden, Freude und dass wir Eins sind im Licht. Dann bittest du alle zuständigen Lichtwesen hierher zu kommen und lässt alles in Liebe los.

Diese Übung machst du 21 Tage lang zur gleichen Uhrzeit - merkst du wenig Veränderungen - dann leg eine Pause von 21 Tagen ein und wiederhole die Übung weitere 21 Tage lang. Durch diese Übung haben die Lichtwesen Zugang, um etwas tun zu können.

Weiters durften wir an diesem Tag lernen, dass geistig Behinderte sich in diesem Leben dafür entschieden haben, aus dem Herzen - der Seele zu leben. Sie leben uns eigentlich vor, dass wir in unserem wahren Sein alle gleich sind! Sie leben das, was sie leben wollen, und zwar jetzt!

Daher der Rat von Gabi: **„Das, was du von Herzen gern machen willst, das mache auch!"**

Als Abschluss dieser Sitzung gab Gabi mir noch einen Buchtipp mit auf meinen Weg, der mir weiter helfen wird. Als sie mir den Titel des Buches sagte, musste ich innerlich lachen, weil ich dieses Buch schon gelesen hatte. Wieder eine Bestätigung mehr, dass sich für mich alles zum Besten entwickelt. ***Prima!***
Gabi gibt mir immer wieder Buchtipps, CDs oder DVDs, die mir auf meinem Weg helfen können. Ich freue mich dann schon immer sehr darauf, welche Informationen und Botschaften in den jeweiligen Büchern, CDs oder DVDs auf mich warten. Ich kann nur aus meiner Sicht sagen, dass es erstens abwechslungsreicher ist, wenn ich etwas Interessantes hören oder sehen kann und zweitens ist es immer wieder erstaunlich, was ihre guten Tipps bei mir auslösen. Selbstverständlich muss die Bereitschaft da sein, sich alles anzusehen, um danach zu entscheiden, ob es das Richtige für einen ist, und wenn das dann der Fall ist, geht's ran an die Anwendung und Umsetzung der wichtigsten Informationen.

Bei meiner Lichtübung an diesem Tag ist die Botschaft gekommen, dass ich verstärkt mit dem Licht des Kerns arbeiten darf. Das Licht des Kerns befindet sich hinter unserem Bauchnabel in der Mitte des physischen Körpers, mit dem wir mit allen und allem verbunden sind.
Die Übung lautete folgendermaßen:
„Gehe nun mit deinem Bewusstsein zu deinem Kern des Lichts. Hinter deinem Nabel genau im Mittelpunkt deines physischen Körpers befindet sich der Kern des Lichtes. Der Kern des Lichts beginnt sich langsam über deinen ganzen Körper und

über deine ganze Aura auszudehnen. Und in jeder einzelnen Körperzelle manifestiert sich das Licht des Kerns - die 7 Schichten des Kerns:

„Ich bin Liebe"
„Ich bin Licht"
„Ich bin Bewusstsein"
„Ich bin Friede"
„Ich bin Freude"
„Ich bin Kreativität"
„Ich bin Eins mit allem, was ist"

Anschließend kannst du in aller Stille dieses Licht des Kerns für einige Minuten genießen. Wenn du diese Übung abschließen möchtest, ist es ganz wichtig, dass du das Licht des Kerns auch wieder zu seiner ursprünglichen Größe zurückführst, indem du sagst: „Ganz langsam zieht sich das Licht des Kerns wieder ein - es fließt zu seinem Ursprung zurück."

Ich habe dir diesen kurzen Ausschnitt meiner Lichtübung aus einem ganz bestimmten Grund hier offenbart, weil er sehr, sehr einschneidend für mich war und sicherlich auch für dich sein kann. Die 7 Schichten des Kerns des Lichtes sind diejenigen Eigenschaften, die wir in Wahrheit sind.

Wir sind Liebe, Licht, Bewusstsein, Friede, Freude, Kreativität und Eins mit allem, was ist.

Alles andere, was du lebst, ist dein Ego.
Du wirst dir jetzt die Frage stellen: „Wie meint sie das?"
Hier stelle ich dir meine Sichtweise dar, die ich aus all meinen Erfahrungen und Informationen erhalten habe.

Dass **du Liebe bist**, siehst du immer wieder bei frisch verliebten Pärchen oder bei Mutter-Vater-Kind Beziehungen. Wenn du also andere so sein lassen kannst, wie sie sind und du so sein kannst, wie du eben nun mal bist.
Dass **du Licht bist**, kommt dadurch zum Vorschein, dass über gewisse Menschen gesagt wird, dass sie eine tolle Ausstrahlung haben.
Dass **du Bewusstsein bist**, kannst du dir dadurch erklären, dass du ein Gehirn hast, mit dem du denken kannst, und somit kannst du bewusst Gedanken denken, aber auch nur, wenn du dir dessen bewusst bist. Klingt kompliziert, ist aber nur eine Frage der Übung.
Dass **du Friede bist**, siehst du daran, dass es den Menschen dann am besten geht, wenn sie friedlich und harmonisch miteinander umgehen.
Dass **du Freude bist**, bestätigt sich dahingehend, dass es das Schönste überhaupt auf Erden ist, jemand anderem eine Freude zu bereiten. Ein Lachen kann dir den gesamten Tag retten beziehungsweise dich ihn überstehen lassen.
Dass **du Kreativität bist**, zeigen all die wirklich tollen und hilfreichen Erfindungen, die wir Menschen im Laufe der Jahrhunderte zu Wege gebracht haben.
Dass **du Eins bist**, lässt sich dadurch erklären, dass es immer wieder passiert, dass zwei Personen zum gleichen Augenblick denselben Gedanken aussprechen.
Lebe all diese Eigenschaften, und du führst ein Leben, zu dem du bestimmt bist. Denn wenn du diese Eigenschaften in dir verinnerlicht hast, strahlst du genau das aus, was dir die Schöpfung jeden Moment gibt. Die Schöpfung will nur das Beste für dich. Wenn es dir gelingt, diese Eigenschaften des Kerns des

Lichtes in jedem Lebewesen auf dieser Erde zu erkennen, zu entdecken und zu sehen, wenn du das kannst, dann lebst du deine wahre Erfüllung. Denn dann lebst du dieses „Einssein" im wahrsten Sinne des Wortes. Jeder Mensch, jedes Tier, jedes Ding besitzt diesen Kern des Lichtes, und wenn du dich mit deinem Kern mit dem Kern eines anderen Menschen, Tieres oder Dinges verbindest, bist du angekommen, hast du den wahren Sinn deines Daseins verstanden und bist so zu einem sehr wertvollen Teil dieses Universums geworden, weil du nur Positives von dir gibst und daher nur Positives im Gegenzug erhalten kannst.
Ein guter Tipp meinerseits, der in diese Thematik sehr gut passt:
„Erinnere dich, dass du es immer mit anderen Seelen zu tun hast!"
Wir Menschen ziehen es aber vor, unser Ego mehr ins Rampenlicht zu stellen, um unsere Meinungen durchzusetzen, um zu unserem Recht zu kommen oder um falsche Annahmen zu rechtfertigen.
Sind unsere Gedanken, Worte, Gefühle und Taten von diesen 7 Schichten des Kerns des Lichtes bestimmt, leben wir ein wirklich fabelhaftes Leben.
Sind unsere Gedanken, Worte, Gefühle und Taten negativ, dann müssen wir uns vielen schwierigen Herausforderungen in unserem Leben stellen.
Damit will ich dir nur sagen, dass du alleine die Verantwortung über dein Leben trägst - durch deine gewohnte geistige Einstellung, die wiederum davon abhängig ist, was du DENKST.
Wenn du dich liebevoll, lichtvoll, bewusst, friedlich, fröhlich und kreativ gegenüber dir und deinem Umfeld verhältst, wirst du erstaunliche Dinge in deinem Leben erfahren.
Ich darf dir sagen, dass ich bis vor 6 Jahren absolut am wesentlichen Kern des Lebens vorbei gelebt habe.

Aufgrund der sukzessiven Erkenntnisse, die mir aufgrund meiner Ausdauer, Hoffnung und Freude am Leben zuteil wurden, habe ich schon sehr viele schöne Momente in meinem Leben gehabt, die ich sehr schätze und die mir weiter Mut machen, das Beste aus meinem Leben für mich und mein Umfeld zu machen.
In der Theorie klingt es eigentlich einfach. All die Ausführungen der letzten Zeilen sind verständlich, klar und einleuchtend. Jetzt wirst du dich sicher fragen, warum gibt es dann so viel Leid auf dieser Erde?
Die Antwort: Weil die Menschheit noch viel zu sehr in ihren „alten" Überzeugungen und Glaubensmustern steckt.
Ich möchte dir meine Antwort anhand eines einfachen Beispiels erläutern.
Nehmen wir an, du hast eine Verabredung. Du bist pünktlich. Die andere Person kommt um einiges, sagen wir um 15 Minuten, zu spät. Welche Gedanken und Gefühle kommen in dir hoch? Du ärgerst dich, du fühlst dich im Stich gelassen, du zweifelst an dir, weil du glaubst, der oder die andere lässt dich absichtlich warten und so geht dein Gedankenspiel weiter. Ich sage dir, alles vergeudete Energie. Stelle dir doch die Frage, warum es dir passiert, dass der oder die andere zu spät kommt. Kann es sein, dass du auch schon des Öfteren zu spät dran warst. Nutze die Zeit, die dir noch alleine bleibt, um dich optimal auf dein Treffen vorzubereiten, um es so zu einem einzigartigen Treffen werden zu lassen, dass dir Freude bereitet und euch beiden als sehr angenehm in Erinnerung bleibt. Denn, was passiert meistens, wenn man verärgert, zornig oder beleidigt in ein Treffen geht? Richtig - das Treffen wird ein Fiasko - du bist verärgert, du verlangst einen Grund für die Verspätung und so nimmt alles seinen Lauf. Kannst du bei diesem Beispiel irgendwo Liebe, Licht, Bewusstsein,

Freude, Friede und Kreativität entdecken? Und genau darum geht es. Voller Freude zu sein und zu bleiben, wenn es einem gut geht, ist um ein Vielfaches leichter als diese Freude auch dann weiterhin zu leben, wenn Herausforderungen auf einen zukommen, die außerhalb unserer Erwartungen liegen. Also genau dann alle positiven Eigenschaften an den Tag zu legen, wenn es enorm schwer ist, sich zu beherrschen – die Kontrolle über seine Gedanken und Gefühle zu haben, lässt einen Wandel in deinem Leben zu, der sehr wichtig ist. Egal, in welchen Lebenslagen du dich befindest, es ist von enormer Wichtigkeit dir deines Lebens mit all seinen Eigenschaften bewusst zu sein. Je öfter du dein „Ego" überlistest und du diesen negativen Gedanken und Gefühlen widerstehst - weil du ja jetzt weißt, dass du im Grunde genommen Liebe, Freude und Friede bist, und es sinnlos ist, sich sein Leben durch irgendwelche Wutausbrüche zu verschlimmern - desto schöner, harmonischer, liebevoller, glücklicher, gesunder, wohlhabender und perfekter wird sich das Leben dir gegenüber darstellen.

24. Mai 2008

Bei diesem Termin ist Gabi in die Wohnung von Rupi gekommen, die sich oberhalb der Garage seines Elternhauses befindet, weil sie anschließend noch in Wien zu tun hatte. Sie stellte erstens fest, dass die Energie in der Wohnung sehr gut ist, und zweitens konnte sie noch einen Kristall im Garten wahrnehmen, der die Farben orange, rot und gelb hat. Diese Farben stehen für Klarheit, Kraft und Wärme. Also wie du liest, wiederum eine schöne Stärkung, die uns da zur Verfügung steht. Recht herzlichen Dank dafür, lieber Kristall!

Bei mir stellte sie fest, dass ich die Lichtenergie schon gut halten kann und sie auch immer durchlässiger durch meinen Körper marschiert. ***Juchhu - wieder gute Nachrichten, die jeder von uns gerne hört.***

Bei der Lichtübung, die sie an diesem Tag bei mir machte, ging es um die Anwendung des kristallinen, grünen Heillichtes, das vom Planeten Aktarus kommt. Der Planet Aktarus ist ein Lichtplanet genauso wie der Planet Sirius, die uns beide hier auf Erden ihre Unterstützung in dieser Zeit zuteil werden lassen.
Nach der Übung erzählte mir Gabi, dass sie zusätzlich noch ein Implantat aus meinem Sexualchakra herauslösen hat können. Implantate sind – wie du schon weißt - Zeichen, die sich im Körper manifestieren, die zur Folge haben, dass weniger Lichtenergie durch unseren Körper fließt. Sie erwähnte auch, dass sie nur dann diese Implantate bei ihren Klienten lösen kann, wenn sie viel an sich selbst arbeiten. Denn erst dann werden diese Implantate sichtbar.
Wie du siehst, zahlt es sich immer aus, an sich zu arbeiten. Da ich dadurch schon vieles an mir lösen konnte, werde ich diesen Weg auch weiterhin gehen.

11. Juli 2008

An diesem Tag habe ich zwei weitere sehr schöne und wichtige Werkzeuge von Gabi erhalten, die mich meinem Herzenswunsch näher bringen.
Die Übung mit dem Lichtball:
„Stelle dir nun im Bereich deines Brustraumes einen Lichtball vor, der deine Kraft - deine Lichtkraft - konzentriert darstellt. Stelle dir nun vor, wie du aus deinem Lichtball einen

Lichtball nach dem anderen herausnimmst und genau an diese Stellen deines Körpers gibst, wo du konzentriert deine Kraft brauchst; und die Lichtkraft bleibt immer gleich; du nimmst geistig immer einen Ball nach dem anderen heraus und gibst ihn genau an diese Stelle in deinem Körper, wo du deine konzentrierte Kraft jetzt brauchst.
Wie es derzeit für deinen Körper gut ist, beginnt sich immer mehr und mehr deine Kraft in deinem Körper zu bilden.
Mache das immer wieder, konzentriere dich immer wieder auf deinen Lichtball, bringe immer wieder diese Kraftenergiebälle in deinen Körper und immer mehr und mehr kommt deine eigene Kraft; du stärkst damit deinen Körper immer mehr und mehr mit deiner eigenen Kraft."

Ich weiß, dass ich sehr viel Glück hatte, Gabi kennen zu lernen. Ich freue mich jedes Mal, wenn wir uns wieder sehen, einfach aus dem Grund, weil sie mir so unendlich viel über unser wahres Sein beigebracht hat. An dieser Stelle sage ich einfach mal „Danke schön, liebe Gabi!"

In der zweiten Übung ging es darum, mir geistig vorzustellen, dass ich mich als ein stehendes Lichtwesen sehe, und dieses Lichtwesen verschmilzt dann mit meinem physischen Körper - es geht in mich hinein. Dann stelle ich mir vor, wie ich in meinem reinen Licht aufstehe. Die weiteren Instruktionen lauteten: **„Bleibe ganz bewusst in voller Kraft dieses Lichtwesens stehen, es geht in dich hinein und füllt dich an - in deiner vollen Kraft, in deiner vollen Liebe und fühle nun dieses Gefühl, wie du stehst und gehst - jetzt; fülle dich von innen her mit dieser Freude; dein ganzer Körper füllt sich von innen her mit**

deiner Kraft, denn du bist reines Licht, reine Kraft, reine Gesundheit und Vollkommenheit in dir. Du strahlst es aus deinem ganzen Körper - deine Freude; spüre dich in dir.
Beginne dich mit all deinen tiefsten Herzenswünschen - Seelenwünschen von innen her zu füllen, sie zu fühlen und zu spüren, deinen Körper damit zu füllen, dann geschieht es so. Spüre dich in deiner Kraft. Und ich führe dich jetzt zurück mit deiner Seele, wo du hierher gekommen bist in deinen jetzigen Körper, in deiner vollen Liebe, in deiner vollen Kraft, und mit all deinen Fähigkeiten, Talenten und deinem vollen Potenzial füllt sich von innen her dein ganzer Körper.
Du strahlst aus dir heraus, in dir und um dich - dein wahres Sein ist voller Kraft."

Abschließend bei dieser Lichtübung, die ich fast täglich praktizierte, war es in meiner momentanen Entwicklung sehr wichtig, dass ich folgenden Schlusssatz sagte:
„Ich gleiche nun meinen ganzen physischen Körper, jedes Organ und jede Zelle meiner Lichtschwingung an!"
Dieser Satz ist deshalb von großer Bedeutung, damit sich mein Körper, meine Organe und Zellen ebenfalls der höheren Lichtschwingung, die ich durch die Wiederholung dieser Lichtübung erhalte, allmählich angleichen können.
Gabi hat mir von einer Dame erzählt, die viel an sich gearbeitet und somit viel an sich verändert hat, die aber mit ihrem physischen Herzen Probleme hatte. Bei ihrem nächsten Besuch bei Gabi erzählte diese Dame Gabi von ihrem Herzproblem und dann sagte ihr Gabi, dass ihr physisches Herz noch auf einer niedrigeren Schwingung verweilt, während ihr restlicher Körper, ihr Geist und ihre Seele schon weit höher schwingen.

Selbstverständlich hat ihr Gabi dieses schwingungsmäßige Defizit des Herzens wieder ausgeglichen, mit der Bitte, sie möge diesen Schlusssatz in Zukunft unbedingt immer sagen.
Und genau das mag ich an Gabi so. Sie macht mich durch ihr Tun immer wieder darauf aufmerksam, dass wir sehr vorsichtig sein müssen, mit dem, was wir an uns machen oder machen lassen. Denn wie du siehst, kann es zu solch kleinen Zwischenfällen kommen, wenn wichtige Details vergessen oder vernachlässigt werden. Das Schöne bei Gabi ist dann, dass sie diese Dinge all ihren Klienten sofort mitteilt, um sie vor etwaigen Unannehmlichkeiten zu schützen. Für sie selber ist es mit Sicherheit eine Selbstverständlichkeit geworden, die Lichtschwingung immer wieder im Körper anzugleichen. Was für den einen selbstverständlich ist, ist für den anderen überlebensnotwendig. Diese Tatsache habe ich aus dieser Geschichte für mich mitnehmen dürfen.

5. September 2008

Bei diesem Treffen hat Gabi festgestellt, dass die Lichtenergie sehr gut in meinen Körperzellen spürbar ist, und sie sehr gut fließt. ***Na bitte, wer sagt´s denn.***
Weiters hat sie mir empfohlen, alles zu tun, das mich in irgendeiner Art und Weise stärkt.
Gabi meinte dann: **„Ilse, verlass dich viel mehr nur auf dich, beschäftige dich mit dir, du hast alles in dir und gehe eine Verbindung mit deinem Lichtwesen ein."**
Ich ließ diese Aussage von Gabi einfach so im Raum stehen und wollte noch einige Dinge von Gabi erfragen, die für mich wichtig waren. So wollte ich an diesem Tag von ihr wissen, ob all die Dinge,

die ich zuhause machte, mir auch wirklich weiter helfen. So kam es dann zu folgenden Antworten von Gabi:

Trampolin, Radfahren: Ja, trägt sehr zur Stärkung meiner Muskulatur bei, die jetzt wichtig ist.

Resonanz Matte: 1x/Woche mit 50% 24 Minuten lang.

Scio: Speziell zur Stärkung der Muskelkraft und Körperzellen anwenden – 1x/Monat.

Pyramide: Ich müsste sie jeden Tag reinigen, weil sie Energien vom ganzen Haus aufnimmt; besser ist es, sie draußen unter einen Baum zu stellen.

Osteopathie: Ist gut.

Meridianmassage: Bring dir zum Bewusstsein, dass deine Meridiane auch geöffnet bleiben, wenn sie einmal geöffnet sind. Das ist eine „neue" Denkweise, die du dir aneignen darfst.

Meine nächste Frage lautete: „Wie gehe ich mit der Negativität in meinem Umfeld um?"

Gabi meinte darauf, dass mir jetzt diese Negativität erst so richtig bewusst wird. Früher war sie auch vorhanden, nur habe ich mich damals ähnlich oder gleich verhalten. Ich komme jetzt in andere Schwingungen, und daher wird sie mir immer bewusster.

Sie stellte fest, dass es gerade in dieser Entwicklung eine Herausforderung ist, bei sich selbst zu bleiben, weil ich aufgrund dieser Entwicklung Meinungen im Umfeld wahrnehme, die sich von meinem erarbeiteten Bewusstsein total unterscheiden.

Sie bot mir dann folgende Hilfestellungen an:

Stelle dir Lichtsäulen im Raum vor und fülle sie mit dem Bewusstsein des Einsseins, des Vertrauens, der Liebe, des gegenseitigen göttlichen Verständnisses, des Friedens, der

Harmonie, der Freude, der Gesundheit und tiefsinnigerer Gespräche.
Dann verbindest du alle Anwesenden mit diesem Licht, und abschließend bittest du alle zuständigen Lichtwesen der Seelen in diesen Raum zu kommen.
Dadurch bringst du diese „neue" Energie in den Raum, und die Seelen fühlen sich angesprochen, und so verändert sich die Energie im Raum zum Positiven. Wenn du das jeden Tag machst, gewinnt irgendwann das Licht!

Weiters kannst du das Einssein dadurch stärker hervorheben, indem du jede einzelne Seele an folgende Botschaft erinnerst:
„Wir sind alle gleich, wir sind alle Eins, wir sind Liebe. Du bist die Liebe in dir. Du bist die Göttlichkeit, werde dir dessen bewusst, dass du die Göttlichkeit bist, dass wir alle Eins sind!"

Außerdem kannst du das Licht bei jeder Person durch folgende Botschaft verstärken:
„Ich verstärke das Licht von (Name) **mit dem Bewusstsein ihres/seines eigenen Lichtes in ihr/ihm, mit Bewusstsein ihrer/seiner eigenen Kraft in ihr/ihm und mit dem Bewusstsein, dass wir alle EINS sind im Licht und in der Liebe!"**

Gabi teilte mir mit, dass es mir erlaubt ist, alle negativen Energien (Worte), die von anderen Menschen kommen, in der Lichtsäule aufzulösen. Dazu ist es notwendig, dass ich mich genau an das Gesagte erinnere.
Spaßhalber habe ich dann zu Gabi gemeint: „Also habe ich ab sofort immer einen kleinen Notizblock bei mir und schreibe alles mit, was an Negativem so anfällt."

Wir mussten sehr lachen. Selbstverständlich bin ich mir der Bedeutsamkeit aller Werkzeuge, die ich bislang von Gabi erhalten habe, bewusst und setze sie zum Großteil in die Tat um.

Gabi wird von ihren Klienten mit sehr unterschiedlichen Namen bezeichnet – zum Beispiel: Seelendame, Engelsfrau oder Freundin in Thema Himmelssachen. Sehr schöne Bezeichnungen für einen Menschen, der sein Potenzial und sein Talent anderen in den Dienst stellt und somit schon sehr, sehr vielen Menschen helfen konnte. Ich denke, dass sich Gabi selbst auch sehr über die liebevoll gemeinten Namen, die sich ihre Klienten für sie einfallen haben lassen, freut.

Bei meiner Lichtübung an diesem Tag ging es unter anderem darum, **sich seine Herzenswünsche als bereits geschehen vorzustellen und darauf zu vertrauen, dass sie im Außen auch tatsächlich eintreten.**
„Spüre nun in dich hinein, spüre deinen Wunsch, deinen tiefsten Herzenswunsch, wie er jetzt schon ist. Fühle in von innen her, fühle dieses Gefühl, diese Freude und alles, was du verspürst, wenn dein Wunsch jetzt in Erfüllung geht. Und von innen her füllt sich jede Zelle und jedes Organ mit deiner Freude."

Der Menschheit wurden sehr viele Werkzeuge an die Hand gegeben, mit denen sie sich, wenn sie richtig und zum Wohle aller angewendet werden, genau das Leben erschaffen kann, das sie sich wünscht.
Das wichtigste Werkzeug ist der menschliche Geist. Der Mensch ist das einzige Lebewesen auf dieser Erde, das mit seinem freien

Willen Entscheidungen treffen kann. Der Mensch kann durch seine Gedanken bestimmen, wie sich sein Leben gestaltet. Sind die Gedanken angenehm und positiv, wird sich sein Leben als angenehm und positiv darstellen. Sind sie hingegen unangenehm oder negativ (oft laufen solche Gedanken unbewusst - ohne unser Bewusstsein ab), wird unser Leben uns mit vielerlei unangenehmen Herausforderungen konfrontieren, die uns aber nur helfen, wieder auf den richtigen - auf den bewussten Weg zurückzukehren.
Über unsere Gefühle können wir feststellen, ob unsere Gedanken angenehm oder unangenehm, positiv oder negativ, gut oder böse, usw. sind. Die Bezeichnung spielt dabei eine sekundäre Rolle. Wichtig ist, dass du dich bei allem, was du denkst, sagst und tust, gut fühlst. Dann handelst du nach den universellen Gesetzen, und als Ergebnis dieser sehr bewussten und lebensrichtigen Denkweise wird sich dein Leben zu einem wunderschönen Erlebnis gestalten.

Ein weiteres Werkzeug stellt die Visualisierung oder Vorstellungskraft dar. Und genau diese Übung habe ich bei dieser Lichtübung von Gabi integriert. **Bei der Visualisierung geht es darum, sich seinen Herzenswunsch so vorzustellen, als ob man ihn bereits bekommen hat. Ganz entscheidend dabei ist das Gefühl, das sich dabei einstellt, wenn sich der Herzenswunsch bereits erfüllt hat.** Und mit diesem Gefühl der Freude, der Erleichterung, der Freiheit oder welches Gefühl auch immer bei dir hochkommt, darfst du dich dann von innen her immer wieder füllen.
In meinem Fall stelle ich mir vor, wie ich wieder gehe. Ich sehe mich beim Laufen, Radfahren, Schwimmen, Stufen steigen,

Duschen usw., und dabei fühle ich diese Freude und Freiheit, die in diesen Momenten grenzenlos sind.

Gabi hat mir nach der Lichtübung mitgeteilt, dass sie zum ersten Mal ganz intensiv die Energie bis in meine Füße hinunter gespürt hat. ***Juchhu!***
Wie du siehst, entwickelt sich alles nach Plan. Ich mache von Therapie zu Therapie gute Fortschritte und werde weiterhin meinen eingeschlagenen Weg forcieren.

Einen wichtigen Rat hat Gabi mir noch mit auf meinen Lebensweg gegeben. Bei allem, was ich spirituell mache, ist es für mich wichtig, dass ich mein Licht groß mache und diese wahre Kraft in meinen Körperzellen manifestiere. Dafür kann ich folgende Worte wählen: **„Meine wahre Kraft manifestiert sich in meinen Körperzellen!"**

Sie sagte, dass ich schon viel Bewusstsein erlangt habe, und ich es nur noch in meinen Körperzellen manifestieren muss; besonders in meinen Füßen, damit ich meine Kraft immer besser halten kann!

Zwei weitere Werkzeuge hat Gabi mir verraten, die jeder tagtäglich im Alltag anwenden kann, und die ich daher gerne mit dir teilen möchte.

Reinigen von Gegenständen:
„Ich reinige (Gegenstand) von jeglichen Energien, die niedriger sind als meine Liebe; sie lösen sich jetzt auf, und ich fülle ihn mit meiner Kraft und meiner Liebe!"

Dabei hältst du den zu reinigenden Gegenstand, wenn das möglich ist, für eine kurze Weile in deinen Händen oder du hältst deine rechte Hand über den Gegenstand, den du reinigen willst, während du den obigen Satz aussprichst.

Auto:
„Ich verbinde mich mit meiner Energie mit meinem Auto. Es funktioniert immer tadellos und gut, und ich bedanke mich schon im Voraus, dass es mich immer überall gut hin- und wieder nach Hause bringt, danke!"

Wenn du dir diese kurze Botschaft zur Gewohnheit machst, sobald du dich in dein Auto begibst, wird dir dein Auto dafür erstens sehr dankbar sein und zweitens als Folge deiner Dankbarkeit dir immer gute Dienste erweisen.
Ich habe dir ja schon von den Spiegelgesetzen berichtet, die uns verdeutlichen, dass alles um uns herum ein Spiegel unserer Einstellung, Verhaltensweisen, Eigenschaften und Denkweise ist. Dazu gehört natürlich auch unser Auto, sofern du selbst eines besitzt. Das Auto ist also ebenfalls ein Spiegel von dir. Sobald du irgendwelche Probleme damit hast, kannst du dir die Frage stellen: „Welche Botschaft steckt hinter diesem Problem für mich?"
Hast du zum Beispiel einen Unfall und dein Auto erleidet dabei einen kleinen Blechschaden, dann kommt es darauf an, wo sich dieser Blechschaden befindet.
Wenn du den vorderen Teil deines Autos beschädigt hast, darfst du darüber nachdenken, welche negativen Gedanken du dir über deine Zukunft gemacht hast.

Befindet sich der Blechschaden im hinteren Bereich, hat das Ganze mit deiner Vergangenheit zu tun.
Hat die linke Seite deines Autos einen Schaden erlitten, darfst du an deiner Gefühlsseite etwas ändern.
Betrifft es die rechte Seite deines Autos, so hast du dich in letzter Zeit zu sehr in negativer Art und Weise mit deiner Verstandesseite beschäftigt.

23. Oktober 2008

Ich möchte dich jetzt an einer meiner schönsten Lichtübung voll und ganz teilhaben lassen, damit du dir mehr darunter vorstellen kannst, welch unglaubliches Glück ich hatte, genau zu dieser Person zu gelangen. Heute weiß ich bereits, dass es genau so kommen hat müssen, dass ich mir diesen Weg ganz bewusst ausgesucht habe und mit voller Begeisterung dabei geblieben bin. Und wie du gleich sehen wirst, kann ich mich wirklich als „Glückskind" bezeichnen.

Meine schönste Lichtübung:

„Verbinde dich mit deinem Licht in dir, spüre in dir, im Bereich deines Brustraumes, dein wunderschönes Licht - deine Lichtkugel. Und deine Lichtkugel beginnt sich in dir, in deinem ganzen Körper und um deinen ganzen Körper auszudehnen.
Ich bitte nun deine zuständigen Lichtwesen, für dich einen Lichtkanal aufzubauen, der durch deinen Kopf geht, durch deinen ganzen Körper bis hinunter in die Mutter Erde. Dein Lichtstrahl beginnt sich in dir auszudehnen, in deinem Körper und um deinen Körper. Und das Licht in deinem Lichtkanal beginnt sich rechtsdrehend zu drehen zu einer Lichtspirale, einer Transformationsspirale. Spüre in dich hinein, in

Situationen deines Alltags und bringe jegliche Energien a
Gedanken, Worte und Gefühle, die dich belasten, die niedı
sind als deine Liebe, bringe sie alle in deine Lichtspirale zur Auflösung und zur Umwandlung (dauert ca. 5-10 Minuten).
Beende ganz langsam wieder deine Auflösung und ganz langsam hört deine Lichtspirale sich wieder auf zu drehen.
Spüre dich ganz in deinem Lichtkanal, und ich bitte nun Erzengel Gabriel mit seinem rein weißen Licht deinen ganzen physischen Körper, emotionalen Körper, mentalen Körper, deine ganze Aura und deine ganzen Chakren zu füllen und zu reinigen - rein weißes Licht fließt durch deinen Körper und reinigt ihn von jeglichen Energien, die niedriger sind als deine Liebe.
Ich bitte nun Erzengel Raphael mit seinem grünen Heillicht deinen ganzen physischen Körper, emotionalen Körper, mentalen Körper und deine ganze Aura zu füllen und zu heilen.
Ich bitte nun Erzengel Michael mit seinem blauen Licht dich einzuhüllen und jegliche Energien und Energiebindungen von dir abzulösen, von allen Personen mit denen du noch in irgendeiner Weise verhaftet bist, ganz besonders von deinen leiblichen Eltern.
Und gleichzeitig wirst du von oben mit einer roten Lichtkraft gefüllt, rotes Licht - die wahre Kraft - füllt deinen ganzen Körper, jede Zelle.
Und gleichzeitig spürst du dein Lichtwesen, das dich führt, das dich begleitet auf deinem richtigen Weg, auf deinem Lichtweg zur Heilung deiner Seele und deines Körpers. Lasse sie dich führen, lasse sie dich begleiten.
Und nun füllt sich dein ganzer Körper, jede Zelle durch deinen Lichtkanal mit orangem Licht. Oranges Licht steht für Wärme, Geborgenheit, Fallen-lassen-Können in dem Vertrauen des

Lichtes – diese Qualität hat dieses orange Licht. Und jede Zelle deines Körpers füllt sich damit an.
Und nun füllt sich dein ganzer Körper mit gelbem Licht, strahlend gelbem Licht, in deinem ganzen Körper, in jeder Zelle und jedem Organ zur Stärkung deiner Lichtkraft, deiner wahren Kraft in deinem physischen Körper.
Noch immer bist du in tiefster Verbindung mit deinem Lichtwesen. Spüre tief in dir diese Verbindung, diese Einheit mit dir, dieses Einssein mit dir; und je mehr du dich einlässt, desto mehr lässt du dich führen und leiten. Und in diesem tiefen Bewusstsein der tiefen Verbundenheit spüre dein Licht in dir. Jede Zelle deines Körpers füllt sich mit deinem wahren Licht, deiner wahren Kraft, deinem Vertrauen zu dir. Mit deinen ganzen Talenten, Fähigkeiten und mit deinem ganzen Potenzial in dir füllt sich dein ganzer Körper, jede Zelle – spüre dich ganz in dir. Und aus jeder Zelle strahlt dein Licht, deine Liebe; es umgibt dich und hüllt dich ein – spüre dich ganz in deiner Kraft; in dir und um dir sind deine Liebe und dein Licht.
Oberhalb deiner wunderschönen Lichtkugel entsteht ein silbernes Licht, eine silberne Lichtkugel, und das silberne Licht fließt über deine Lichtkugel herab als Schutz, damit du immer mehr und mehr in dir bleiben kannst.
Ich bitte nun auch deine zuständigen Lichtwesen, dass sie 6 m oberhalb deines Kopfes, wo sich deine Göttlichkeit befindet, für dich einen Lichtkegel in deinem ganzen Körper und um deinen ganzen Körper bis hinunter in die Mutter Erde aufbauen – so bist du immer in voller Verbindung mit deiner Göttlichkeit und in vollem Schutz deines Lichtes.

Erde dich tief in die Mutter Erde. Stelle dir vor, wie Wurzeln aus deinen Fußsohlen tief in die Mutter Erde wachsen; und dein Kern des Lichtes verbindet sich mit dem Kern der Mutter Erde, und der Kern der Mutter Erde verbindet sich mit deinem Kern. So bist du gut geerdet im Hier und Jetzt.
Ganz, ganz langsam öffne wieder deine Augen."

So nun weißt du, wie Gabi mit mir arbeitet. Wunderschön und einzigartig!
Angefangen wird die Lichtübung immer damit, dass ich mir in meinem Brustbereich eine wunderschöne Lichtkugel vorstelle, die wie die Sonne aussieht, die ich dann in und um meinen Körper ausdehne. Dann bittet sie meine Lichtwesen, mir dabei zu helfen von oben her einen Lichtkanal bis in die Mutter Erde zu erschaffen, den ich ebenfalls in und um meinen Körper ausdehne und somit entsteht in diesem Lichtkanal eine Transformationsspirale, in die ich all meine Gedanken, Gefühle und Worte hineingeben darf, die mich in irgendeiner Art und Weise belasten.
Gabi nimmt bei ihren Lichtübungen immer wieder die Hilfe von Lichtwesen an, weil sie dann ganz genau weiß, dass es zu 100% funktioniert. So sind es zum Beispiel Erzengel Gabriel, der alles reinigt, Erzengel Raphael, der für die Heilung zuständig ist und Erzengel Michael löst alle Bindungen, die mehr schaden als helfen.
Weiters hat sie eine rote, orange und gelbe Lichtkraft zu Hilfe genommen, die mir mehr Kraft, Wärme, Geborgenheit gaben und zur Stärkung meiner Lichtkraft eingesetzt wurden.

Da Gabi mir bei einer vorherigen Therapieeinheit mitgeteilt hat, dass ich verstärkt die Verbindung zu meinem Lichtwesen

aufnehmen kann, fragte ich sie bei dieser Sitzung einfach, wie ich das machen kann.
Und so ließ sie mich bei dieser Lichtübung ganz bewusst mein Lichtwesen spüren. Ich kann dir nur berichten, dass es ein vertrautes Gefühl war. Ich kannte es bereits und freute mich sehr, dass ich es endlich zuordnen konnte. Gabi bestätigte mir auch eine gute Verbindung mit meinem Lichtwesen, die aufgrund meiner intensiven Lichtübungen zustande gekommen ist. Auch hier bestätigt sich eine Grundregel fürs Leben: **„Du musst zuerst immer etwas geben, um anschließend etwas erhalten zu können!"** Dass ich so etwas Wunderbares erhalten habe, ist unbeschreiblich schön, und dafür bin ich von ganzem Herzen dankbar. Danke Gabi, danke, mein liebes Lichtwesen!

Das silberne Licht über meiner Lichtkugel dient einerseits als Schutz und bewirkt andererseits, dass ich viel besser und intensiver bei mir bleiben kann, egal, was rund um mich passiert.
Da wir ja von sehr vielen verschiedenen Dingen umgeben sind, beobachten wir auch diese Dinge. Je mehr Aufmerksamkeit wir diesen Dingen geben, umso mehr beeinflussen sie uns. Wirken sich diese Dinge positiv auf uns aus, ist es unbedenklich und sogar gut, uns weiterhin darauf zu konzentrieren. Sind sie hingegen negativ, wirkt sich das auch negativ auf unser Leben aus. Das beste Beispiel für eine negative Beeinflussung ist das Fernsehen. Tipp von mir: **Sieh ganz bewusst fern!**

Es gibt viele Dinge, über die sich jeder aufregen kann und viele Dinge, über die sich jeder freuen kann. Was meine ich damit? Lass es mir dir anhand eines Beispiels nochmals verdeutlichen.

Es gibt weder „schlechtes" noch „gutes" Wetter, es gibt nur das Wetter und unsere persönliche Reaktion darauf. Für den einen ist ein heißer Sommer ein wahres Vergnügen, und für den anderen wiederum ist er die reinste Qual.
Deshalb ist es so wichtig, dass jeder bei sich bleiben kann, egal, was um ihn herum passiert.

Der Lichtkegel, der mich immer mit meiner Göttlichkeit verbindet, gewährleistet, dass ich in vollem Schutze meines Lichtes bin und bleibe.
Da wir Menschen ja auf dem Planeten Erde leben und bei dieser Lichtübung uns in anderen Sphären bewegen, ist die Erdung am Ende einer jeden Lichtübung von großer Wichtigkeit.

Ich denke, nachdem du jetzt diese Details über eine meiner Lichtübungen erhalten hast, wird dir immer klarer, warum ich meinen damaligen Unfall als Glücksfall und großes Geschenk betrachte. Und ich kann dir sagen, es werden noch einige Informationen folgen, die ich als sehr wertvolle Geschenke ansehe.

Gabi erzählte mir nach der Behandlung, dass sie bei dieser Therapie besonders auf die Lichtspirale eingegangen ist. Sie hat mit der Lichtspirale ganz bewusst an meinem physischen Körper, speziell an meinen Beinen, an den Zellen meiner Beine und an der Struktur der Zellen meiner Beine gearbeitet. Somit können sich die Lähmung und alles, was da an Negativem gespeichert ist, langsam auflösen. ***Fabelhaft!***

Auf die Frage, wie ich den Draht zum Universum verstärken kann, hat Gabi mir folgende Antwort gegeben:
„Du musst so leben, als ob du es jetzt schon hättest; du musst es dir wert sein; erlaube es in dir zu denken und zu fühlen, als ob sich dein Herzenswunsch jetzt schon realisiert hätte und alle Energien, die danach kommen und dich von deinem Ziel abbringen, kannst du in der Lichtspirale auflösen. Das Wichtigste ist, in dieses Gefühl hineinzugehen, dass du es jetzt schon bekommen hast und es mit all deinen positiven, konstruktiven und harmonischen Gedanken unterstützt! Vertraue dir, denke und fühle, wie du es jetzt schon hast – du musst es dir erlauben, zu besitzen! Ganz wichtig ist, das Ganze in diesem Vertrauen, loszulassen; und wenn du wieder daran denkst, dann mache dies mit klaren Vorstellungen; fülle dich mit diesem Gefühl (Freude, Erleichterung, Freiheit,...). Lerne und denke um, dass du es jetzt schon hast und bedanke dich schon im Voraus, dass du es jetzt hast."
Der Grund warum wir unsere Herzenswünsche so selten erfüllt bekommen, liegt darin, dass wir uns viel zu oft in unserem Mangeldenken befinden. Wir denken ständig an die Dinge, die uns in irgendeiner Art und Weise plagen, wir sprechen mit anderen Leuten darüber und beobachten Dinge, die für die Erfüllung unserer Wünsche wertlos sind. Denn genau, wenn wir diese Haltung dem Leben gegenüber aufrechterhalten, kann es uns nur weitere Umstände bringen, die uns von der Erfüllung unserer Herzenswünsche mehr entfernen als sie uns näher zu bringen.
Wiederum wurde ich von Gabi darauf hingewiesen, dass es enorm wichtig ist, in das Gefühl hineinzugehen, dass ich wieder gehen kann und körperlich vollkommen gesund bin. Die Vorstellungskraft

ist eine Gabe, die wir erhalten haben, und wenn wir sie korrekt einsetzen, kann sie quasi Wunder vollbringen. ***Fantastisch!***

Bei meinen Besuchen bei Gabi habe ich es mir in letzter Zeit zur Gewohnheit gemacht, mir eine Liste anzufertigen, auf die ich Dinge schreibe, die mir unklar sind, beziehungsweise handelt es sich dabei um Fragen, die sich im Laufe der Zeit bei mir eingestellt haben, und die mir Gabi mit absoluter Sicherheit beantworten kann. Meistens passiert etwas in meinem Leben oder im Leben meines Umfeldes, das ich gerne wissen möchte. Also sind die Fragen, die ich Gabi stelle, alle aus meinem Leben gegriffen.

Wenn wir bei Gabi sind, stelle ich ihr meine Fragen der Reihe nach und erhalte wieder mehr Wissen und Kenntnis über das Leben im Allgemeinen.

So habe ich mir die Frage gestellt, wie ich Menschen allgemein unterstützend und helfend zur Seite stehen kann.

Gabis Antwort: Mache für sie eine Lichtscheibe!

„Stelle dir eine Lichtscheibe vor und verstärke das Licht - die Seele von (Name) mit Liebe, Kraft, Vertrauen; mit dem Bewusstsein ihrer/seiner eigenen Kraft in sich, mit dem Bewusstsein ihrer/seiner eigenen Liebe in sich, mit dem Bewusstsein ihrer/seiner eigenen Heiler in sich, mit dem Bewusstsein, erkenne, was du zu lösen hast und mit dem Bewusstsein, erkenne, wer du in Wahrheit wirklich bist. Dann stelle dir vor, wie du diese gefüllte Lichtscheibe auf ihre/seine Seele legst."

Der beste Zeitpunkt, um diese Übung zu machen, ist zwischen 02:00 - 04:00 Uhr in der Früh. Warum? Weil da die Seele aus dem Körper geht, und somit der ganze Verstand und das Ego alleine im Körper zurückbleiben. Die Wirkung beziehungsweise die

Hilfe oder das Licht verzehnfacht sich in dieser Zeit, weil du nur Seele bist.
Ob du, wenn du diese Übung in deinem Leben für andere anwendest, sie tatsächlich um diese Uhrzeit machst, überlasse ich deinem freien Willen. Auf jeden Fall wünsche ich dir damit viel Spaß, und der Erfolg wird dir sicher sein.
Jede Seele hat ihren freien Willen und entscheidet selbst, ob sie das Licht annehmen will. Gabi hat mir gesagt, dass sich im Grunde genommen jede Seele über diese „Lichtgabe" freut. Und jede Freude, die du jemand anderen machen kannst, ist zumindest doppelte Freude. Was gibt es Schöneres!
Ich mache diese Lichtübung immer wieder für meine Familie, Freunde oder Bekannte, und dabei ist mir etwas aufgefallen. Bei manchen Personen verspüre ich ein deutlich stärkeres Kribbeln in meinen Beinen, wenn ich ihnen die Lichtscheibe auf ihre Seele lege. Auf diese Tatsache habe ich Gabi eines Tages angesprochen, und sie hat mir erklärt, dass diese Personen für meine „Lichtgabe" besonders empfänglich sind.
Wie du aus dieser Lichtscheiben-Übung erkennst, genügen relativ wenige Worte, um sehr viel zu bewirken. Ich kann mich noch daran erinnern, dass Gabi mir einmal gesagt hat, dass es **deine Seele lieber hat, wenn du dich klar, prägnant, kurz und bündig anderen Menschen mitteilst**, als wenn du ausführlich und lange um den heißen Brei herum redest. Also nimm dir diesen Tipp zu Herzen, denn dadurch bereitest du deiner Seele große Freude und sparst dir zusätzlich enorm viel Zeit und Energie.

Da du ja mittlerweile aus all meinen Ausführungen von Gabis Besuchen weißt, dass Gabi mit allen Seelen Gespräche führen kann, habe ich dieses Talent von Gabi auf einer ganz anderen

Ebene zur Anwendung gebracht. Ich fragte sie, ob sie mir nachschauen kann, wie es meinem verstorbenen Nachbarn geht. Die einzigen Details, die sie brauchte, um mir darüber Auskunft zu erteilen, waren der Name und der Ort des physischen Todes. Als sie mit ihrer kurzen „Seelenkommunikation" fertig war, erzählte sie mir, dass sich die Seele meines Nachbarn noch immer im Zimmer des Krankenhauses befand, dass er sehr ängstlich und unsicher auf sie gewirkt hat, und sie ihm für den Anfang eine Lichtkugel gemacht hat.

Bei unserem nächsten Besuch habe ich nachgefragt, ob sie bitte nochmals schauen könnte, wie es denn der Seele meines Nachbarn ginge, und sie konnte mir Erfreuliches berichten. Die Seele war sehr, sehr dankbar, weil es ihr schon um so vieles besser ginge, und als Gabi der Seele mitteilte, dass sie es im Licht noch schöner haben könnte, meinte die Seele nur, dass sie hier vollauf zufrieden ist. Irgendwie hat Gabi die Seele dann aber doch dazu gebracht ihre Aufmerksamkeit kurz ins Licht zu richten, und somit war diese Seele im Licht. Ich kann dir sagen, dass das ein sehr erhebender Moment in meinem Leben war, den ich Gabi zu verdanken hatte. Dafür nochmals recht herzlichen Dank, Gabi!

Da die Frau meines verstorbenen Nachbarn in tiefer Trauer über den physischen Tod ihres Mannes war, erzählte ich ihr von meiner geheimen Aktion, und sie war zu Tränen gerührt. Ich hoffe, dass ich ihr damit ihre Trauer etwas einfacher gestalten konnte.

Zusätzlich zu dieser Trauer kam nämlich noch hinzu, dass sich diese Dame einige Wochen nach dem Ableben ihres Mannes beide Hände gebrochen hatte. Und als ihr eine andere Nachbarin zu verstehen gab, dass sie ihr verstorbener Mann zu sich holen

wollte, notierte ich mir diese Aussage, um bei Gabi dieser Thematik auf den Grund zu gehen.
Die Frage, die ich Gabi damals stellte, lautete: „Ist es wirklich möglich, dass ein Verstorbener jemanden zu sich „holen" kann?"
Die Antwort: Jeder Mensch hat seinen freien Willen, und wenn die Person den Wunsch hat, weiterhin das Leben auf der Erde zu genießen, wird das auch so sein. ***Sehr beruhigend!***

Ich habe dir am Anfang des Buches davon erzählt, dass ich vor der Zeit meines Unfalles sehr sportlich war und zuletzt bei einem österreichischen Bundesligaverein in Wien unter Vertrag stand. Selbstverständlich habe ich mir hin und wieder ein Fußballmatch meines Vereins angesehen. Da ich noch einige Spielerinnen und die Trainerin kannte, wurde meistens nach dem Match noch kurz miteinander geplaudert.
Gitti, so heißt die Trainerin meines Ex-Vereins, fragte mich immer, wie es mir so ginge, und was ich so alles mache. Als ich ihr erzählte, dass es mir sehr gut ginge, und ich sehr viel im geistigen Bereich mache, wurde sie etwas neugierig und sagte: „Na ja, dann könnten wir ja etwas gemeinsam auf die Beine stellen!" Ich notierte mir diese Überlegung von Gitti geistig auf meiner Liste und fragte Gabi bei meinem nächsten Besuch, ob es die richtige Entscheidung sei, mit Fußballerinnen im geistigen Bereich zu arbeiten. Sie war hellauf begeistert, was mir zu verstehen gab, dass es sehr wohl richtig und wichtig ist, dass ich mit ihnen arbeite. Um mich optimal auf meine neue Aufgabe vorzubereiten, habe ich ein Seminar (Tagesseminar zum Master Key System von Franz Glanz - den Master Key anwenden heißt: das Leben in die eigene Hand zu nehmen und durch Nutzung Universeller Gesetzmäßigkeiten nach der persönlichen Idealvorstellung

bewusst und effektiv zu gestalten) besucht, das sich genau mit dieser Thematik auseinander gesetzt hat.

10. Jänner 2009

An diesem Tag machten Rupi und ich uns bereits um 05:45 Uhr zu Gabi auf den Weg, da wir um 08:00 Uhr einen Termin hatten, dem ich unbedingt nachkommen wollte. Und zwar aus einem ganz einfachen Grund. Um zirka 15:00 Uhr am Nachmittag durfte ich zum ersten Mal mit meiner Ex-Fußballmannschaft arbeiten, und dafür holte ich noch Rat bei Gabi.

Sie gab mir sehr wichtige Informationen und Übungen zur Hand, die ich mit meiner Ex-Fußballmannschaft besprochen habe, und die ich hier auch gerne mit dir teilen möchte.

- ⊙ Du hast die Kraft in dir, alles zu schaffen.
- ⊙ Du bestimmst, was in dir ist und zwar über deine Gedanken und Gefühle. Deshalb bist auch nur du selbst für dein eigenes Leben verantwortlich. Denn nur du selbst kannst für dich selbst denken und fühlen.
- ⊙ Du hast alles in dir gespeichert, und nur du selbst kannst es ins Positive umwandeln. Positive Gefühle sind die „Umwandler" deines Lebens, wenn du es so willst.

  Dafür hat Gabi mir eine wirklich praktische Übung gegeben: Du kannst dir jetzt ein positives Erlebnis vorstellen und dir dann folgende Fragen stellen: Wie geht es mir dabei? Welche Gefühle kommen zum Vorschein? Anschließend stellst du dir ein negatives Erlebnis vor und stellst dir die gleichen Fragen wie zuvor.

  Bei dieser Übung geht es darum, den klaren Unterschied zwischen positiven und negativen Gedanken und Gefühlen herauszuarbeiten.

- Du selbst entscheidest/bestimmst, ob du im Negativen bleiben willst.
- Du entscheidest immer über dich selbst.
- Je mehr negative Gedanken im Körper gespeichert sind, umso mehr tun diese negativen Gedanken mit dir - das läuft wie ein Programm ab.
- Daher ist es wichtig, deine negativen Gedanken rechtzeitig zu stoppen.
- Es ist unausweichlich, ein Bewusstsein dafür zu bekommen, welche Gedanken du so den ganzen lieben Tag lang denkst, und wie du dich dabei fühlst (Gabi meinte, dass der Mensch so zirka 40.000 Gedanken pro Tag hat!)
- Eine gute Übung, um sich seiner vielen Gedanken bewusster zu werden, ist: Schreibe einen Tag lang all deine Gedanken auf, die dir so durch den Kopf gehen. Steck dir einen kleinen Notizblock ein und schreib dir alles auf. Und am Abend vor dem Schlafengehen, wirst du erstaunt sein, wofür du den ganzen Tag lang deine kostbare Energie aufgebracht hast.

  Mit dieser Übung wird dir sicherlich bewusst, was in dir vorgeht, denn die meisten Gedanken laufen unbewusst ab. Solange deine Gedanken unbewusst sind, wirst du sie immer wieder denken. Sobald dir deine Gedanken und Gefühle aber bewusst werden, kannst du sie ändern.
- Eine Übung, um all deine negativen Gedanken zu beseitigen, schaut so aus: Stelle dir eine Wolke vor und lege alle deine negativen Gedanken in diese Wolke hinein, die dann einfach weiterzieht und somit aus deinem Leben verschwunden ist.

- ⊙ Stoppe die negativen Gedanken so schnell wie möglich, um Chaos zu verhindern. Je mehr du dich in negative Gedanken hineinsteigerst, desto mehr tun sie mit dir (weil du ständig daran denkst und negative Gefühle entwickelst). Wenn du hingegen diese negativen Gedanken gleich im Keim erstickst, wirst du ein viel positiveres Leben führen können.
- ⊙ Eine weitere Übung, um negative Erfahrungen aus deinem Leben zu bekommen, die dir ständig irgendwie unterkommen, ist: Werde dir einer negativen Erfahrung bewusst - sieh sie vor dir - gib ihr einen Rahmen - dann steht das Bild vor dir - verkleinere es - sieh es schwarz/weiß - leg es hinter dir ab - schaffe dir vor dir einen großen bunten, lebendigen Rahmen für dein Zukunftsbild, indem du dir folgende Frage stellst: „Wie möchte ich mich jetzt in dieser Situation sehen?" Deine vergangene Erfahrung ist umgewandelt!
- ⊙ Du gestaltest für dich deine eigene Zukunft. **In diesem Moment ist es wichtig, zu welchen Gedanken, Überzeugungen und Aussagen du dich entscheidest.** Denn diese Gedanken und Worte werden deine Zukunft gestalten. **Deine Macht ist in genau diesem Augenblick allgegenwärtig** und gestaltet die Erfahrungen von morgen, nächster Woche, nächstem Monat, nächstem Jahr und so fort. Du kannst feststellen, welchen Gedanken du im Augenblick denkst. Ist er negativ oder positiv? Willst du, dass dieser Gedanke deine Zukunft gestaltet? Achte nur darauf und sei dir dessen bewusst! Wie lange du schon ein negatives Verhaltensmuster in dir hast, ist vollkommen egal. **Macht steht dir in diesem**

Augenblick zur Verfügung. Wie wunderbar, dass du das jetzt erkannt hast! Von diesem Augenblick an beginnst du, frei zu sein!

- Eine weitere Übung wäre: Bewusst in eine bestimmte Situation hineinzugehen, über die du ständig nachdenkst und stell dir die Fragen: „Was denke ich in dieser Situation? Welche Gefühle kommen dabei in mir hoch?" So lernst du dich immer besser und besser kennen. Beobachte dich und liebe dich dafür, dass du jetzt einen besseren Menschen aus dir machen willst. Anerkenne dein vergangenes Verhalten als Lernphase und mache es jetzt einfach besser, liebevoller, freudvoller und harmonischer.
- Die letzte Übung, die mir Gabi mit auf den Weg gab, kennst du zwar schon, aber aufgrund ihrer Wichtigkeit, werde ich sie dir nochmals aufschreiben.

  „Spüre in dich hinein, wie dein größter Herzenswunsch <u>jetzt</u> schon ist! – Nur das Gefühl dazu. Wie fühle ich mich, wie spüre ich es, wenn ich ihn <u>jetzt</u> schon habe? Und ich bedanke mich schon vorher, dass ich ihn <u>jetzt</u> schon habe."

  Als Beispiel möchte ich dir diese wahre Begebenheit erzählen. Gabi wollte ein eigenes Auto. Um dieses Auto zu bekommen, ging sie nur in das Gefühl der Freiheit, das ihr dieses eigene Auto vermittelt hat; mit diesem Freiheitsgefühl hat sie sich immer wieder gefüllt. Eines Tages hat ihr Mann dann zu ihrer vollkommenen Überraschung gesagt: „Komm, lass uns dein Auto aussuchen gehen!" Sie gingen los und innerhalb kürzester

Zeit hatte sich ihr Herzenswunsch bezüglich eines eigenen Autos verwirklicht.

- Es kann nur das im Außen kommen, was du **in dir** hast!
- Was du in dir hast, das strahlst du aus (z.B.: Angst, Freude, Freiheit).
- Das, was du in dir aussendest, das kommt auch zu dir zurück. Erlaube es **in dir** zu spüren und zu fühlen, wie es jetzt schon ist.

Ich habe an diesem Wochenende und an einem Sonntagnachmittag im Februar 2009 mit dieser Mannschaft gearbeitet; es hat mir viel Spaß gemacht, einem Teil der Mannschaft sicherlich auch, und was jede einzelne Spielerin daraus machen wird, ist dann ihre Sache. Ich habe ihnen sozusagen das Material zur Verfügung gestellt, anwenden und leben müssen sie es aber selber. Leider konnte ich bei nur einem Heimmatch dabei sein, an dem ich der Mannschaft vor dem bevorstehenden Meisterschaftsmatch mit Rat und Tat zur Seite stand. Die Partie haben sie zwar verloren, ich war mit der Einstellung der Mannschaft durchaus zufrieden und habe erkennen dürfen, dass in den geistigen und spirituellen Bereichen, was den Sport betrifft, noch enorm viel Potenzial liegt.
Ich bin mir sicher, dass ich in diesem Bereich mithelfen darf, mehr Licht zu enthüllen.

Wie du aus den obigen Ausführungen und Übungen siehst, liegt dein Leben in deiner eigenen Verantwortung. ***Juchhu!***
Nutze dieses Talent, das allen Menschen in die Wiege gelegt wurde. Übernimm für dein Leben Verantwortung. Damit wirst du

dir Freude bereiten und der ganzen Welt ein immens wertvoller Mitarbeiter sein.
Recht herzlichen Dank schon im Voraus für dein Engagement!

Bei diesem Besuch bei Gabi durfte ich auch lernen, dass alles, was einen negativ emotional bewegt (Ärger, Angst, Zorn, Hass, Neid, Eifersucht, Intoleranz, Unglücklichsein, Wut, Schuld, Enttäuschung, Gier, Ekel, Trauer, Verzweiflung, Kummer, Leid, Ungeduld, Frustration, Verlegenheit, Schamgefühl, Verachtung, Starrsinn, Hoffnungslosigkeit, usw.) noch der Liebe beziehungsweise des Lichtes bedarf. Dafür trifft sich deine Seele immer wieder mit den gleichen Seelen, um Transformation machen zu können.
Mittlerweile weiß ich, dass wir uns zu einem bestimmten Zeitpunkt und an einem bestimmten Ort zur Menschwerdung auf diesem Planeten Erde entschieden haben, um bestimmte Lektionen zu lernen, die uns in unserer geistigen Entwicklung vorwärts bringen. Wir wählen uns unser Geschlecht, unsere Hautfarbe und unser Land aus. Und dann schauen wir nach demjenigen Elternpaar, das die Verhaltensmuster widerspiegelt, die wir mitbringen, um daran während unseres Lebens zu arbeiten. Es ist sicherlich jedem von uns schon passiert, dass wir anklagend mit dem Finger auf unsere Eltern zeigen und jammern: „Ihr habt mir das angetan!" Aber in Wirklichkeit suchten wir sie uns aus, weil sie genau das darstellen, was wir überwinden wollen.

Auch ich habe das Thema Eltern bei Gabi einmal zur Sprache gebracht, und sie hat mir dann eine wirklich tolle Übung erklärt, die ich gerne mit dir teilen möchte.

Bei mir ist es aufgrund meiner Entwicklung so, dass ich hin und wieder unsicher bin, ob ich mich während eines Gesprächs einbringen darf, wenn ich aus meiner Sicht der Dinge das Gefühl habe, dass dieses Gespräch etwas in die Wege leitet, dass sich niemand bewusst erschaffen möchte. Dazu hat mir Gabi folgenden Rat gegeben:
Ich muss mir im Klaren sein, was ich sagen möchte. Dieses Gespräch kann ich im Licht geistig vorbereiten; und wenn ich das mache, kann ich besser bei mir bleiben - in meiner eigenen Kraft. Nachdem ich diese Übung vollzogen habe, kann ich die zuständigen Lichtwesen und Engel um ein Zeichen für den richtigen Zeitpunkt bitten, dieses vorbereitete Gespräch mit der betreffenden Person in die Tat umzusetzen.
Diese Übung sieht wie folgt aus:
„Aus meiner Seele kommt ein Lichtstrahl und verbindet sich mit ihrer/seiner Seele. Du sprichst in dieser Verbindung ein Seelengespräch. Ich sage dir, was ich dir schon immer sagen möchte – wie es mir geht, was ich empfinde, was ich denke, was ich will – immer in der Ich-Form. Sobald du in die Du-Form rutscht, greifst du damit an. Als Abschluss verwende ich dann folgende Worte: Ich bin so dankbar, dass du da bist, dass du mir so unendlich viel hilfst, dass du so viel für mich machst (zähle all das Positive auf, das dir an der anderen Person einfällt) – dann verstärke ich das Licht von (Name) mit Licht, Liebe, Vertrauen und Bewusstsein zu sich selber. Ich bitte nun noch um eine Farbe für ihre/seine Seele. Die erste Farbe, die dir in den Sinn kommt, ist die Richtige. Fülle damit die andere Seele. Am Ende formulierst du noch: Ich löse den Lichtstrahl auseinander."

Die Übung kannst du immer wieder machen. Denn bei jeder Wiederholung wird dir immer mehr und mehr einfallen, was du wirklich sagen willst, was dir auf dem Herzen liegt. So kannst du immer mehr durch deine Gefühle beschreiben, was du schon immer sagen wolltest. Wichtig dabei ist, dass dieses Gespräch in klaren und kurzen Worten geführt wird.
Abschließend bittest du deine zuständigen Lichtwesen um den richtigen Zeitpunkt, das alles einmal wirklich zu sagen - dann wirst du den richtigen Zeitpunkt spüren - und dann sagst du das, was du in dir vorbereitet hast.
Wichtig bei so einem Gespräch ist es, ganz klar den Unterschied zu erkennen zwischen „Ich will einmal mit dir reden" und **„Ich möchte dir jetzt etwas sagen, und ich bitte dich, mir zuzuhören"** (nur in der Ich-Form sprechen). Anschließend geht ihr in aller Ruhe auseinander.
Damit stellst du sicher, dass deine Gefühle von deinem Gegenüber akzeptiert werden. Ihr könnt euch nach deinem Gespräch einen Zeitpunkt ausmachen (am nächsten Tag oder in den nächsten Tagen), an dem du dich dann bereit erklärst: **„Hast du mir jetzt etwas zu sagen, wobei es nur um dich geht, dann hör ich dir jetzt zu!"** Und dann ist es genauso wichtig, dass du die Gefühle deines Gegenübers so im Raum stehen lässt. **Erlaube es dir selbst, deine Gefühle und die deines Gegenübers anzunehmen.**
Wir Menschen wollen immer wissen „WARUM" - das einzig Wichtige dabei ist, die **GEFÜHLE DES ANDEREN ZU AKZEPTIEREN.**
So können Gespräche im Allgemeinen ablaufen. Mit dem Lichtstrahl kannst du sie gut vorbereiten, du bist dadurch gestärkt, und du kommst immer tiefer in dich rein und wirst immer klarer.

Es kann Wunder wirken, wenn du dem Partner etwas sagst (in der Ich-Form) und ihn/sie bittest, einfach nur zuzuhören. Danach stellst du die Frage: „Wie geht's dir wirklich?" Ich hör dir jetzt zu! So wäre die richtige Gesprächskultur zwischen zwei Menschen, die sich einander mitteilen wollen. Probier es aus und viel Spaß dabei!

Bevor ich zu meiner Lichtübung komme, möchte ich dir eine Geschichte erzählen, die mir Gabi an diesem Tag noch mit auf die Reise gab. Als Gabi einmal in einer Trafik stand, um ihren Einkauf zu erledigen, stand vor ihr ein Mann, der einen Lottoschein mit folgenden Worten aufgab: „Gemma hoit heut wieda den Lottoschein auf, a waun i jetzt scho was, das i eh nix gwinna werd!" Daraufhin entgegnete Gabi diesem Mann: „Warum geben sie diesen Lottoschein auf, wenn sie schon im Vornherein wissen, dass sie erfolglos bleiben werden?"
Ich denke, dass diese wahre Geschichte ein sehr gutes Beispiel dafür ist, dass wir im Leben etwas unbedingt haben wollen, es aber mit unseren Gedanken und Gefühlen von uns fern halten.
Dieser Mann wollte mit Sicherheit im Lotto gewinnen. Das war seine Absicht. Jedoch hat er diesen Lottogewinn durch seine Aussage bei der Abgabe des Lottoscheines weit von sich entfernt.
Wenn du etwas Positives in deinem Leben verwirklicht haben willst und ständig negative Worte darüber verlierst, wird sich das Negative in deinem Leben durchsetzen.
Deshalb ist es von sehr großer Bedeutung, dass du dir erstens klar wirst, was du von deinem Leben in allen Bereichen Abschnitt für Abschnitt wirklich willst und zweitens, dass du deine Gedanken, Worte und Gefühle in positiver Art und Weise dazupassend denkst, formulierst und fühlst.

Ich hoffe, dass ich dir mit diesem Beispiel gezeigt habe, welch enorme Macht und Kraft in dir steckt. Jetzt ist es wichtig, dass du dir dieser Macht und Kraft bewusst wirst, sie also in dir verinnerlichst, indem du sie ständig in deinem Leben anwendest. Dann wird diese Macht das Alltäglichste in deinem Leben sein, wie Zähneputzen oder Autofahren. Viel Spaß dabei!

Anschließend machte Gabi mit mir meine Lichtübung. Nachdem sie damit fertig war, fragte ich sie: „Wie geht es mir eigentlich?"(gemeint ist damit meine Seele)
Ihre Antwort: „Ja super gut geht's da, sehr gut!"
Gabi spürt immer mehr, wie die Energie runter in meine Beine geht und zwar schon total gut. Und natürlich ist meine Seele darüber sehr erfreut.
Sie meinte, dass sie heute ganz speziell die Heilenergie vom Erzengel Raphael gespürt hat, und deswegen hat sie in jede Zelle den Auftrag gegeben, dass alles in Heilung gebracht wird. Vielen herzlichen Dank dafür, Gabi!

Wenn in deiner Wohnung oder deinem Haus irgendwelche Umbauarbeiten am Programm stehen, kann ich dir folgende Übung ans Herz legen, die du für mindestens 14 Tage täglich durchführst und dich von deinem Gefühl leiten lässt.
„Ich bitte um 4 Lichtsäulen für diesen Raum/dieses Gebäude, diese verbinden sich zu einer Lichtsäule und jegliche Energien, die niedriger sind als das Licht, lösen sich auf; ebenso lösen sich jegliche Energien, die niedriger sind als das Licht, der Personen auf, die hier arbeiten. Und ich fülle das Licht mit gegenseitigem göttlichen Verständnis, Kraft, Vertrauen, Mut, Ausdauer, Leichtigkeit und Einfachheit. Ich bitte alle

Lichtwesen, die zuständig sind, dass alles in Liebe geschieht, in diesen Raum/dieses Gebäude zu kommen. Danke."
Du wirst überrascht sein, wie einfach und gut alles funktioniert.

Zwei weitere Übungen möchte ich dir mit auf deinen Weg geben, die sehr wenig Zeit in Anspruch nehmen, aber eine gewichtige positive Auswirkung auf dich haben werden.
<u>Am Morgen vor dem Aufstehen:</u>
Mache dir die Lichtkugel und anschließend die silberne Lichtkugel über deine Lichtkugel als Schutz.
<u>Am Abend vor dem Einschlafen:</u>
Mache die Lichtkugel und schlafe ein!

Wie du dir die Lichtkugel machen kannst, kannst du aus meiner ersten Lichtübung, die ich dir beschrieben habe, entnehmen. Danke für dein Verständnis, dass ich dir etwas Selbstständigkeit zumute.

28. Februar 2009

Zu Beginn hatte Gabi wieder zwei Buchtipps und eine neue CD für mich bereit. Eines der beiden Bücher kannte ich bereits und bestätigte mir abermals, dass ich am richtigen Weg bin.
Dann begann ich mit meinen Fragen.
Die erste lautete: Was ist der Unterschied zwischen Geist und Spirit?
<u>Die Antwort:</u>
Spirit ist das Göttliche in jedem, die Seele, mit ihren 7 Schichten: **Ich bin Liebe, Licht, Bewusstsein, Freude, Friede, Kreativität und Eins** - werde zum Meister deines Lichtes! Die Seele - der Spirit - ist immer da, du brauchst nur all diese

positiven Eigenschaften zulassen und leben, dann wirst du den Himmel auf Erden haben, wie es so schön in der Bibel steht. Spirit ist der wahre Kern in dir, der immer da war, ist und sein wird, egal, was in deinem Leben gerade passiert, wie du dich verhältst oder was dir in deinem Leben momentan am Wichtigsten erscheint.

Die Seele ist immer da und freut sich sehr, wenn du sie wieder entdeckst, ihr deine Aufmerksamkeit schenkst und die Eigenschaften deiner Seele bewusst lebst. Dann blüht deine Seele auf, dann wächst sie und als Folge dieser Wiederentdeckung und Wertschätzung deines wahren Seins strahlt sie in dir und aus dir heraus, sodass dir ein Leben zuteil wird, das dir das Gefühl von Freude und Freiheit vermittelt.

Du kannst deine Seele mit einer Blume vergleichen. Kümmerst du dich um diese Blume täglich, indem du liebevoll mit ihr sprichst, indem du sie pflegst und hegst, indem du ihr immer wieder Wasser als Nahrung gibst, indem du sie an einen für sie optimalen Platz stellst und indem du dich über ihr Dasein freust, wird dir diese Blume all dein Bemühen mit ihrer wunderbaren Pracht zeigen.

Lässt du die Blume aber Blume sein, dann wird sie verwelken und eines Tages wirst du sie aus deinem Haus oder Garten entfernen.

Und genauso ist es auch bei deiner Seele. Wenn du täglich liebevoll, ganz bewusst, freudvoll, friedvoll und kreativ mit dir und mit allen anderen Personen, Tieren oder Dingen umgehst, die du triffst, die ebenfalls eine Seele haben, dann berührt automatisch bei diesem Kontakt deine Seele die Seele des anderen, und dann seid ihr beide EINS. Und genau darum geht es in unser aller Leben.

Wenn es dir egal ist, ob du deiner Seele eine Freude machen kannst, dann verkümmert sie, bleibt aber immer noch ein Teil von dir, der dir immer wieder die Chance gibt, zu ihr und damit zu deinem wahren Sein zurückzufinden. Auch in diesem Fall liegt es ganz allein bei dir, wie sehr du dich um deine Seele mit diesem Wissen kümmern willst.

Durch deinen Geist kannst du bewusst oder unbewusst darüber entscheiden, wie du dich in bestimmten Situationen verhältst, welche Einstellung du dem Leben gegenüber hast und damit ergeben sich dann die Erfahrungen, die dir im Leben zuteil werden.
Auf diese Thematik werde ich später noch einmal auf eine etwas andere Art und Weise eingehen. Wie du siehst, bleibt es sehr spannend und interessant, wenn du dabei bleibst.

Ich habe ja schon von meiner geistigen, seelischen und spirituellen Unterstützung meines Ex-Fußballvereines gesprochen. Kurz bevor die Meisterschaft wieder losging, fragte ich Gabi noch um einen Motivationsspruch, den ich den „Mädels" zur Unterstützung und Stärkung zukommen lassen wollte. Bevor ich dir diesen Spruch verrate, möchte ich festhalten, dass du diesen Spruch eigentlich in jeder Lebenslage anwenden kannst. Dabei habe ich wieder einmal erfahren dürfen, dass die Dinge, die dir weiter helfen können, sich oft als sehr einfach darstellen. Die Spannung steigt und hier präsentiere ich dir den tollen und sehr wirkungsvollen Spruch, den Gabi mir gesagt hat:

„ICH SCHAFFE ALLES!"

„Sei in dieser Kraft und fühle sie von innen her - fühle in dir, wie du alles schaffst!
Fühle und spüre es in dir, wie es jetzt schon ist, dass du alles geschafft hast – fülle deinen ganzen Körper von innen an und von dort aus nimmst du deine Kraft – immer wieder. Fühle und spüre in dir, wie du es jetzt schon hast, bleibe in dieser Kraft und von dieser Kraft aus, schaffst du es. Fülle von innen her deinen Körper mit diesem Gefühl an, dass du alles schaffst."
Das Wichtigste bei diesem Spruch ist, dass du dieses Gefühl zulässt und spürst und dir ganz ehrlich die Frage stellst: „Was löst diese Aussage in mir energiemäßig aus?"
Also für mich persönlich versetzt dieser Spruch Berge.
Zu diesem Spruch kann ich nur sagen: „PERFEKT und vielen herzlichen Dank, Gabi."
Mach dich also ans Werk und fülle dich mit diesem Gefühl, dass du **alles** schaffst.

Ich kann dir aus meiner Erfahrung sagen, je mehr du für alles offen bist, umso mehr kann sich etwas im Leben bewegen. Wenn du dann etwas in deinem Leben gefunden hast, das dich begeistert, das dir absoluten Spaß macht und Freude bereitet, dann hast du im wahrsten Sinne des Wortes dein Glück gefunden.
Und genau so ist es mir bis jetzt ergangen. Ich habe vom ersten Tag meines Unfalls gewusst, dass ich meinen Weg gehen werde, dass ich auf alle Fälle dran bleiben werde, und so sind mir die vielen liebenswerten Menschen zu Hilfe gekommen, um mich bei meinem Lernprozess zu unterstützen. Aus heutiger Sicht weiß ich, dass ich viel habe lernen dürfen, und dass ich mich weiterentwickelt habe, weil ich Spaß daran habe, was ich so alles in diesem wunderbaren Leben seit meinem Unfall erleben durfte.

Ich habe Dinge über das Leben erfahren dürfen, für die ich sehr, sehr dankbar bin. Ich weiß jetzt über das Leben an sich mehr Bescheid als früher, wende mein Wissen so gut es geht an und freue mich immer wieder auf neue Dinge, die mir widerfahren, die sehr spannend und interessant sind.

Ein neues und „sehr hohes" Werkzeug, dessen bin ich mir auch bewusst, hat mir Gabi an diesem Termin mitgegeben.
Sie hat dieser Übung den Titel „**Lichttier**" gegeben:
„Du kannst für jede Situation oder jedes Problem ein Lichttier um Hilfe bitten. Du verbindest dich mit deinem Licht und bittest im vollsten Vertrauen auf dein Lichtwesen darum, dass dir das richtige Lichttier für diese Situation erscheinen mag. Schicke dann dieses Lichttier in diese Situation und bitte dafür, dass es eine Lösung oder Antwort findet, wie es für dich passt. Dann lass es gedanklich los!"
Du kannst um ein Lichttier bitten:

a) für alles im Allgemeinen
b) für eine ganz bestimmte Situation

Du musst vollstes Vertrauen haben, denn es funktioniert einwandfrei und immer!
Wenn es geschehen ist, bedanke dich bei deinem Lichttier für seine Arbeit recht herzlich!
Nachdem Gabi uns von diesem Lichttier erzählt hatte, habe ich es für mich ausprobiert und einige Lichttiere verschickt.

Ilse: Heilung = Elefant = Kraft
Eltern, Zuhause = Katze = liebevoll, wendig
Beruf = Singvogel = Einfachheit, Leichtigkeit, in Freude sein
Für alles im Allgemeinen = Gepard = ich schaffe alles

Weitere Bedeutungen der Tiere, die bei uns zum Einsatz gekommen sind:
Fisch = alles fließt
Hase = wendig, springend (z.B. mühsame Diskussionen überspringend)
Reh = Schnelligkeit
Wie du siehst, zahlt es sich auf alle Fälle aus, an sich zu arbeiten, denn man erhält von überall Hilfe!

Gabi nannte mir am Anfang unseres Gespräches zwei Bücher, die mir auf meinem Weg weiter helfen können. Und in einem dieser Bücher war eine ganz tolle Übung beschrieben, die mir Gabi mit ihren eigenen Worten nochmals erklärte.
Bei dieser speziellen Atemübung geht es darum, dass du dir bei jedem Einatmen vorstellst, wie du von oben und unten das LICHT einatmest – dabei handelt es sich um das Licht vom Universum (oben) und von der Mutter Erde (unten). Danach verbindest du dieses Licht mit deinem eigenen Licht und beim Ausatmen gibst du dieses Licht an die Stelle des Körpers, die Heilung braucht.
„Atme dein Licht, deine Kraft auf diese Stelle deines physischen Körpers, wo du Heilung benötigst, und es wird Heilung geschehen! (Das ist gut und funktioniert!)
Dann wirst du dir immer mehr bewusst, dass du dein Heiler in dir selbst bist."

Ergänzend möchte ich dir diese spezielle Atem-Lichtübung aus dem besagten Buch (Barbara Bessen: Kryon – Neue Botschaften des Lichts, S. 122-123) zitieren, damit du ein noch besseres Verständnis dafür bekommst.

PRANAATMUNG:

„Du konzentrierst dich bei der Atmung auf dein Herz, dann auf den unteren und den oberen Bereich deines Körpers. Dort bist du unten mit der Mutter Erde verbunden und im oberen Bereich mit der geistigen Welt. In der Mitte deines Körpers Richtung Himmel und Erde befindet sich deine Pranaröhre, eine Energieleitung, die dich mit Energie aus der Quelle versorgen kann. Wenn du beim Einatmen die Energie von oben und unten in deine Mitte, in dein energetisches Herz, gemeinsam einziehst, dort in deinem Herzen sammelst, etwas verweilst und dann die Energie ganz gezielt in jede Körperzelle aussendest, füllst du dich mit göttlicher Energie auf. Diese Atmung betreibe so oft wie möglich. Du wirst eine körperliche und seelische Veränderung spüren. Du fühlst dich klarer und feiner, denn es ist ein Prozess der Reinigung auch in anderen Bereichen. Du kannst den Drang spüren, dein Heim von alten Möbeln und angesammelten Dingen, die dir ohnedies schon lange im Wege sind, zu reinigen. Deine Zellen werden sich dann ganz anders anfühlen, wenn du diese Atmung in dein tägliches Dasein einfügst. Es strömt eine wunderbare Energie durch deine Zellen hindurch – wie ein Lichtstrahl."

Ob du diese Art der Atmung bei dir anwendest und sie so in dein Leben integrierst, ist wie bei allen Dingen in deinem Leben dir selbst überlassen!

24. April 2009

In meinem Umfeld hat jemand die Diagnose Krebs erhalten. Da ich jetzt weiß, dass wir selber für unser Leben und somit für unseren Körper, mit dem wir uns ja tagtäglich durch die Gegend bewegen, verantwortlich sind - dass alles, was mit uns passiert, wir selbst durch unsere Gedanken und Gefühle verursachen, die wir den ganzen lieben Tag oft sehr unbewusst hegen und pflegen, bin ich der Meinung, dass wir die Macht in uns haben, dieses Problem auch wieder aus der Welt zu schaffen.
Daher meine Frage an Gabi: „ Ist er bei dieser Person schon zu weit fortgeschritten, als dass sie ihn seelisch/geistig hätte lösen können? Ihre Antwort: „Ja. Wir Menschen dürfen die Hilfe von anderen (auch von Ärzten) annehmen. Diese Person darf die Dankbarkeit erkennen, dass sie wieder an ihrem Leben Freude haben darf. Bitte die Engel um den richtigen Zeitpunkt und verwende dann klare und kurze Worte, um ihr dies mitzuteilen."

In diesem Augenblick musste ich zur Kenntnis nehmen, dass jeder Mensch seinen eigenen Weg geht. Jeder entwickelt sich auf seine Weise und erlebt somit ein Leben, das er sich selbst erschaffen hat. Ich akzeptiere den Weg, den diese Peron eingeschlagen hat und unterstütze sie, so gut es mir möglich ist.
Die Frage, ob ich meiner Familie und meinem Bekanntenkreis mein Wissen in Form eines Vortrages mitteilen darf, wurde von Gabi mit einem klaren „Nein" beantwortet. Sie meinte, dass es von ihrer Seite eher als eine Art Belehrung angesehen werden würde, weil da viel zu viele emotionale Dinge mitspielen.
„Wenn sie soweit sind, werden sie von alleine kommen", waren Gabis Worte! ***Alles klar!***

Ich habe mir Anfang April 2009 ein astrologisches Horoskop in der Tradition der Kabbalah (davon habe ich dir ja schon berichtet) erstellen lassen, bei dem sehr spannende und informative Dinge über mich herausgekommen sind.
Zuerst fragte ich Gabi, ob diese Dinge, die diese Dame bei mir gesehen hat, der Tatsache entsprechen. Sie sagte, ja.
„Okay", dachte ich mir, „dann muss ich dir jetzt eine Frage stellen, und ich weiß auch, dass du mir bei der Lösung helfen wirst können."
Also, diese Dame hat mir erzählt, dass ich schon zu Zeiten von Jesus auf dieser Erde war und mich in seiner Nähe aufgehalten habe. In dieser Zeit wurde aber ein Fluch über mich verhängt, den es jetzt aufzulösen gilt. Daher meine Fragen:
Wer war ich zur damaligen Zeit? Und um welchen Fluch handelte es sich dabei?
Gabi schaute nach und berichtete mir anschließend Folgendes:
Ich war ein Gegner Jesu und hielt sehr wenig von seinen Lehren. Den Fluch, den ich mir damals deswegen selbst auferlegt hatte, lautete: „Wenn ich nicht will, kannst du mich nicht heilen!"
Am Ende dieses Lebens bin ich dann doch noch einsichtig geworden, doch da war es für diese Inkarnation schon zu spät.
„Hallelujah", dachte ich im ersten Augenblick, ich bin doch tatsächlich schon eine sehr erfahrene Seele.
Gabi hat sich dieses Fluchs besonders bei der Lichtübung angenommen.

Da in meinem Bekanntenkreis sehr viele Frauen momentan Kinder bekommen, habe ich Gabi gefragt, wie das Geschlecht eines Kindes tatsächlich erklärt werden kann. Ihre Antwort: Die Seele, die sich entscheidet wieder auf die Erde zu kommen, bestimmt das Geschlecht! ***So ist das also, danke!***

Auf die Frage, ob ich das Werkzeug der Lichttiere bei anderen als Hilfestellung einsetzen darf, beantwortete sie mir so. Eigentlich darf ich es nur für mich anwenden beziehungsweise nur dann für andere, wenn ich persönlich anwesend bin.
Gut, dann werde ich es so machen!

Da mich die Trainerin von meinem ehemaligen Fußballverein darum gebeten hat, am 24. Mai 2009 ein Match mitzucoachen, habe ich Gabi darum gebeten, dass sie nachschaut, ob ich das tatsächlich machen darf. Ja. Zusätzlich kann ich noch Lichtsäulen machen und alles (Angst, Unsicherheit, fehlendes Selbstbewusstsein,...) auflösen. Gesagt, getan!

Mitte April 2009 stand bei mir ein Klassentreffen an, dem ich einige Zeit beiwohnte. Als ich mich dann beim Gehen von meinen ehemaligen MitschülerInnen verabschiedete, kam ich mit einer Mitschülerin noch kurz ins Gespräch, die erst vor kurzem ihren Vater verloren hatte. Auf die Frage, wie es ihr denn ginge, antwortete sie, dass es erst jetzt alles so richtig hochkommt. „Zuvor bist du von all den organisatorischen Dingen abgelenkt, aber jetzt habe ich mehr Zeit, mich an die schönen Zeiten mit ihm zu erinnern."
Ich bot ihr an, Gabi zu bitten, dass sie etwas für seine Seele tut. Sie bedankte sich bei mir, und so bat ich Gabi bei unserem nächsten Treffen nachzuschauen, wie es dieser Seele denn ginge.
Gabi meinte nur, dass diese Seele sehr hin- und hergezogen wird; sie könnte von sich aus schon loslassen, aber die Familie hält sie

innerlich noch fest. Sie hängt irgendwo. Gabi hat ihr eine Lichtkugel gemacht und sie mit dem blauen Licht von Erzengel Michael umgeben, damit sie sich besser lösen kann. Gabi hat gesagt, dass sie so richtig befreit aufgeatmet hat!
Bei meinem nächsten Besuch bei Gabi werde ich nochmals nachfragen, aber ich denke, dass sie sich schon von ihrer Familie hat lösen können.

Als Nächstes habe ich Gabi erzählt, dass ich in letzter Zeit über meinem Kopf dunkle Pünktchen und einen Schleier gesehen habe. Auf meine Frage, was das war, meinte Gabi, dass es sich dabei um Raumenergien gehandelt haben muss, die ich wahrgenommen habe. ***Na bitte!***

Ein weiterer Tipp von Gabi an diesem Tag lautete: Fühle bei all deinen Wünschen: **„Das will ich und das hab ich jetzt schon!"** Hab Freude daran.
Außerdem kannst du für dich den Zeitpunkt genau festlegen, bis wann sich etwas manifestiert. ***Okay, das mache ich!***

Nach der Lichtübung hat Gabi gesagt, dass die Heilenergie gut in die Beine hinunter gegangen ist und dass sie grüne, violette und gold-weiße Lichtkristalle gesehen hat. Das sind Heilfarben. ***Herz, was willst du mehr!***

19. Juni 2009

Meine erste Frage stellte ich Gabi wegen des Vaters meiner ehemaligen Schulkollegin. „Wie geht es dieser Seele", lautete meine Frage. Gabi wollte noch einmal den Namen und das Sterbedatum wissen, damit sie alles richtig hinterfragen konnte.

Dann kamen folgende Antworten: „Er ist schon weiter oben in Richtung Licht – es geht ihm schon wesentlich besser."
Dann hat sie kurz die Augen wieder aufgemacht und mich angesehen. Ich saß nur da und schaute sie an, dann schloss sie nochmals ihre Augen und sagte dann: „So, jetzt geht er mit ins Licht und ist schon drin!"
Ich bedankte mich recht herzlich bei ihr für ihre Hilfe und dann kam schon meine nächste Frage.

„Wie hat sich meine letzte Behandlung ausgewirkt? Hast du alles lösen können?"
Gabi hat nachgeschaut und festgestellt, dass ich den mir selbst auferlegten Fluch beseitigen konnte. ***Juchhu!***

Anschließend habe ich Gabi gefragt, ob sie mit der folgenden Aussage etwas anfangen kann: „Der Vollmond beeinflusst unser Seelenleben!"
Gabi hatte sofort eine Antwort parat. Sie meinte, dass sie bei ihr zuhause sogar ein kleines Büchlein habe, in dem über diese Thematik genauer Auskunft gegeben wird. Sie könne mir nur so viel sagen, dass bei Vollmond viel Kraft in diesem Tag liegt, dass du dir bei Neumond deine Wünsche aufschreiben kannst, die du verwirklicht haben willst, dass du bei abnehmendem Mond besser loslassen kannst, und dass du bei zunehmendem Mond viel Energie aufnehmen kannst, sofern du dir dieser Tatsache bewusst bist und dich intensiv mit dir selbst beschäftigst. Daher meine Empfehlung: Probier es einfach aus!

Ich habe dir ja schon erzählt, dass mir die Dame, die bei mir ein kabbalistisches Horoskop erstellt hat, von einem Wunder

gesprochen hat. Ein Wunder deshalb, weil sie mich fragte, wie lange ich denn im Koma war. Worauf ich ihr die Antwort gab, dass ich nur wenige Sekunden bewusstlos war und noch bevor mein Freund zu mir kam, wieder bei vollem Bewusstsein war. Sie sagte mir, dass ich die Absicht hatte, zu gehen - komplett und definitiv. Deshalb nannte sie mein Überleben ein „Wunder"!
Aufgrund dieser Tatsache fragte ich Gabi, ob dieser Unfall tatsächlich ein Wunder war. Hatte ich so etwas wie einen „Schutzengel", dem ich mein Verweilen auf der Mutter Erde zu verdanken habe?
Gabi gab mir zu verstehen, dass die für mich zuständigen Lichtwesen und dazu zählt sicherlich auch mein Schutzengel, mir immer gewillt sind zu helfen, sofern ich sie darum bitte.
Im Bezug auf dieses „Wunder", das da am 22. August 2004 mit mir geschehen ist, teilte Gabi mir mit, dass letztendlich meine Seele es selbst entscheidet, ob sie den physischen Körper verlässt oder bleibt.
Gabi ließ mich noch wissen, dass ich in meinen vielen Vorleben oft frühzeitig gegangen bin.
Ich selbst habe mir schon des Öfteren die Frage gestellt: „Warum bin ich eigentlich hier geblieben? Was ist meine Aufgabe? Was darf ich aus all diesen Umständen lernen?
Also eines ist mir vollkommen klar - ich bin noch hier auf Erden, weil ich noch etwas erledigen darf, weil ich noch gebraucht werde, weil ich für die Menschen und allem Lebendigen auf Erden von Wert bin und weil meine Seele es so gewollt hat, denn die Wahl ist dieses Mal auf „Bleiben und sich dem Leben stellen beziehungsweise sich am Leben erfreuen" gefallen.
Und eines darf ich dir hier an dieser Stelle verraten, ich bin meiner Seele für diese Wahl mehr als dankbar. Dankbar für all

die schönen Momente und Erfahrungen mit den verschiedensten Menschen und Dingen, für all das Wissen und all die neuen Herausforderungen, die mir das Leben gab und weiterhin geben wird.
Okay, das klingt jetzt alles schön und gut, aber die alles entscheidende Frage lautet dennoch: Was ist meine Aufgabe hier auf Erden?
Ich möchte sie dich wissen lassen. Meine Aufgabe hat weniger mit mir selbst zu tun als mit euch. Ich bin dazu auserkoren worden beziehungsweise habe ich mich selbst dazu entschieden, der Welt etwas zu zeigen, ein so genanntes Exempel zu statuieren.
Ich denke, ein Teil meiner Aufgabe liegt in diesem Buch, das voll ist mit all meinen Erfahrungen und all dem Wissen, das mir in den letzten Jahren zuteil wurde, und das ich gern mit dir teile. Was du daraus machst, ist ganz allein dir überlassen. Du ganz allein bist für dein Leben verantwortlich. Das Einzige, das ich dir geben kann, ist meine Erfahrung. Ob du dir dann tatsächlich einen oder mehrere meiner Tipps zu Herzen nimmst und sie in die Tat umsetzt, ist wie gesagt, dir selbst überlassen.
Eine weitere Aufgabe von mir ist es beziehungsweise wird es sein, all meine Erfahrungen im Bereich des Sports, für den ich mich vor meiner Verletzung aktiv und passiv sehr begeistern konnte, weiter zu geben. Ich habe schon bei meiner ehemaligen Fußballmannschaft damit begonnen, und es hat mir viel Spaß gemacht.
Und was sonst noch so alles auf mich zukommt, dazu kann ich dir momentan nur so viel verraten - sobald ich die Seelenenergie in meinem Körper manifestiert habe, wird mir alles zufallen, und davon bin ich vollkommen überzeugt. So sei es!

Ein weiteres Thema, das bei diesem Termin bei Gabi zur Sprache gekommen ist, war, dass eine klare Kommunikation enorm wichtig ist. Was bedeutet klare Kommunikation?
Eine Unterhaltung, ein Gespräch oder eine Kommunikation zwischen mindestens zwei Leuten ist dann klar, wenn ein richtiges Verständnis für beide Seiten dabei das Ergebnis ist. Derjenige, der dem anderen etwas erzählt oder ihm eine Frage stellt, muss das in der Art und Weise tun, damit sein Gegenüber alles vollkommen verstehen kann. Der Erzählende beziehungsweise Gefragte muss sich so ausdrücken, dass ihn der Zuhörer akustisch und inhaltlich versteht.
Beispielsweise werden sich Ärzte, Rechtsanwälte, Tischler, Sportler oder Architekten untereinander in ihrer Fachsprache unterhalten können, hingegen wenn sie mit ihren Patienten, Klienten oder Kunden eine Unterhaltung führen, werden sie andere Ausdrücke verwenden müssen, um von ihnen verstanden zu werden.
Der Zuhörer seinerseits hat in so einem Gespräch lediglich die Aufgabe zuzuhören. Ich darf dir in diesem Zusammenhang mitteilen, dass zwischen „zuhören" und „zuhören" ein großer Unterschied liegt.
Wenn du wirklich zuhörst, was jemand sagt, ohne dass du das, was er sagt, mit dem vergleichst, was du schon weißt, oder indem du mit dem, was gesagt wird, übereinstimmst oder anderer Meinung bist, sondern wenn du zuhörst, um es von dem anderen Standpunkt aus zu hören, dann reicht dieser Akt des Zuhörens, um dich in den Augenblick hineinzuversetzen.
Ich sehe das so, wenn dir jemand etwas mitzuteilen hat, dann denkt sich dein Gegenüber ja etwas dabei. Wenn er sich dich als seinen Gesprächspartner aussucht, ist das ein Geschenk, das dir

widerfahren ist. Er hat sich dich ganz bewusst ausgesucht, und du darfst ihm für eine Zeit lang deine vollkommene Aufmerksamkeit schenken.
Einfach jemandem zuzuhören ist eine ganz spezielle Aufgabe. Meistens hören wir nämlich nur mit einem Ohr zu oder machen eine andere Sache nebenher oder unterbrechen die Person zig Mal, um ihr unsere Art des Wissens aufzuzwingen.
Daher meine Aufgabe an dich: Hör einfach deinem Gegenüber einmal bewusst zu – widme dich ausschließlich dem Zuhören, wenn dein Gegenüber zu dir spricht und ausschließlich dem Sprechen, wenn dich dein Gegenüber dazu auffordert. Kannst du das bewusst tun, wird sich dir eine neue Welt offenbaren. Viel Spaß dabei!

28. August 2009

Bei diesem Besuch bei Gabi haben wir der Seele von Rupis Oma helfen dürfen, die sich dafür entschieden hat, sich körperlich von dieser Erde zu lösen. Dabei haben wir erfahren, dass die Seele von ihr sich noch immer im Zimmer des Krankenhauses befand und in Unkenntnis ihres körperlichen Zustands war. Was heißt das im Klartext? Diese Seele dachte, dass ihr Körper noch lebendig sei.
Wieder eine neue Erfahrung, die ich da erleben durfte. Aufgrund dieser Tatsache erklärte uns Gabi, dass die Seele normalerweise 3 Tage braucht, um sich vom physischen Körper zu lösen. Deshalb ist es sicherlich von Vorteil den Körper eines Verstorbenen erst nach diesen 3 Tagen zu Grabe zu tragen.
In diesem speziellen Fall hatte die Person Angst vor dem physischen Tod und befand sich in einem Zustand des Schocks.
Daraufhin hat Gabi die Engel gebeten, die Seele von Rupis Oma in eine Lichtkugel zu hüllen, worauf sie Gabi die Worte „jetzt wird's

leicht", fühlen ließ. Und damit war erstmal ein großer Schritt der Hilfe für diese Seele getan. Recht herzlichen Dank dafür, Gabi!
Bei unserem nächsten Besuch werden wir sehen, ob Gabi die Seele schon ins Licht führen darf. Ich werde dir noch davon berichten.

Nachdem mir alle Fragen von Gabi beantwortet wurden, machte sie mit mir meine Lichtübung. Und dieses Mal durfte sie etwas ganz Besonderes bei mir „installieren".
Normalerweise baut sie eine große, rechtsdrehende Lichtspirale um meinen gesamten Körper auf, in die ich alles auflösen darf, was mich in irgendeiner Weise belastet.
Diese große, rechtsdrehende Lichtspirale wurde rund um meinen Körper aufgebaut, und zusätzlich wurden noch unendlich viele kleine, rechtsdrehende Lichtspiralen in alle Zellen meines physischen Körpers gestellt. Diese speziellen kleinen Lichtspiralen hatten die Aufgabe, alle Energien von meinen Zellen herauszulösen, die niedriger waren als meine Liebe, mit der bedeutenden Information „sowie es für meinen Körper momentan gut war". Nach einer gewissen Zeit durften sich all jene Lichtspiralen in den Zellen aufhören zu drehen, die bereits vollkommen mit Liebe gefüllt werden konnten - alle anderen Lichtspiralen durften sich noch weiter drehen und ihre heilende Wirkung auf meine Zellen ausüben. Bei diesen Zellen, bei denen die Lichtspirale noch aktiviert war, hatte Gabi mein zuständiges Lichtwesen darum gebeten, dass sie von selber sich wieder aufhören zu drehen, wenn es für meinen physischen Körper genau richtig ist.
Ich bin mir der Kraft dieser Übung durchaus bewusst, und daher kann ich meine Wertschätzung und Dankbarkeit kaum in Worte fassen.

Wichtig bei dieser Übung ist, so hat Gabi es mir ganz klar und deutlich zu verstehen gegeben, dass ich Heilung zulasse. Was bedeutet das?
Weil das eine sehr wirkungsvolle Übung ist, braucht der Körper auch ein wenig Zeit, um all die Auflösungen und guten Energien, die ihm während dieser Übung und in der Zeit, in der noch die Lichtspiralen und die Erzengel an mir weiter arbeiten, tatsächlich im physischen Körper zu manifestieren.
In meinem speziellen Fall ist es also notwendig die Übung erst nach 2-3 Tagen zu wiederholen, um dem Körper die notwendige Zeit zu geben, sich an die neuen Energien anpassen zu können.
Selbstverständlich machte ich die Übung alle 2-3 Tage, je nach Gefühl.
Was passierte bei dieser Übung?
Wenn also alle Lichtspiralen in meinen physischen Zellen installiert wurden, verspürte ich eine enorme Steigerung des Kribbelns in meinen Beinen. Wenn dann nur mehr die restlichen Lichtspiralen ihre Arbeit verrichteten, konnte ich ihre Arbeit ziemlich eindeutig lokal nachvollziehen, weil das Kribbeln an diesen Stellen eindeutig stark blieb und an den restlichen Stellen schwächer wurde.
Somit hatte ich für mich die Bestätigung, dass diese Übung einwandfrei funktionierte. Vielen herzlichen Dank dafür, Gabi!
Als wir die Lichtübung beendet hatten, fragte ich Gabi, wie es ihr dabei gegangen ist, und was sie bei mir gespürt hat.
Sie meinte, dass sich dieses Mal auf eine sehr intensive Art und Weise Blockaden in Form von Punkten aus meiner Wirbelsäule gelöst haben. Dies hatte wiederum zur Folge, dass nun mehr Energie im Bereich der Wirbelsäule und im Hüftbereich fließen konnte. ***Juchhu!***

23. Oktober 2009

Für unseren letzten Besuch im Jahr 2009 habe ich wieder einige Fragen vorbereitet, auf deren Beantwortung ich schon sehr gespannt war.

Zuerst wollte ich wissen, wie es denn der Seele von Rupis Oma geht.

Wie immer schloss Gabi ihre Augen und gab mir dann zur Antwort, dass sie sich noch immer in der Lichtkugel befindet. Gabi hat sie gefragt, ob sie mit ihr mitgeht ins Licht. Darauf entgegnete sie nur: „Es passt schon so, wie es jetzt ist." Gabi meinte zu ihr: „Es gibt etwas noch viel Schöneres!"

Anschließend hat Gabi wohl gemerkt, dass es bei dieser Seele am besten ist, wenn sie langsam und behutsam zum Licht geführt wird. So hat sie nochmals das Licht ihrer Lichtkugel verstärkt, wodurch sich ihre Lichtkugel ein Stückchen angehoben hat, und dabei hat es Gabi dann belassen.

Ich habe mich recht herzlich bei Gabi für diesen Dienst bedankt und die Bestätigung erhalten, dass jede Veränderung im Leben am besten behutsam, liebevoll und vollkommen ohne Zwang geschehen darf!

Da im Sommer meine Tante aus diesem physischen Leben geschieden ist, habe ich Gabi darum gebeten, nachzuschauen, wie es ihrer Seele geht.

Auch diese Seele lag noch immer im Bett des Krankenhauses, in dem sie verstorben war. Gabi meinte, dass diese Seele ebenfalls vollkommen ahnungslos über ihren bereits eingetretenen physischen Tod sei. Gabi spürte bei ihr Angst. Angst, die sich dahingehend ausdrückte, dass sie glaubte, dass sie jetzt „geholt" wird. Das Einzige, das Gabi bei ihr machen konnte, war eine

Lichtkugel. Dadurch war sie aus dem Krankenhaus raus, was sehr wichtig für die Energie dieses Zimmers ist. Denn wenn sich diese Energie der Angst in diesem Zimmer befindet, verstärkt sich diese Angst bei all jenen Menschen, die sich in diesem Zimmer aufhalten und ebenfalls dasselbe Gefühl ausstrahlen. Aus diesem Grund ist es so wichtig, dass gerade solche Räume so schnell wie möglich von diesen Energien befreit werden. Dafür recht herzlichen Dank, Gabi!

Jetzt kannst du mir berechtigterweise die Frage stellen: „Warum lässt sie mich an diesem Wissen teilhaben?"
Wie du mich mittlerweile schon ein wenig kennst, hat dies entsprechende Gründe.
Zuallererst will ich dir damit zeigen, dass der „physische Tod" reine Illusion ist, denn der essentielle Teil in dir lebt ewig weiter. Und da dies so ist, ist das negative Gefühl „Angst" im Bezug auf das „physische Gehen" absolut unangebracht. Auch aus dem Grund, weil du dadurch deine Seele mehr belastest als du ihr hilfst.
Die Seele ist ein Teil von dir, der ewig ist und sein wird. Sie ist jener Teil von dir, der all deine Gefühle speichert.
Das Universum als großes Ganzes schickt dir ununterbrochen positive Energie, die du nur dann empfangen kannst, wenn du auf der gleichen Frequenz schwingst. Lässt du hingegen negative Gefühle in dir zu, weil du dich über jemanden aus welchen Grund auch immer ärgerst, weil du dir Sorgen über jemanden machst, weil du ständig an deine finanziellen Probleme denkst, weil du deine Aufmerksamkeit auf Unannehmlichkeiten oder Ereignisse richtest, die du absolut aus deinem Leben fern halten willst oder weil du ständig über Krankheiten sprichst, sperrst du dich gegen

diese positive Energie, die dir das Universum ständig schenken will.
Jedes Mal, wenn du dich ärgerst, dir Sorgen machst, dich etwas bedrückt, du frustriert oder enttäuscht bist, an dir und deinen Fähigkeiten zweifelst, jemand anderem Vorwürfe machst oder die Schuld für etwas gibst, vor Zorn platzen könntest, dich entmutigst fühlst, eifersüchtig bist oder jemanden um etwas beneidest, traurig bist, unsicher oder verzweifelt bist, sagst du dem Universum damit „bitte, mehr davon"!
Jedes Mal, wenn du etwas oder jemanden wertschätzt, liebst, dankbar bist, dich wohl fühlst, dich freust, begeistert bist, glücklich bist, an dich selbst glaubst, optimistisch und voller Hoffnung bist, dich und andere lobst oder als gut empfindest, sagst du dem Universum damit „bitte, mehr davon"!
Jeden Gedanken, den du denkst, jedes Gefühl, das du fühlst, jedes Wort, das du sprichst, jede Handlung, die du durchführst, jede Tat, die du begehst, ist wie ein Bumerang, den du in den Kosmos hinausschleuderst, und der wieder zu dir zurückkehrt.
Wie du siehst, hast du immer die Wahl.
Als zweiten Punkt möchte ich anführen, dass du deiner Seele dahingehend enorm viel Freude bereiten kannst, wenn du dich erstens viel mehr mit dir selbst beschäftigst - viel bewusster dein Leben gestaltest, dich immer wieder fragst, was die Ereignisse in deinem Leben dir mitteilen wollen, und du genauer auf deine Gedanken und Gefühle achtest. Stell dir des Öfteren die Frage: „Gefühle, was wollt ihr mir sagen?" Hör deinen Gefühlen wie einem Kind zu. Mit Geduld. Mit Verständnis. Mit Mitgefühl. Mit Liebe.
Und zweitens freut sich deine Seele, wenn du so viele liebevolle Gedanken dir und anderen gegenüber wie nur möglich hegst.

Denke und sprich ausschließlich liebevoll von dir und von anderen, damit reinigst du deine Seele am besten, weil du nur diese Gedanken und Gefühle zulässt und alle anderen von dir weist.
Hinterlege alles, was du machst, mit einer gewissen Fröhlichkeit. Genau dann wirst du diese Fröhlichkeit in deinem Herzen spüren und viele Menschen um dich ebenso fröhlich erleben.
Als dritten Punkt möchte ich dich gerne Folgendes wissen lassen: Jeder Mensch entscheidet selbst, wann er, wo und wie auf der Erde inkarniert. Jeder von uns kommt mit einer ganz bestimmten Aufgabe auf diese Erde. Jeder hat ganz bestimmte Ziele zu erreichen.
Als ich Gabi bei einem unserer Treffen fragte, warum so viele kleine Kinder oder auch Jugendliche den Planeten Erde verlassen, obwohl sie noch so jung sind und noch vieles zu entdecken und zu erfahren gehabt hätten, antwortete Gabi mir, dass es dafür eigentlich nur zwei Gründe gibt. Entweder hat diese Seele bereits ihre Aufgabe vollkommen erfüllt und ist für neue Aufgaben bereit oder sie hat in diesem Leben eine vollkommen falsche Richtung eingeschlagen, die es sehr schwer macht, ihre Aufgabe noch gewissenhaft zu erledigen.
Seitdem ich dieses Wissen habe, geht es mir viel besser, wenn Personen, die ich besser kannte, sich aus dem physischen Leben verabschieden.
Jeder Mensch hat einen freien Willen, mit dem er sich zu einem neuen Leben entschließt, und mit dem er sich auch wieder zu gehen entschließt.
Nachdem für mich die Werte der Akzeptanz und des Respekts in den letzten Jahren einen großen Stellenwert in meinem Leben eingenommen haben, akzeptiere ich diese Wahl der jeweiligen

Seele und wünsche ihr das Allerbeste auf ihrem weiteren Lebensweg.

Die Seele schätzt es sehr, wenn du klar, kurz und prägnant bist - in deinen Gedanken, Gefühlen, Worten und Taten - also in deinem ganzen Sein.
Zu einer dieser drei Eigenschaften möchte ich dir kurz etwas mitteilen, dass ich bei diesem Treffen lernen durfte. Es betrifft die Klarheit. Wenn du dir bei welchen Thema auch immer für dich vollkommen klar bist, was du wirklich willst, dann hast du dich erstens sicher lange genug mit diesem Thema beschäftigt - dich also sehr gewissenhaft damit auseinander gesetzt und zweitens die Gewissheit, dass es für dich der richtige Schritt ist. Also wenn es für dich klar ist, wenn es für dich so passt, dann verfolge diesen Weg konsequent weiter, denn nur dann kannst du in deiner Kraft bleiben und aus dieser alles erreichen, was du dir vorstellen kannst. Wichtig bei dieser ganzen Sache ist, dass du weder jemanden von deiner Idee überzeugen musst noch mit jemandem darüber zu diskutieren beginnst, weil das in Wahrheit absolut uninteressant ist, und weil du dich dadurch selbst schwächst und etwaige Eingeständnisse machst, die dich von deinem eigentlichen Weg abbringen.
Kurz gesagt, wenn du dir über etwas vollkommen klar bist, dann gib alles, um diese Klarheit auch Wirklichkeit werden zu lassen.

Ich hatte Gabi ein Bild von John mitgenommen und wollte wissen, ob dieses Bild wichtig für mich ist, auf dem Jesus abgebildet ist, der seine Hand auf sein Herz gelegt hat; aus diesem Herzen strahlen einige Lichtstrahlen in alle Richtungen.

Dazu gab mir Gabi folgende wichtige Information: Jeder, der dieses Bild sieht, interpretiert etwas in dieses Bild hinein. Der Großteil der Menschen entwickelt beim Anblick dieses Bildes das Gefühl, dass es etwas Höheres gibt, was stärker ist als wir.

Die eigentliche Quintessenz dieses Bildes liegt darin, dass **die Heilung im Herzen liegt und von dort aus weitergegeben werden darf.**

Bevor Gabi nachschaute, wie es um meine Seele stand, habe ich ihr noch kurz gesagt, dass Elke mir eine Woche zuvor folgende Botschaft von meiner Seele übermittelte: **„Danke, ich bin geheilt!"**

Gabi begann sich mit meiner Seele zu verbinden, und nachdem sie damit fertig war, konnte sie mir erstens bestätigen, dass **meine Seele tatsächlich geheilt ist** und zweitens, dass sie starke Veränderungen im Vergleich zum letzten Mal wahrnehmen konnte. ***Jippi, juchhu!***

Bei meiner Lichtübung hat sich Gabi darauf konzentriert, dass die kleinen Lichtspiralen in all meinen Zellen ihre Funktion der Auflösung all jener Energien, die niedriger sind als das Licht, weiterhin ausüben.

Des Weiteren darf ich mir **immer wieder vorstellen und in das Gefühl hineingehen, dass ich jetzt schon geheilt bin, dass ich jetzt schon gehe**. ***Herz, was willst du mehr!***

Wie du siehst, hat dieses Treffen mit Gabi, all das Erlebte von Elke bestätigt und mir die Botschaft vermittelt, dass ich selbst entscheide, wann meine physische Heilung passiert, indem ich immer wieder das Gefühl zulasse, dass ich jetzt schon geheilt bin. Aufgrund des Gefühls, das sich bei mir nach jeder Übung von Elke und Gabi einstellt, kann ich dir schon so viel verraten: Bald – meine Heilung naht in großen Schritten und erfolgt zu dem für mich passendsten Zeitpunkt! ***Jubel!***

15. Jänner 2010

Bevor ich mit meinen Fragen beginnen konnte, meinte Gabi zu mir, dass sie mir etwas sehr Wichtiges mitzuteilen hätte. Sie sagte: „Ilse, ich habe von dir geträumt. Du bist mir **entgegengelaufen**, wir haben uns voller Freude umarmt und hinter dir sind deine zwei kleinen Kinder in den Hof gekommen." Als Gabi von diesem Traum erwachte – zum besseren Verständnis sei erwähnt, dass es wohl irgendwann mitten in der Nacht gewesen sein muss – sagte sie aufrecht im Bett sitzend zu ihrem Mann: „Jetzt geht die Ilse wieder!" Gabi hat mir diesen Traum voller Freude, voller positiver Aufregung und so real geschildert, dass ich ihr nur beipflichten konnte. Ich bedankte mich bei ihr, dass sie mich an ihrem Traum teilhaben hatte lassen, der wiederum eine Bestätigung dessen ist, dass sich alles so für mich entwickelt, wie ich es mir von ganzen Herzen wünsche.

Außer Gabi haben mich auch einige Freunde und Bekannte in ihren Träumen vollkommen gesund gesehen. Selbstverständlich freue ich mich über solche Erfahrungen, die meine Gewissheit und Zuversicht bezüglich meiner körperlichen Genesung bestätigen. Wie du siehst, erhalte ich von allen möglichen Quellen immer wieder Botschaften, die mich meinen eingeschlagenen Weg voller Vertrauen und Freude weitergehen lassen.

So nun kommen wir zu meinen Fragen, die ich Gabi an unserem Termin gestellt habe.
Zuallererst wollte ich wissen, ob die Seele von Rupis Oma bereits im Licht ist. Gabi schloss ihre Augen, schaute nach und sagte mir, dass sie sich noch immer in der Lichtkugel befand und ihr das Gefühl gab, in Ruhe gelassen werden zu wollen. Diese Seele hatte viel Angst vor Veränderung stellte Gabi anschließend fest. Danach fragte sie mich, ob Rupis Oma katholisch war und oft zur Kirche gegangen ist. Darauf ich: „Sie ist in ihrem gesunden Leben immer zur Kirche gegangen und war sogar lange Zeit Mitglied des Kirchenchors." Gabi schloss nochmals die Augen und erzählte mir nach einer Weile, was sich gerade ereignet hat. Gabi fragte die Seele von Oma, ob sie gerne mal den Herrgott sehen würde. Darauf Oma: „Ja!" Gabi fragte sie dann, wo für sie denn der Herrgott sei. Darauf meinte Oma: „In der Kirche!" Also machten sie sich auf den Weg in die Kirche. Oma setzte sich wie gewohnt in einen Kirchenstuhl. Gabi fragte sie dann, wie sie sich den Herrgott vorstelle. Darauf antwortete Oma: „Einen großen Mann mit Mantel, einem langen Bart und weiß." Und schon ist diese Gestalt vor ihr gestanden. Als Oma ihn als Herrgott erkannte, meinte sie: „Des is a!" Und somit war die Seele von Oma im Licht.
Diese Erzählung von Gabi über den Seelenweg von Rupis Oma ist meiner Meinung nach ein Paradebeispiel dafür, dass uns der Herrgott, der Schöpfer, das Universelle Bewusstsein, das Universum oder das Nullpunktenergiefeld – egal, wie du es nennen magst – als menschliche Wesen mit einem **freien Willen** ausgestattet hat. Rupis Oma hat sich in ihrer Vorstellung den Herrgott als großen Mann mit Bart und Mantel in weißer Gestalt vorgestellt, und genau diese ihre Vorstellung hat sich in Sekundenschnelle vor ihren Augen verwirklicht. Ich bin sehr

dankbar dafür, dass ich die Werkzeuge, die uns der Schöpfer mit auf unseren Lebensweg gegeben hat, in der Art und Weise vorgeführt bekommen habe.
Jeder Mensch besitzt einen freien Willen, jeder kann denken, sagen und tun, was er will. Du musst dir auf jeden Fall im Klaren sein, dass jeder Gedanke, jedes Wort und jede Tat eine Auswirkung auf dich und auf alles andere hat. Wenn du dir dessen immer bewusster und bewusster wirst, wirst du deinen freien Willen sowohl zu deinem höchsten Wohle als auch zum höchsten Wohle aller Beteiligten einsetzen.
Der freie Wille hat auch den Sinn, dass die Menschheit Erfahrungen erleben darf oder Entscheidungen im Leben treffen darf, die im ersten Augenblick ein negatives Ergebnis mit sich bringen, siehst du dann nochmals auf diese von dir selbst gewählte Erfahrung, wirst du mit Sicherheit etwas finden, dass dich gerade aufgrund dieses negativen Ereignisses zu einer Erkenntnis hat kommen lassen, woraufhin du etwas in deinem Leben verändert hast.
Wir Menschen glauben immer, wenn uns etwas Schlimmes im Leben widerfahren ist, dass wir diese Sache so schnell wie möglich wieder loswerden müssen. Ich kann dir aus eigener Erfahrung berichten, dass gerade in den kleinen Schritten enorm viel Kraft, Freude und Bewusstsein steckt, für die ich sehr dankbar bin.
Das zweite Werkzeug, das die Seele von Rupis Oma bei ihrem Treffen mit dem Herrgott zum Einsatz gebracht hat, ist die Vorstellungskraft. Aus einigen von mir gelesenen Büchern hat sich folgende Botschaft bei mir eingeprägt: **„Alles, was du dir denken und vorstellen kannst, ist möglich!"**

Ich bin davon überzeugt, dass in der Vorstellungskraft ein enormes Potenzial liegt, dass leider von vielen bis jetzt unbemerkt geblieben ist oder zu wenig oft zur Anwendung kommt. Gabi hat mir dieses Werkzeug schon des Öfteren zur Hand gegeben. Das letzte Mal hat sie diese Vorstellungskraft in meine Lichtübung integriert, indem ich in das Gefühl hineingehen durfte und es mir erlauben durfte, dass ich jetzt geheilt bin, dass ich jetzt gehe - dieses Gefühl, erlaube es dir zu fühlen, zu spüren, wie es jetzt schon ist. Und jede Zelle deines Körpers füllt sich mit dieser Kraft, mit dieser Freude.
Wenn ich mir vorstelle, dass ich jetzt schon geheilt bin und gehe, dann überkommt mich ein Gefühl der vollkommenen Freude und Freiheit, und genau dieses Gefühl koste ich, solange ich mich darauf konzentrieren kann, voll aus. Das einzig Wichtige bei dieser Übung ist, dass ich mich gehend, stehend, hüpfend, laufend sehen kann und die entsprechenden freudvollen Gefühle, die ich gleichzeitig empfinde, voll zum Ausdruck bringe. Denn in genau diesen Augenblicken der Übung bin ich geheilt, gehe ich wieder, weil mich diese wunderschönen Gefühle der Freude und Freiheit vollkommen in ihren Besitz nehmen. Je öfter ich diese Übung mache, umso intensiver erlebe ich diese Gefühle und umso klarer sehe ich mich wieder gehen.
Wie du siehst, sind wir Menschen mit so vielen „Werkzeugen" ausgestattet worden, die wir alle **in uns** tragen und die lediglich darauf warten, dass du sie **wieder entdeckst und zur Anwendung bringst**, damit du ein liebevolles, lichtvolles, bewusstes, freudvolles, friedvolles und kreatives menschliches Wesen in diesem Universum wirst.

Meine nächste Frage bezog sich auf die Seele meiner Tante, die sich im Sommer 2009 von dem Planeten Erde verabschiedet hatte. Gabi schloss ihre Augen, schaute nach und teilte mir mit, dass sie von irgendjemandem sehr „runter" gehalten wird. Das heißt, dass momentan noch viel über sie in negativer Art und Weise gesprochen wird. Die Seele spürt diese Energien und wird auf dem Weg zum Licht noch etwas zurückgehalten. Manche Seelen wissen ganz genau, von welchen Personen diese negativen Botschaften kommen – sie können diese Energien zuordnen. Die Seele meiner Tante kann diese Energien lediglich spüren, ohne eine Zuordnung, von wem diese stammen, machen zu können. Der Tipp von Gabi an dieser Stelle lautete: „Je weniger über sie im negativen Sinne gesprochen wird, desto leichter kann sie ins Licht gehen!"
Da zu diesem Zeitpunkt die testamentarische Abhandlung erst am Beginn stand, und sicherlich einiges Unverständnis bei manchen Personen über den Inhalt des Testaments herrschte, konnte ich all die Informationen, die ich von Gabi über die Seele meiner Tante erhalten habe, voll und ganz nachvollziehen.
Gabi hat die Seele meiner Tante mit einem blauen Ablösungslicht eingehüllt, damit sie sich leichter von diesen Energien lösen kann.
Auch diese Erfahrung hat mich eindrucksvoll gelehrt, welche Macht wir Menschen auf andere Menschen ausüben können sowohl im positiven wie im negativen Sinne. Es ist jetzt an der Zeit, dass wir uns unserer wahren Macht bewusst werden und sie so einsetzen, dass sich für uns alle etwas Erfüllendes, etwas Positives und etwas Konstruktives als Wirklichkeit manifestiert.

Die nächste Frage an Gabi lautete: „Können sich die „gegangenen" Seelen noch an ihre „zurückgebliebenen" Lieben erinnern?"

In der Übergangsphase vom Weltlichen ins Licht können die Seelen Energien wahrnehmen und je nach ihrem Bewusstsein auch zuordnen, von wem diese Energien gekommen sind. Viele Seelen sind in ihren Ängsten gefangen und verhindern damit ihren Weg zurück ins Licht. Wenn sie dann den Weg ins Licht geschafft haben, dann ist all die Erinnerung an irgendetwas Weltliches verschwunden. Diese lichtvollen Seelen können dann als Engel fungieren. Du kannst mit ihnen auf der Seelenebene Verbindung aufnehmen und sie bitten, dir in welchen Bereichen auch immer hilfreich zur Seite zu stehen.
Weiters wollte ich wissen, wie ich mir die „Seele" vorstellen kann? Wie schaut die Seele aus?
Die Seele besteht aus Millionen von Lichtfäden, die sich je nach momentaner Einstellung, Verfassung, Bewusstsein oder Verhalten ausdehnen oder zusammenziehen können. Je mehr du die Kerneigenschaften der Seele lebst - Liebe, Licht, Bewusstsein, Friede, Freude, Kreativität und Einssein -, desto mehr dehnt sich deine Seele aus und desto mehr berührst du andere Seelen, alleine durch deine Anwesenheit.
Die Seele eines jeden Individuums ist Teil des göttlichen Lichts, Teil der Göttlichkeit, ein Lichtpunkt-Faden, der sich die Erde als Erfahrungsraum ausgesucht hat.

Die nächste Frage lautete: „Wovon hängt es ab, wie schnell eine Seele ins Licht geht?"
Gabis kurze und präzise Antwort: vom Bewusstsein der Seele auf der Erde. Je mehr du dir deines wahren Seins, deiner wahren Eigenschaften bewusst wirst und sie in dein Alltagsleben integrierst, desto schneller wirst du, nachdem du die Mutter Erde

verlassen hast, ins Licht zurückkehren können. Wie du siehst, liegt es bei dir allein, wie sich alles in deinem Leben entwickelt.

Da wir mitten im Seelenthema waren, stellte ich Gabi eine Frage bezüglich der Heilung meiner Seele. Gabi, du hast gesagt, dass meine Seele geheilt ist! Wie erkennst du den Unterschied zu früher? Wodurch hast du das erkannt, erspürt oder wahrgenommen?
Gabi meinte nur, dass sie mir das nur sehr schwer erklären kann.
Um ihr meine Frage noch deutlicher zu machen, sagte ich ihr, dass ich diese Heilung meiner Seele kaum wahrgenommen habe.
Gabi entgegnete mir, dass es für mich mit der Zeit normal geworden ist. Da ich mich in den letzten 4 Jahren sehr intensiv mit meiner Seele auseinander gesetzt habe, mich sozusagen in kleinen Schritten an mein Seelenbewusstsein erinnert habe, ist diese Heilung meiner Seele für mich normal geworden. Gabi sagte mir zu meinem besseren Verständnis, dass ich jetzt die Welt mit ganz anderen Augen sehe als noch vor 6 Jahren, dass ich viel ruhiger und gelassener auf viele Dinge reagiere, die mich früher zur Weißglut getrieben haben, dass ich mit einem Wort meinen wahren Kern des Sein erkannt habe. Sie meinte, dass die Aussage: „Meine Seele ist geheilt" bedeutet, dass ich voll ins Seelenbewusstsein eingetaucht bin. Jetzt liegt es an mir dieses Seelenbewusstsein auch in meinen Alltag zu integrieren. Ich darf jetzt also viel mit mir selbst üben. Dabei kann ich mir bei allem die Frage stellen: „Tut mir das gut?" Und anschließend kann ich mich komplett auf mein Gefühl verlassen. Gabi sagte mir, dass ich, je mehr ich nach meinem Gefühl lebe, ob ich etwas oder jemanden in diesem Moment für meine weitere Entwicklung brauche, mich selbst intensiver wahrnehmen und spüren werde, weil ich dann das

Licht bin, das mir für alles in meinem Leben die Kraft gibt, es zur Verwirklichung zu bringen. Abschließend meinte Gabi noch: „Wenn du das „LICHT SEIN - BEWUSSTSEIN" im Alltag lebst, wirst du automatisch anders denken und somit anders sein!"
Wie kann dieses LICHT SEIN - BEWUSSTSEIN im Alltag aussehen?

- ⊙ Liebevoller Umgang mit deiner Umwelt.
- ⊙ Immer bei dir zu bleiben, egal, was um dich herum gerade geschieht – das heißt, in deiner Kraft zu bleiben.
- ⊙ Klarheit bei allen Dingen an den Tag legen.
- ⊙ Bewusstes Sein im Hier und Jetzt.
- ⊙ Ruhig sein - stelle in deinem Inneren Frieden her, und er wird dir nach außen folgen.
- ⊙ Alles, was dir Freude macht, kannst du tun und machen.
- ⊙ Loslassen von allem, das deine positive Entwicklung verhindert.
- ⊙ Zulassen – Respekt – Akzeptanz anderen gegenüber: „Ich bin so, wie ich bin, und ich bin bereit, alle anderen so sein zu lassen, wie sie sind!"
- ⊙ Viel häufigere Anwendung aller Lichtübungen, die du bis jetzt kennen lernen durftest. **Übung macht den Meister!**
- ⊙ Bei allem, was dir im Leben begegnet, kannst du dir die Fragen stellen: „Wie geht es mir damit? Tut mir das gut? Brauche ich das jetzt?"

Als ich Gabi gefragt habe, was ich alles für mich tun kann und ich meine vorbereitete Liste vorzulesen beginnen wollte, gab sie mir zur Antwort, dass ich in mich hineinspüren darf und danach Taten folgen lassen kann, je nachdem was mir mein Gefühl sagt. Das heißt im Klartext, dass mein Inneres Sein am besten Bescheid weiß, was gut für mich ist und es an der Zeit ist, diesem Inneren Sein Vertrauen zu schenken und somit zu einer Eigenverantwortung und Selbstständigkeit zu gelangen, die es mir ermöglicht, mein Leben auf eine ziemlich einfache Art und Weise wieder unter Kontrolle zu bringen. Mein Leben liegt einzig und allein in meiner Hand. Ich darf mich wieder vollkommen auf mich selbst verlassen, mir selbst vertrauen - ich habe alles in mir, um mein Leben voller Freude genießen zu können. Und genau das mache ich jetzt auch.

Meine nächste Frage lautete: „Was kannst du mir über das Datum 21. 12. 2012 sagen?"
Gabi: „Vieles!"
Ilse: „Ich habe Zeit, leg los!"
Gabi erzählte mir dann, dass es momentan auf der Mutter Erde zu einem Wandel kommt, es passieren sehr viele Dinge, die uns helfen, uns daran zu erinnern, wer wir wirklich sind. Die Energien erhöhen sich immer schneller, das heißt, dass sich alles viel schneller manifestiert. Jetzt liegt es bei uns, mit diesem Bewusstsein Schritt zu halten und es tagtäglich in unserem Leben anzuwenden. Jeder kann dieses „bewusste Sein" leben.
Um den 21. 12. 2012 wird es dann laut Gabi so sein, dass die Energie 3 Tage lang still stehen wird und die „Bewussten" unter der Menschheit werden diese Tage kaum wahrnehmen, für alle anderen liegt in diesen 3 Tagen eine große Chance darin, noch auf den Zug aufzuspringen. Nach diesen 3 Tagen wird es auf der Mutter Erde zwei verschiedene Seins-Dimensionen geben: die „Bewussten" und die „Bewusstlosen", die gemeinsam weiterleben werden.

Die „Bewussten" werden die Erde mit all ihren Wesen sehr verändert wahrnehmen. Gabi meinte zum Beispiel, dass wir dann sowohl einen Baum als solches erkennen können als auch die Naturwesen des Baumes, Lichtwesen, Feen, Elfen - mit einem Wort werden wir Energien wahrnehmen können, die wir uns selbst für lange Zeit genommen haben.
Du kannst nun selbst wählen, zu welcher der beiden Gruppen du gehören willst und dein Leben dementsprechend bewusst oder unbewusst gestalten.

Ich habe Gabi vor Weihnachten 2009 eine erste Fassung meines Buches geschickt, weil ich wissen wollte, ob ich alle Details, die ich im Kapitel „Gabi - die Seelendame" zusammengefasst hatte, tatsächlich für die Öffentlichkeit abdrucken darf.
Als ich Gabi nun fragte, ob sie mein Buch schon gelesen hatte, und welche Meinung sie darüber hat, hat sie mir mitgeteilt, dass sie mein Buch tief berührt hat. Es ist sehr einfach und klar geschrieben, sehr auf mein Fühlen ausgerichtet und selbstverständlich darf ich ihr Kapitel so veröffentlichen, wie ich es geplant hatte.
Du kannst dir sicherlich vorstellen, dass ich darüber sehr erfreut war.
Ich hatte Gabi darum gebeten, mir, wenn es für sie in Ordnung ist, ein Vorwort für dieses Buch zu schreiben, weil sie meiner Meinung nach einen wesentlichen Anteil daran hat, dass ich mein wahres Sein wieder entdeckt habe.
Gabi sagte zum Thema „Vorwort schreiben" Folgendes: „Ilse, ich bin dir dankbar für dieses Buch und für deine Besuche, weil ich immer wieder viel von dir lernen, erfahren und erkennen darf!"

Ich bedankte mich ebenfalls nochmals bei Gabi für das Durchlesen des Buches, für ihre Meinung darüber, für die Freigabe ihres Kaptitels, für die Wertschätzung mir gegenüber, für all ihre Hilfe und Unterstützung in den letzten 4 Jahren und dafür, dass sie mich erkennen ließ, wer ich in Wahrheit wirklich bin.

Da Rupi und ich sehr viele Fragen an diesem Termin bei Gabi hatten, und sie noch eine Dame nach uns zu behandeln hatte, mussten wir dieses Mal auf unsere Lichtübungen verzichten, was wir beide gerne taten, weil wir durchaus die Informationen, die Gabi uns in den 3 Stunden vermittelt hat, zu schätzen wissen.
Ich für meinen Teil habe die Botschaft erhalten, mein Seelenbewusstsein so oft wie möglich im Alltag einzusetzen und sozusagen viel mit mir selbst zu üben. Dieser Aufgabe stelle ich mich voller Freude.

20. März 2010

Bevor ich zu meinen Fragen an diesem Termin kam, erzählte mir Gabi, dass sie in ihrer Familie am Vortag ein Begräbnis hatte. Dieser Mann hatte Krebs im Endstadium, und die Ärzte gaben ihm noch 1 Jahr zu leben. Als seine Frau ihm viele alternative Heilmethoden aufzählte, die er in Anspruch hätte nehmen können, lehnte er alle dankend ab. Stattdessen fragte er seine Frau, welche Art der Therapie Gabi ihren Klienten anbieten würde. So kam es dazu, dass sich seine Frau bei Gabi wegen ihrer Therapie erkundigte, die erhaltene Information an ihren Mann weitergab, und er daraufhin meinte, dass er diese Therapie gerne machen würde. Gesagt, getan. Gabi erzählte mir, dass er nach jedem

Besuch von ihr, um einiges fröhlicher und aktiver gewesen sei. Es ging ihm einfach besser.
Aufgrund der Tatsache, dass sich dieser Mann für diese Therapie entschloss - es also zuließ, dass er sich mit sich selbst auseinandersetzte und so mit Hilfe von Gabi noch einiges lösen konnte, reduzierte sich sein „Leidensweg" von einem Jahr auf 5 Wochen.
Die Frau des Verstorbenen erzählte Gabi, dass er sehr friedlich und dankbar ging, und dass das ganze anschließende Procedere in einer unerwarteten Ruhe ablief, die für alle Beteiligten sehr angenehm war.
Warum lasse ich dich an dieser Erfahrung teilhaben?
Weil es mir ganz deutlich zeigt, dass es, egal, wie aussichtslos die Lage auch scheinen mag, immer einen Weg gibt, sich auf irgendeine Art und Weise Erleichterung für sein Leben zu schaffen, sofern du dafür offen bist - du bereit bist - du es in dir zulässt.
Dadurch dass dieser Mann sich bereit erklärte, mit Gabi zu arbeiten - sich einige Schattenseiten seines Lebens genauer anzuschauen und anschließend zu lösen, lernte er noch wichtige Lektionen in seinem Leben, die es ihm ermöglichten, die Mutter Erde schneller zu verlassen, um sich neuen Herausforderungen auf seinem Seelenweg zu stellen.
Die Seele gibt jeden von uns immer wieder - von Augenblick zu Augenblick - die Chance, irgendetwas in uns doch zu sehen und zu erkennen, was der Wandlung bedarf. Die Seele hat die Hoffnung, dass der Mensch, je schlechter es ihm körperlich geht, weicher wird, somit den Verstand für einige Zeit abschalten kann und so den Zugang zur Seele aufmacht.

Auch bei mir musste erst etwas sehr Gravierendes passieren, um meiner Seele wieder viel mehr Aufmerksamkeit zu schenken und ihr wieder gewahr zu werden. Für diese Entwicklung bin ich mir unendlich dankbar, und meine Seele fühlt sich seit geraumer Zeit sichtlich wohler in meinem Körper.
Eine weitere Botschaft, die diese Geschichte mit sich brachte, war folgende:
Dieser Mann hinterlässt eine Frau und zwei Kinder. Ein Sohn, erzählte Gabi, war sehr wütend auf seinen Vater, weil er die Anzeichen seiner Erkrankung ein gutes halbes Jahr lang ignorierte. Als er sich dann entschloss, zum Arzt zu gehen, konnte dieser ihm nur mehr mitteilen, dass sich der Krebs schon im fortgeschrittenen Stadium befindet und ihm daher nur mehr wenig Zeit bleibt.
Auf der einen Seite ist es jetzt an der Zeit mehr Verantwortungsgefühl und Bewusstsein dir selbst und deinen Lieben gegenüber an den Tag zu legen. Der menschliche Körper spiegelt deine Gedankenmuster, Glaubensmuster und Überzeugungen sehr deutlich wider. Wenn du auch nur das geringste Wehwehchen an dir entdeckst, kannst du dir sicher sein, dass sich eine bestimmte Botschaft an dich dahinter verbirgt. Hätte dieser Mann gleich beim ersten Auftauchen seiner Beschwerden agiert, wäre er seiner Familie mit hoher Wahrscheinlichkeit länger erhalten geblieben. Auf der anderen Seite ist es auch so, dass jedes Individuum seinen eigenen Weg zu gehen hat, und alle anderen diesen Weg zu akzeptieren und zu respektieren haben, weil wir nur dann einen positiven Einfluss auf das Leben dieser Person nehmen können, wenn wir ihm/ihr Liebe, Akzeptanz, Respekt, Harmonie und Lebensfreude entgegenbringen. All unsere gut gemeinten Tipps und Belehrungen

zeigen immer wieder nur unseren Standpunkt zu einem speziellen Thema auf. Wie können wir wissen, welche Absichten, welche Ziele oder welche Vorstellungen jemand verfolgt? Schauen wir mehr auf unseren eigenen Weg, indem wir achtsamer, wachsamer und präsenter im Hier und Jetzt sind, denn das Leben erzählt uns alles über uns selbst.

Meine erste Frage bezog sich auf die Seele meiner verstorbenen Tante. Gabi schaute nach und sagte mir, dass sie kurz vorm Licht ist. Die Seele meiner Tante teilte Gabi mit, dass sie sich bewusst geworden ist, dass irgendetwas mit ihr passiert ist. Als Gabi die Seele fragte, wie es ihr geht, antwortete diese: „Gut!" Dann schloss Gabi nochmals ihre Augen, um Kontakt mit der Seele meiner Tante herzustellen. Als Gabi ihre Augen wieder öffnete, ließ sie mich wissen, dass sie der Seele meiner Tante empfahl, rauf ins Licht zu sehen. Das tat sie dann und schon hat Gabi wieder einer Seele ins Licht helfen dürfen. Ich bedankte mich nochmals bei Gabi und freute mich, dass die Seele meiner Tante die Hilfestellung von Gabi zuließ.

Anfang Februar stellte ich gegen Abend eine Erscheinung über meiner rechten Schulter fest. Diese Erscheinung kannst du dir als weiß, durchsichtig, eher formlos und doch wunderschön vorstellen. Sie blieb für mich zirka eine Stunde sichtbar. Selbstverständlich notierte ich mir dieses Ereignis in mein Notizheft, um Gabi bei meinem nächsten Besuch darüber fragen zu können. Und das tat ich dann auch. Gabi sagte mir, dass ich wieder einmal meine Lichtwesen – meine Engel gesehen hätte. Wenn ich ehrlich bin, habe ich mir schon so etwas in dieser Richtung gedacht. Die Tatsache, dass sich meine Lichtwesen mir bis jetzt über meiner rechten Schulter zeigten, ist bedeutungslos. Gabi erzählte mir, dass sie ihre Lichtwesen des Öfteren als zarten Windhauch wahrnehmen darf. Wie du siehst, zeigen sich uns unsere Lichtwesen auf die verschiedenste Art und Weise.

Ich erzählte dir im Kapitel Elke von einem Mann, der ebenfalls querschnittsgelähmt war und sich mit Lichtenergie heilen konnte. Helmut ist sein Name. Da ich eigentlich wissen wollte, wie es seiner Seele geht und wie er diese Heilung zustande gebracht hatte, gewährte mir Gabi einen tieferen Einblick in seine Seele. Gabi bestätigte mir, dass er zwar geheilt worden ist, er aber unter vielen Rückfällen leidet, weil das „Warum" seiner Heilung für ihn noch immer offen ist - er darf die Ursache für seine Querschnittslähmung noch finden und auflösen. Aus diesem Grund ist er des Öfteren sehr zornig auf sich selbst und kommt mit dieser Situation mehr schlecht als recht zurande.
Ich telefonierte ja bereits zweimal mit Helmut, wobei er mir vermittelte, dass es sehr wichtig ist, einen starken Willen und Glauben an sich selbst zu haben. Bei unserem letzten Telefonat fragte er mich, ob ich den Zugang zu meiner Seele bereits gefunden habe. Und genau diese Frage stellte ich Gabi. Gabi meinte, dass Helmut den Zugang zu seiner Seele gefunden hat, ihn jedoch nicht halten kann. Bezüglich meiner Person sagte Gabi, dass ich den Zugang zu meiner Seele habe und gerade dabei bin, diese Seelenenergie in meinen physischen Körper zu integrieren, um dann diese Energie zu leben, wenn ich das Licht in meinen Zellen manifestiert habe. Je mehr ich in meiner Seelenenergie bin, desto mehr bin ich in meiner Kraft und desto weniger können meine negativen Gefühle mit mir tun. Abschließend empfahl mir

Gabi: „SEI JEDEN MOMENT DEINE SEELENENERGIE!"

Bei meiner nächsten Frage ging es um den Seelenkontakt, den Gabi zu allen Seelen herstellen kann. Ich fragte Gabi: „Wie machst du das?" Gabi gab mir zur Antwort, dass sie mir das nur sehr schwer erklären kann. Ich dachte immer, und so habe ich es dir in diesem Kapitel dargelegt, dass sie mit jeder Seele ein Art Gespräch führen kann, so wie wir Menschen uns auch unterhalten. Da habe ich mich vollkommen geirrt. Gabi spürt Energien und übersetzt sie, damit wir sie verstehen können. Sie erklärte mir ihr Talent folgendermaßen: Du kannst dir die Seele als einen Kern vorstellen, der aus reiner positiver Energie besteht, und dieser Kern ist von einer Hülle umgeben, in der alle anderen, negativen Energien (Angst, Sorge, Hass, Neid, Ärger, Wut, Zorn,...) gespeichert sind. Gabi spürt ganz genau die Energien der Seele und die Energien ihrer „Umgebung" und kann mir dann sagen, welche negativen Gefühle die entsprechende Person noch auflösen darf. Jeden negativen Gedanken, den ich in Liebe umwandle, jedes negative Gefühl, das ich in Liebe umwandle, jedes negative Wort, das ich in Liebe umwandle und jede negative Tat, die ich in Liebe umwandle, führen dazu, dass sich die Hülle verkleinert und der Kern vergrößert. Je größer und lebendiger mein Kern ist, desto mehr Liebe bin ich und kann ich somit anderen geben. Je größer und lebendiger meine Hülle ist, desto weniger Liebe bin ich, und desto mehr Negatives habe ich in mir zugelassen, und gebe ich somit an andere weiter.

Aufgrund dieser bildhaften Beschreibung von Gabi hat sie mir ganz deutlich aufgezeigt, dass ich selbst durch mein Sein, mein Verhalten, meine Überzeugungen, meine Glaubensmuster, meine

Gedanken, Gefühle, Worte und Taten die Größe meiner Seele und ihrer Hülle bestimme. Und genau das wollte Gabi mir mit der Aussage „je mehr ich in meiner Seelenenergie bin, desto mehr bin ich in meiner Kraft und desto weniger können meine negativen Gefühle mit mir tun" klar machen. Je größer mein Kern - meine Seele ist, desto schwächer ist meine Negativität und desto mehr lebe ich den Teil von mir, der ich in Wahrheit auch wirklich bin, nämlich meine Seele. Je kleiner mein Kern - meine Seele ist, desto stärker kommt meine Negativität zum Vorschein und bestimmt über mein Leben. Ich war Gabi für diese Erklärung sehr dankbar, weil ich sehr deutlich vor Augen geführt bekam, dass es bei mir jetzt an der Zeit ist, meine wahre Kraft - meine Seelenenergie auch im Alltag zu leben. Vielen herzlichen Dank!

Zu dem vorigen Thema passend, hat mir Gabi bezüglich Beziehungen mitgeteilt, dass es von entscheidenden Bedeutung ist, seine Emotionen im Zaum zu halten, wenn aus welchem Grund auch immer Unstimmigkeiten zwischen zwei Personen auftreten, denn **alles, was du aussendest, erhältst du 3x so stark zurück**. Gabis Botschaft an dieser Stelle lautete: **„Überlege dir genau, was du aussendest!"**

Wenn du einmal in die Lage kommst, dass dich ein Freund oder eine Freundin bezüglich irgendeines Problems als Zuhörer benötigt, gebe ich dir hier einige Tipps zur Hand:

- ⊙ Wenn du weißt, dass dein Freund/deine Freundin viel Negatives von sich gibt, dann mache dir vor dem Zusammentreffen eine Lichtkugel und bitte Erzengel Michael um sein blaues Licht, damit alle Energien, die niedriger sind als das Licht, sofort von dir abprallen.

- Als Nächstes ist es wichtig, dass du deinem Gegenüber zuhörst und dabei emotional ruhig bleibst. Wenn du dich von der Emotionalität deines Freundes/deiner Freundin anstecken lässt, seid ihr beide diesen negativen Emotionen ausgeliefert. Das Einzige, was du deinem Freund/deiner Freundin mitteilen kannst, ist: „Mein Gefühl zu dieser Situation ist…" und dann verhalte dich ruhig.

In diesem Zusammenhang teilte mir Gabi mit, dass wir Menschen alle den so genannten Kollektivvertrag des Lichtes unterschrieben haben, der da lautet: **„Eine Seele stellt sich für andere zur Verfügung, um den anderen erkennen zu lassen, was noch der Liebe bedarf."**

Egal, wer oder was bei dir einen negativen Gedanken, ein negatives Gefühl, ein negatives Wort oder eine negative Tat auslöst, du darfst dir bewusst werden, dass du diese Gedanken, Gefühle, Worte oder Taten in dir zugelassen hast. Du selbst darfst für dich die Verantwortung übernehmen und dir darüber klar werden, dass das deine Reaktionen auf ein bestimmtes Verhalten, auf eine bestimmte Situation oder auf ein bestimmtes Ereignis sind. Also obliegt es dir, ob du dich mit all den negativen Dingen noch mehr belasten willst oder ob du dich auf den wahren Kern deines Selbst besinnst und aus der gegebenen Situation das Beste machst. Ich weiß, dass das in der Theorie einfach nachzuvollziehen ist; in der Praxis sieht das Ganze dann ganz anders aus. Und genau diesen Herausforderungen, die für uns als große Chancen anzusehen sind, dürfen wir uns nun mit diesem Wissen voller Freude stellen.

Beim nächsten Punkt ging es um meinen Laptop. Er fiel mir vor kurzem hinunter. Dabei ging der Bildschirm kaputt, was zur Folge hatte, dass ich mir einen Neuen besorgen musste. Ich fragte Gabi: „Welche Botschaft steckt hinter meinem kaputten Laptop?" Gabi schaute nach und sagte mir anschließend: „Lass manchmal etwas Gewohntes fallen bzw. zerbrechen, damit Neues entstehen kann. Schau in deinem Alltag nach Dingen, bei denen du dir sagst – „das brauch ich jetzt" oder „das war immer so" und gib diese Dinge auf, damit du für Neues offen bist." ***Alles klar, ich gehe bewusster durch meinen Alltag!***

Bevor Gabi nachschaute, wie es mir ging und was sie Spezielles für mich tun konnte, berichtete ich ihr, dass ich mich in letzter Zeit tagsüber müder fühlte, in der Nacht des Öfteren aufwachte und meine Krämpfe beim Spazierenfahren deutlich leichter ausgelöst wurden. Gabi schaute also nach und gab mir zur Antwort, dass es für all meine Unannehmlichkeiten eine gemeinsame Ursache gibt. Die Ursache liegt in meiner höher werdenden Lichtschwingung, die ich an meinen Körper angleichen muss. Diese unausgeglichene höhere Lichtschwingung ist für meinen Körper sehr anstrengend und führte zu diesen ungewohnten körperlichen Zuständen. Gabi teilte mir mit, dass ich nach jeder Lichtübung, die ich mache, folgenden Satz abschließend formulieren darf: **„Ich gleiche meinen physischen Körper, jede Zelle, jedes Organ, meine Beine und Füße meiner Lichtschwingung an!"**

Wenn du dieses Kapitel aufmerksam gelesen hast und davon gehe ich aus, wird dir sicherlich aufgefallen sein, dass dir dieser Satz schon einmal untergekommen ist. Du hast Recht. Gabi klärte mich schon vor längerer Zeit darüber auf, dass es unbedingt notwendig ist, wenn Menschen mit der Lichtenergie arbeiten, dass sie diese immer wieder in ihrem physischen Körper angleichen, damit alles harmonisch ablaufen kann. Wie du siehst, bin ich dieser Bitte in letzter Zeit weniger oft nachgekommen. Ab und zu brauchen wir

Menschen einen kleinen Klaps, der sich auf verschiedenste Art und Weise in unseren Leben bemerkbar machen kann, damit wir uns wieder daran erinnern, wie viel Bedeutung in der Anwendung unseres Wissens liegt. Mir wurde dies anhand dieser Tatsache deutlich vor Augen geführt, und ich mache es mir jetzt zur Gewohnheit, meine Lichtschwingung meinem physischen Körper nach jeder Lichtübung anzugleichen, soviel ist sicher!

Meine letzte Frage an diesem Termin lautete: „Worauf darf ich achten bzw. gibt es noch irgendeine Botschaft an mich? Und wie geht es meiner Seele? Die Antwort auf diese Fragen fiel wie folgt aus: Meine Aufgabe ist es jetzt, das Licht in mir zu spüren. Gabi meinte, dass ich mir dieses Spüren des Lichtes durch die Lichtübung vereinfachen könnte. Sie sagte: „Mach deine Lichtübung und sei darauf bedacht, dir dieses Gefühl, das die Lichtübung in dir auslöst, so lange wie möglich aufrechtzuerhalten. Mit etwas Übung wirst du dann dein Licht ein- und ausschalten können, so wie du den Lichtschalter für ein Zimmer ein- oder ausschaltest. Deiner Seele geht es gut - sogar sehr gut."

Die Lichtübung an diesem Tag hatte ganz andere Themen zum Schwerpunkt als bei den letzten Terminen. Zuerst glich Gabi meine Lichtschwingung meinem physischen Körper an, dann aktivierte sie ein Bewegungs-Bewusstsein in alle Zellen meines Körpers, anschließend hat sie die verschiedensten Farben und Lichtfrequenzen genau an diese Stellen meines Körpers durch meinen Lichtkanal fließen lassen, an denen ich sie jetzt brauche. Diese Farben und Lichtfrequenzen fließen so lange, wie es für mich gut ist. Abschließend umhüllte sie meine Lichtkugel mit der silbernen Lichtkugel, verband mich mit meiner Göttlichkeit und erdete mich im Hier und Jetzt.

Mit Gabis Aussage, dass ich erst am Anfang meiner „Licht-Erfahrungen" stehe und es noch viel mehr gibt, beendete ich voller Vorfreude auf diese Erfahrungen meine Sitzung.

23

DAS GESETZ DER ANZIEHUNG

Du kannst dich ja hoffentlich noch an meine allererste Frage, die ich dir am Beginn meines Buches gestellt habe, erinnern.
Nun gut, ich helfe dir etwas auf die Sprünge.
Meine Frage an dich lautete: **„Wie spürst du das Leben in dir?"**
Als ich das Buch „geistig - in Gedanken" begonnen hatte, wusste ich sehr schnell, dass das die entscheidende Frage ist, um dich auf mein spezielles körperliches Spüren in einem Teil meines Körpers aufmerksam zu machen.
Und dann ergab sich ein Satz nach dem anderen wie von selbst.
Auch bei den nachfolgenden 21 Kapiteln ist es mir sehr leicht gefallen sie niederzuschreiben, da es sich dabei um Erfahrungen aus meinem Leben der letzten 6 Jahre gehandelt hat, die ich mehr oder weniger kurz abgerufen habe - mich nochmals daran erinnert habe -, und schon war ein Kapitel nach dem anderen fertig.
Bei meinem 23. und somit letzten Kapitel, das den Titel „Das Gesetz der Anziehung" trägt, bin ich recht gut ins Schreiben gekommen. Witzigerweise wusste ich ganz genau, mit welcher Botschaft dieses Kapitel enden wird, bevor ich noch wusste, wie ich in dieses Kapitel einsteigen werde.
Ich schrieb also so vor mich hin, und als ich für mich dieses Kapitel beendet hatte, dachte ich mir: „So, jetzt habe ich es doch tatsächlich geschafft, das von meinem Höheren Selbst beauftragte Buch vollendet zu haben." ***Juchhu!***

Mir war natürlich von Anfang an klar, dass ich noch einige Male mein Geschriebenes Korrektur lesen musste, bevor ich es jemand anderen Korrektur lesen lasse und das tat ich dann auch. Im Großen und Ganzen war ich mit allen Kapiteln mehr als zufrieden, bis ich zu diesem letzten Kapitel gekommen bin. Ich habe einiges weggelassen, und als ich mit der letzten Seite vom Korrektur lesen fertig war, überkam mich trotz der neuerlichen Überarbeitung ein Gefühl der Ernüchterung.
Ich stellte mir selbst die Frage: „Ilse, bist du wirklich ganz und gar mit diesem Kapitel zufrieden, so wie es nun vor dir liegt?"
Du kannst dir die Antwort sicherlich denken.
Ich sagte mir dann im Stillen:
„Ich weiß, dass mir da noch etwas Entscheidendes fehlt!"
„Ich weiß, dass ich auch in diesem letzten Kapitel etwas Besonderes zu Papier bringen möchte!"
„Ich weiß, dass es mir zum passenden Zeitpunkt zufallen bzw. einfallen wird!"
Und genauso war es dann auch.
Ich habe mir nochmals ein Buch über das Gesetz der Anziehung als Inspiration durchgelesen und alle für mich wichtigen Informationen herausgeschrieben. Anschließend habe ich mir eine CD zu diesem Werk angehört, weil ich der Meinung bin, dass gewisse Botschaften ganz anders auf dich wirken, wenn du sie zusätzlich noch mittels CD vorgetragen bekommst, und du dich ausschließlich auf das Hören konzentrierst.
Und weil ich die ganze Zeit davon **überzeugt war, mir vertraute, ruhig geblieben bin und froh gestimmt war** - trotz des Fernbleibens der zündenden Idee -, habe ich während dieser Stunde des (fast) aufmerksamen Zuhörens die Antwort auf meine

Bitte erhalten, dir etwas Besonderes auch in diesem Kapitel zu bieten.
Auch in diesem Fall bewahrheitet sich das Sprichwort: **„Das Gute liegt so nah!"**
Denn die erste Frage, die ich dir in diesem Buch gestellt habe, trifft auch zu 100% als Frage für dieses letzte Kapitel zu, um dir dann das Gesetz der Anziehung auf eine etwas andere Art und Weise zu erklären.
Und somit schließt sich für mich der Kreis.
Umso erfreulicher ist es jetzt für mich, dass ich - ohne es zu Beginn des Buches gewusst zu haben - dir eine Frage gestellt habe, die im ersten Kapitel für mein körperliches Spüren gedacht war, auch im letzten Kapitel ihre volle Berechtigung hat. Denn in diesem letzten Kapitel, das das Gesetz der Anziehung behandelt, geht es um das **„geistige Spüren"**.
Ein Spüren, das jeder von uns mit auf seinen Lebensweg bekommen hat.
Ein Spüren, dessen sich nur mehr die wenigsten bewusst sind.
Ein Spüren, auf das ich dich in diesem Kapitel wieder aufmerksam machen möchte.
Ein Spüren, an das du dich wieder erinnern darfst.
Ein Spüren, das dir im Grunde genommen alles über dich selbst und dein Leben verrät.
Ein Spüren, das der Schlüssel für alle Geheimnisse des Lebens ist.
Ein Spüren, das, wenn es bewusst wahrgenommen wird, deine schöpferische Kraft, die wir nun mal alle in uns haben, in den Vordergrund stellt.
Ein Spüren, das dir immer einen Hinweis darauf liefert, was du gerade in deinem Leben empfängst bzw. zulässt.

Ein Spüren, das dich immer wissen lässt, worauf du im Moment ausgerichtet bist.
Ein Spüren, das die meisten von uns als Reaktion auf Umstände, Ereignisse, Situationen oder Personen haben.
Ein Spüren, das du auch ganz bewusst in dir hervorrufen kannst, ungeachtet der äußeren Umstände, Ereignisse, Situationen oder Personen.
Ein Spüren, das dich an dein wahres Sein - an den Kern deines Wesens erinnert.
Ein Spüren, das dir über deine Gefühle, über deine Emotionen sagt, wie es um die Verbindung zu deinem wahren Sein - zum Kern deines Wesens - steht.

Im Grunde genommen geht es beim Gesetz der Anziehung um eine Sache, nämlich um das **SPÜREN.** Somit darf ich dir hier nochmals die Frage stellen: „Wie spürst du das Leben in dir?" - mit dem wichtigen Zusatz: im geistigen Bereich. Daher lautet die Frage jetzt: **„Wie spürst du geistig das Leben in dir?"**
Die Antwort: **Über deine GEFÜHLE – über deine EMOTIONEN!**
Wenn du dich jetzt fragst, wie das funktioniert, darf ich dir gleich die Antwort darauf präsentieren.
Ich habe dir in Gabis Kapitel berichtet, dass wir alle einen Kern des Lichtes besitzen, mit dem wir alle miteinander verbunden sind. Dieser Kern hat folgende Eigenschaften: **LIEBE, LICHT, BEWUSSTSEIN, FRIEDEN, FREUDE, KREATIVITÄT** und **EINSSEIN.**
Wie du erkennen kannst, handelt es sich dabei um **POSITIVE** Eigenschaften, die du anhand deiner Gefühle wahrnehmen kannst. Genauso ist es dir möglich, all die **negativen** Eigenschaften wie

zum Beispiel Angst, Sorge, Neid, Missgunst, Kummer oder Traurigkeit mittels deiner Gefühle zu spüren.

Deine, meine und die Aufgabe von uns allen liegt jetzt darin, dass wir den Unterschied zwischen positiven und negativen Gefühlen erkennen.

Wie funktioniert das wiederum?

Das menschliche Wesen wurde mit einigen sehr wertvollen Dingen ausgestattet - unter anderem mit dem Denken. Auch sind wir die einzige Spezies, die einen freien Willen besitzt.

Was möchte ich dir mit dieser Information verdeutlichen?

Jeder von uns darf denken, was er will!

Dabei sind einige Punkte zu beachten:

1. Das, woran du denkst, bekommst du.
2. Du erschaffst durch dein Denken. Du kannst dir alles durch kontrolliertes Denken gezielt herbeiführen.
3. Achte mehr darauf, was du denkst! Alles, was du erlebst, ist das Resultat der Gedanken, die du hast.
4. Jeder Gedanke, den du denkst, hat seine eigene Schwingungsfrequenz.
5. Sind deine Gedanken im Einklang mit den Eigenschaften deines Kerns, erlebst du positive Gefühle - Harmonie. Wenn deine Energie harmonisch fließt, kooperiert das ganze Universum mit dir.

   Entfernen sich deine Gedanken von den Eigenschaften deines Kerns, erlebst du negative Gefühle - Disharmonie. Der Preis, den du für deine innere Disharmonie zahlst, ist viel zu hoch!
6. Jeder Gedanke ist machtvoll, und du besitzt erheblich mehr Kontrolle über deine Erfahrung als dir bewusst ist.

7. Wenn du bewusst deine Aufmerksamkeit und deine Gedanken auf das gewünschte Resultat richtest, kannst du jeden Wunsch verwirklichen. Wenn du dir etwas wünschst und daran glaubst, dass du es auch bekommen kannst, ist das Leben spendend.
8. Die Essenz jedes Gedankens, auf den du dich lange genug konzentrierst, manifestiert sich in deiner Realität.
9. Setze deine Willenskraft ein, um deine Gedanken auf deinen Wunsch und deinen Kern auszurichten.
10. In jedem Moment hast du die Wahl bzw. die Macht, deine Gedanken positiv oder negativ auszurichten.
11. Deine Hauptarbeit besteht nun darin, das zu denken, zu sagen und zu tun, was sich für dich gut anfühlt, und dass du deine negative Einmischung beendest. Dann wirst du mit allem in Harmonie sein, dann bist du mit allem, was du brauchst, verbunden.
12. Wenn du Gedanken und Worte aus einer positiven Emotion heraus denkst und sprichst, ziehst du das an, was du in deinem Leben verwirklicht haben willst. Alles, was du tust, während du eine negative Emotion verspürst, wird negative Ergebnisse zeitigen.
13. Die Art und Weise, wie du über alles denkst, macht den Unterschied.
14. Wähle Gedanken zu jedem Thema bewusst aus und achte darauf, wie sich diese Gedanken jeweils anfühlen. So wirst du perfekt durch dein Leben geleitet.
15. Jeder ist selbst verantwortlich für die Gedanken, die er hat, und die Dinge, die er zum Gegenstand seiner Aufmerksamkeit macht.

16. Jedes Mal, wenn du einen Gedanken wählst, der bewirkt, dass du dich besser fühlst, erfüllst du deine Bestimmung, weil du damit zur Steigerung des allgemeinen Wohlbefindens beiträgst.
17. Die Gedanken anderer haben nur dann Macht über dich, wenn du über ihre Gedanken nachdenkst. Wenn du dich also gedanklich mit den Gedanken eines anderen beschäftigst, machst du sie damit zu deinen Gedanken, und dann wirken sie sich auf dein inneres Gleichgewicht aus.
18. Deine ganze Macht liegt im Hier und Jetzt und bemisst sich immer daran, wie du dich im Augenblick fühlst. Hier und Jetzt hast du die Macht, Gedanken zu wählen, die sich besser anfühlen.

So, das war nun eine Liste voll von wertvollen Informationen, die ich dir hier nochmals etwas genauer erklären möchte, damit du den Zusammenhang besser verstehen kannst.
Es gibt einfach einige Prinzipien, einige Gesetze im Universum, die unveränderlich gelten, egal, was wir tun, wo wir sind, wie wir uns verhalten oder wann wir sie zu unserem Nutzen anwenden.
Bevor ich dir das Gesetz der Anziehung anhand einiger Definitionen und symbolhafter Bilder darstelle, gibt es noch Informationen von mir an dich, die ich als wichtig erachte.

MENSCH = SEELE - GEIST - KÖRPER

Viele sind der Ansicht, dass unser Körper das Allerwichtigste für unser menschliches Dasein ist. Sicher ist es um vieles einfacher und bequemer mit einem gesunden Körper, der in Wahrheit unser natürlicher Seinszustand ist, durchs Leben zu gehen.

Ich darf das zurzeit ja am eigenen Leib erfahren, dass es um einiges schwerer, komplizierter und umständlicher ist, seinen Körper mit einem Hilfsmittel durch die Gegend zu bewegen, als gesund und munter durchs Leben zu spazieren. Aber gerade diese körperliche Erfahrung hat mich zu diesem Wissen geführt, das ich dir hier nun anbieten darf.

Ich darf dich nun daran erinnern, dass du weit mehr als dein Körper bist. Du bist Geist und hast eine Seele – einen Kern – eine Quelle – ein wahres Sein.

Der Geist, den du über deine Gedanken zum Ausdruck bringst, ist die Ursache für alles, was du im Außen erlebst. Somit erschaffst du alles über deine Gedanken. Das heißt, dass nur du allein der Schöpfer deines Lebens sein kannst, da ja nur du allein deine Gedanken denken kannst. Du denkst deine Gedanken und aufgrund deiner Gedanken, erfährst du dein Leben auf genau diese Art und Weise, wie sich deine Gedanken anfühlen.

Und jetzt kommt deine Seele – dein Kern – deine Quelle – dein wahres Sein ins Spiel. Tief in deinem Innersten bist du ein reines, positives Wesen. Lebst du diese Positivität in jedem Bereich und zu jedem Zeitpunkt deines Lebens, dann hast du eine gesunde Seele, die sich über deine bewusste Lebensweise sehr, sehr freut. Und wenn du eine gesunde Seele hast, die natürlich einen gesunden Geist braucht, dann hast du automatisch einen gesunden Körper und somit ein vollkommen gesundes, harmonisches und freudvolles Leben, das sich im Grunde genommen jeder von uns wünscht und das der Sinn unseres Daseins ist.

Die Quelle in uns hält alles für uns bereit – Liebe, Frieden, Freude, Harmonie, Wohlstand, Gesundheit, wundervolle Beziehungen – mit einem Wort wundervolle Lebenserfahrungen, wenn du dich mit ihr verbindest. Trennst du dich von deiner

Quelle, trennst du dich von deinen wundervollen Lebenserfahrungen. Wie du siehst, liegt es ganz allein bei dir, was du aus deinem Leben machst.

BEDINGUNGSLOSE LIEBE

Hier möchte ich dich nun mit einer Definition der bedingungslosen Liebe vertraut machen, die meiner Meinung genau in diese Thematik passt.
Von „**Bedingungsloser Liebe**" kannst du dann sprechen, wenn du deine Verbindung zur Quelle aufrechterhältst, ungeachtet dessen, was um dich herum gerade geschieht. Das heißt, wenn du dich auf Gedanken konzentrierst, die mit der Sichtweise deiner Quelle konform gehen, und du daher wunderschöne positive Gefühle fühlst, dann befindest du dich im Einklang mit dem, was Liebe genannt wird.
So, jetzt kannst du dir die berechtigte Frage stellen: „Heißt das, dass - in welchen Bereich meines Lebens auch immer ich ein Problem habe, ich es deshalb manifestiert habe, weil ich vom Kern meines Seins abgewichen bin - mich von ihm getrennt habe?"
Antwort: Ja, genau so ist es. Jedes Mal, wenn du in irgendeiner Art und Weise Negativität in deinem Leben zulässt, weichst du eigentlich von deinem wahren Seinszustand ab. Und je länger du in diesem negativen Zustand verweilst, desto länger wird dieser anhalten.
Die Kunst des Lebens besteht darin, genau in solchen Momenten, die jedem von uns auf die eine oder andere Art schon begegnet sind, bei sich selbst zu bleiben - mit seinem Kern verbunden zu bleiben.
Wie kannst du das bewerkstelligen?

Suche dir die **positiven Aspekte** deiner Erfahrungen heraus, auch wenn sie noch so klitzeklein sind und **konzentriere dich darauf, dann hältst du deinen Kontakt zu dir selbst aufrecht**. Andernfalls verlierst du diesen Kontakt zu dir, wenn du dich von äußeren Umständen sofort in ihren Bann ziehen lässt. Darin liegen die Herausforderung, die Chance und dein enormes Potenzial.
Auch ich hätte nach meiner Diagnose sagen können: „Okay, jetzt kannst du dich nur mehr rollend durch die Gegend bewegen, und so wird das immer bleiben, du armes menschliches Wesen – Pech gehabt!"
Stattdessen hat sich sofort nach dem Unfall bei mir ein Gefühl eingestellt, dass mich wissen hat lassen, dass alles, so wie es ist, gut ist. Und mit dieser guten Grundstimmung habe ich, wie du bereits aus den vielen vorangegangenen Kapiteln erfahren hast, viele verschiedene Menschen kennen lernen dürfen, die mir viel Mut und Hoffnung machten, dass sich mein Herzenswunsch wirklich manifestieren kann. Wie du siehst, funktioniert das Gesetz der Anziehung perfekt.

MEINE INNERE STIMME

Ich möchte nun kurz auf dieses Gefühl zurückkommen, das ich kurz nach meinem Unfall hatte, weil ich glaube, dass in diesem Moment eine Botschaft enthalten ist, die ich gerne mit dir teilen möchte. Als ich so da lag und mir zwar schon irgendwie bewusst war, dass meine Beine die Aufforderung meinerseits, sich wieder bewegen zu dürfen, irgendwie überhört hatten, stellte sich bei mir eine - für das gerade Stattgefundene - unerwartete Ruhe ein. Und aufgrund dieser Ruhe, die ich in mir zugelassen habe, hat mir meine innere Stimme, die nur dann von dir wahrgenommen werden

kann, wenn du vollkommen ruhig und ausgeglichen bist, mitgeteilt, dass sozusagen alles in Ordnung ist. Was möchte ich dir damit sagen:
Erstens ist es, egal, in welcher momentanen Lage du dich gerade befindest, immer von Vorteil, wenn du ruhig bleibst. Wie heißt es so schön: **„In der Ruhe liegt die Kraft!"** Und wie du bei mir gesehen hast, ist es tatsächlich so gewesen. Aufgrund dieses Gefühls hat sich mein Leben nach dem Unfall zu einem täglichen Geschenk entpuppt, dass ich weder erwartet noch mir erhofft habe.
Zweitens ist es so, dass deine innere Stimme nur dann von dir gehört werden kann, wenn du still bist. Wir leben in einer sehr „lauten" Zeit und da ist es nur sinnvoll, ab und zu die Stille zu suchen, um die Hilfe unserer inneren Stimme in Anspruch zu nehmen, die dir unentwegt zur Verfügung steht.
Drittens möchte ich dich noch wissen lassen, dass wir nur mit solchen Erfahrungen in unserem Leben konfrontiert werden, die wir wieder zu unserem Wohle korrigieren können.
Ich bin ja felsenfest davon überzeugt, dass ich selbst für meine momentane eingeschränkte körperliche Aktivität verantwortlich bin und genau aus diesem Grund, weiß ich auch, dass nur ich selbst es schaffen kann, mich aus dieser misslichen körperlichen Lage zu befreien. Und wie du bereits weißt, habe ich mein ultimatives Heilmittel ja bereits von Elke erhalten. Ich selbst kann mich jetzt heilen, indem ich immer wieder die Übung der Schöpfungsliebe mache und an mich selbst und meine Heilung glaube. Und wenn ich das schaffe, dann ist das auch für jeden anderen Menschen möglich.

MENSCH = EIN ENERGIEWESEN - EIN SCHWINGUNGSWESEN

Eine weitere wichtige Botschaft, die ich dir in diesem Zusammenhang zukommen lassen möchte, betrifft unseren ursprünglichen Seinszustand.

Energie ist die Grundlage von allem. Und da Energie schwingt, ist alles Energie und alles Schwingung. Deshalb bist du im Grunde genommen ein Energiewesen - ein Schwingungswesen, und das Gesetz der Anziehung reagiert immer auf Schwingungen, die du aussendest. Du sendest diese Schwingungen aufgrund deiner Gedanken aus, die in dir ein positives oder negatives Gefühl verursachen. **Du erkennst deine Schwingung daran, wie du dich fühlst.**

Sendest du Gedanken aus, die in dir ein positives Gefühl erzeugen, dann stehst du mit deinem Kern deines Schwingungswesens in Harmonie, und das Leben wird dir all das bringen, was du von ihm verlangst bzw. was du dir wünschst.

Sendest du hingegen Gedanken aus, die in dir ein negatives Gefühl erzeugen, dann stehst du mit deinem Kern deines Schwingungswesens in Disharmonie, und du hältst dich unbewusst oder unwissend von all deinen Wünschen, Vorlieben oder Idealen fern.

Somit kannst du an deinen Gefühlen erkennen, in welchem Maß deine Gedanken gerade die Fülle deines Kerns zulassen.

Deine Gefühle sind deine Führung, die du nun wieder wahrnehmen lernen darfst. Frage dich Abschnitt für Abschnitt: „Wie fühle ich mich?"

Dein Leben entspricht immer genau deinen schwingungsmäßigen Gedankenmustern.

Es kann nur das in Erscheinung treten, was du in deiner Schwingung aktiviert hast.
Du sendest immer eine Schwingung aus und das Gesetz der Anziehung reagiert immer auf deine Schwingung, also kannst du sie auch gleich bewusst aussenden!
Ganz gleich, was du denkst (ob du dich an Vergangenes erinnerst, ob du ein gegenwärtiges Thema betrachtest oder ob du ein zukünftiges Ereignis planst), es bewirkt immer, dass du **JETZT eine Schwingung aussendest, die zum Ort deiner Anziehung wird.**
Du musst deine Schwingung in Griff bekommen, weil deine Schwingung dein Leben ist!
Daher ist es weniger von Bedeutung, was du tust, sondern welche Schwingung du ausstrahlst. **Das, was du tust, ist weniger entscheidend als wie du dich bei dem, was du tust, fühlst!**
Es kommt einzig und allein auf deine Schwingungsharmonie an. Es geht immer nur um Eins: Um deine gegenwärtigen Schwingungen, die durch deine eigenen Gedanken hervorgerufen werden und darum, in welchem Verhältnis diese Schwingungen zu den Schwingungen deines wahren Seins und deinen Wünschen stehen.
Der einzige Weg, um glücklich zu werden, ist der, dass du eine Schwingungsharmonie zu deinem wahren Sein herstellst. Denn nur in diesem Zustand hast du einen positiven Einfluss auf deine Mitwelt.
Sei liebevoll, sei bewusst, sei friedvoll, sei freundlich, sei kreativ, dann bist du mit dir selbst Eins und in Harmonie. Und aus diesem harmonischen inneren Gleichgewicht, das die Ursache ist, können dann nur harmonische Umstände, Gegebenheiten, Erfahrungen oder Personen entstehen, die dann die Auswirkung sind.

Anders formuliert: **Tu das Einzige, was du kontrollieren kannst – in deiner Verantwortung liegt, und zwar die Harmonisierung deiner eigenen Gedanken – Schwingungen – Energien!**
Diese Verbindung bzw. Schwingungsharmonie kannst du nur in dir erzeugen. Wenn es dir gelingt, diese sehr wertvolle Verbindung mit dir einzugehen, dann entstehen in dir innere Klarheit, wahre Lebensfreude und allgemeines Wohlbefinden. Die Verbindung zu dir selbst wieder zu finden, ist 1000-mal wertvoller als irgendwelche äußere Vorschriften zu befolgen.
Unser aller wahre Lebensaufgabe besteht darin, die Schwingungen unseres eigenen Seins zu kontrollieren!
Sieh alles aus der Perspektive deines wahren Seins, dann wirst du immer nur das Beste in anderen sehen. Du bist also jemandem nur dann von Nutzen, wenn du an diese Person denkst und dich gleichzeitig gut fühlen kannst.
Du stimmst mit der Quelle überein, je besser du dich fühlst. Damit intensivierst du jeden Moment deines Tages.
Du kannst dein wahres Sein immer in dir fühlen, wenn du bereit bist, darauf zu achten, wenn du bereit bist, in dich hineinzuhören und wenn du bereit bist, dies eine Weile lang zu üben.

GEFÜHLE

Nun möchte ich noch im Speziellen auf das Spüren - die Gefühle eingehen.
Es ist jetzt an der Zeit, dass du die Macht deiner Gefühle wieder entdeckst. Denn deine Gefühle geben dir sehr zuverlässig ein Feedback darüber, wie es um deine wichtigste Beziehung steht.
Welche Beziehung wirst du dich jetzt fragen?

Es handelt sich dabei um die Beziehung zwischen dir und deinem wahren Sein.
Deine Gefühle zeigen dir klar und deutlich, wie es um deine Schwingungsbeziehung zwischen dir und deinem wahren Sein bestellt ist. Passen die Schwingungen zusammen, fühlst du dich gut. Besteht ein eklatanter Unterschied zwischen beiden Schwingungen, fühlst du dich schlecht.
Deine Gefühle zeigen dir somit die Schwingungsrelation zwischen deinen Wünschen und deinen gegenwärtigen Gedanken, zwischen deinen Wünschen und deinen Überzeugungen und zwischen deinen Wünschen und deinen Erwartungen auf.
Die Art und Weise deines Fühlens ist ein wahrer Hinweis auf die schöpferische Richtung deiner Gedankenschwingungen.
Alles, was dir widerfährt, passt perfekt zu deiner gegenwärtigen Schwingungsfrequenz, und deine Gefühle zeigen dir an, welche Schwingung du jeweils aussendest.
Und jetzt kommt die gute Nachricht: Du kannst deine Gefühle selbst steuern, indem du bewusst deine Gedanken wählst. Richte deine Gedanken zu jedem Thema bewusst aus und achte darauf, wie sich diese Gedanken jeweils anfühlen.
Deine Gefühle sind das Ergebnis deiner Gedanken, für die du dich entschieden hast. Sie helfen dir zu verstehen, was du gerade mit deinen Gedanken erschaffst.
Sei dir bewusst, was du bei deinen Gedanken und Worten empfindest. Nur wenn du bei jeder Äußerung bewusst darauf achtest, wie du dich fühlst, weißt du wirklich, ob du etwas Positives oder Negatives anziehst. Denn du bekommst, was du empfindest, während du über eine Sache oder eine Person nachdenkst, etwas oder jemand beobachtest oder über etwas oder jemand sprichst.

Du hast immer die Möglichkeit deine Gefühle bezüglich einer Situation zu verändern und damit veränderst du deine Realität.
Die meisten Menschen machen ihren Gefühlszustand davon abhängig, was momentan gerade in ihrem Leben geschieht. Wenn die Dinge gut laufen, fühlen sie sich gut. Wenn es schlecht läuft, fühlen sie sich schlecht.
Du musst einen Weg finden, dich Hier und Jetzt gut zu fühlen, auch wenn das, was du dir wünschst, auf sich warten lässt. Nur dann wirst du es bekommen.
Wenn du dich daran erinnerst, dass du deine Gefühle selbst steuern kannst, wie auch immer die äußeren Umstände sein mögen, gewinnst du deine Macht zurück.
Im Prinzip hast du eigentlich nur die Wahl zwischen 2 Gefühlen:

a) jene, die sich besser anfühlen
b) jene, die sich schlechter anfühlen

Daher mein Tipp an dich: Richte deine bewusste Aufmerksamkeit auf Dinge, die sich für dich gut anfühlen und lasse dann Handlungen folgen, zu denen du dich inspiriert fühlst.
Ich möchte dich ermutigen, auf dein emotionales Gleichgewicht zu achten, dich bewusst um Gedanken zu bemühen, die in dir die bestmöglichen Gefühle hervorrufen und dich darin zu üben, bis es dir zur Gewohnheit wird.

Wirst du dir deiner negativen Emotion bewusst, ist es von enormer Bedeutung, dass du nach Erleichterung strebst - einfach nach einem sich etwas besser anfühlenden Gedanken, den du dann weiterhin deine vollkommene Aufmerksamkeit schenkst.
Alle Formen von emotionalem Schmerz basieren auf einer Disharmonie mit deinem wahren Sein. Das, was du über ein Thema

denkst, unterscheidet sich vollkommen davon, was dein wahres Sein darüber denkt. Und deshalb spürst du - sozusagen als Warnung - dieses unangenehme, negative Gefühl.
Reagierst du auf etwas oder auf jemanden negativ, ist einfach mehr Schwingungsharmonie im jeweiligen Bereich nötig.
Deine negativen Emotionen zeigen dir zuverlässig an, dass du dich von deinen Wünschen fernhältst. So weißt du immer genau, was du gerade tust.
Spürst du eine negative Emotion in dir, heißt das, dass du dich auf Unerwünschtes konzentrierst, dass du dich von deinem wahren Sein trennst, dass du Widerstand leistest und dass du dich von deinen Wünschen selbst fern hältst; du weigerst dich, der zu sein, der du bist! Wenn du ein negatives Gefühl in dir aufkommen lässt, schneidest du dich selbst von jeder möglichen Hilfe ab.
Jedes Handeln vom Ort der Negativität aus ist immer kontraproduktiv.
Wirst du auf einen negativen Gedanken aufmerksam, dann sage dir im Geist:
„Stopp - ist das ein Gedanke, der gut für mich ist?"
„Stopp - befindet sich dieser Gedanke wirklich im Einklang mit meinem wahren Sein?"
Und dann wende den Schlüssel zur „Bewussten Schöpfung" an: Wähle bewusst, wie du dich fühlen möchtest, finde dann einen Weg, dich hier und jetzt genauso zu fühlen.

ES GEHT EINFACH DARUM, WIE DU DICH FÜHLST!

DAS GESETZ DER ANZIEHUNG

So nun komme ich zu den Definitionen des Gesetzes der Anziehung, das immer funktioniert - egal, wo du gerade bist, was du gerade machst oder wie es dir geht. Diese Tatsache ist die grenzenlose, immerwährende und allwissende Gerechtigkeit des Universums.

Das GESETZ DER ANZIEHUNG lautet:

„GLEICHES ZIEHT GLEICHES AN!"

„Der Gedanke ist schöpferisch und hat die Tendenz automatisch mit seinem Objekt zusammenzutreffen!"

Was bedeutet das im Klartext?
Alles, was erschaffen wird, existiert zunächst als Gedanke. Immer ruft der **Gedanke**, auf den du dich in deinem **mächtigen Jetzt konzentrierst** eine **Schwingung** hervor, und das **Gesetz der Anziehung reagiert** sofort darauf - Dinge mit gleicher Schwingung werden zusammengeführt und solche, die unterschiedliche Schwingungen aufweisen, werden voneinander fern gehalten.
Beispiel gefällig:
Wenn du vor lauter Freude die ganze Welt umarmen könntest, dann bist du außer Stande, irgendetwas Negatives in dein Leben zu manifestieren, wie etwa verärgerte Menschen oder sonstige negative Erlebnisse. Du hast dir aufgrund deiner Gemütsverfassung quasi eine Einbahnstraße für weitere freudvolle Menschen und Ereignisse geschaffen. Damit hast du den Sinn des Lebens Wirklichkeit werden lassen. Denn du bist auf diese Welt gekommen, um Freude zu erleben. Sei dir dessen bitte

jede Minute deines wertvollen und schöpferischen Lebens bewusst.
Andererseits wird es dir verwehrt bleiben, liebevolle oder glückliche Menschen oder Situationen in deinem Leben begrüßen zu dürfen, wenn du verärgert oder einfach schlecht drauf bist.
Wie du siehst, liegt es einzig und allein bei dir, welche Lebenserfahrungen in dein Leben treten.

ANSCHAULICHE BILDER VOM GESETZ DER ANZIEHUNG

An dieser Stelle möchte ich dir das Gesetz der Anziehung anhand 5 verschiedener Bilder anschaulicher machen:

1. Bild:

Betrachte dich als einen **Magneten**, der das, was du denkst und fühlst, anzieht.
Hast du positive, angenehme Gedanken, ziehst du damit positive, angenehme Personen, Umstände oder Erfahrungen in dein Leben.
Hast du hingegen negative, unangenehme Gedanken, ziehst du damit etwas Negatives in dein Leben. Dieses Negative zeigt sich dir in Form von Personen, Umständen, Ereignissen oder Erfahrungen, die du in deinem Leben selbst verursacht hast. Deshalb ist es von besonderer Bedeutung, dass du dich immer fragst: „Was passiert gerade in meinem Leben? Ist es etwas Erfreuliches oder etwas Unerfreuliches? Und welche Schlüsse kann ich daraus ziehen?"
Falls du momentan in deinem Leben viel Positives erfährst, dann kann ich dir nur raten, bleib weiterhin auf deiner Erfolgsspur.
Falls du aber immer wieder auf harte Proben gestellt wirst, darfst du diese erstens als große Herausforderungen und Chancen

betrachten, zweitens muss dir klar sein, dass du allein für alles in deinem Leben die Verantwortung trägst, und drittens gibt es Gedankenmuster oder Glaubensmuster in dir, die einer genaueren Analyse unterzogen werden dürfen.

2. Bild:

Unendlich viele Gedanken stehen dir immer als Wahl zur Verfügung.
Stell dir das Bild eines **Büffets** vor. Es gibt viele, denen ein Buffet immer wieder Anlass zur Freude gibt, weil sie sich genau das aussuchen können, was sie am liebsten essen. Und genauso spielt es sich im tatsächlichen Leben ab. Du hast immer die Wahl, dir die besten Gedanken, die dir momentan möglich sind, in dein Leben zu holen. Wähle dir die Gedanken aus, die dir dein Leben so gestalten lassen, wie du es dir vorstellst.
Wenn du dich zum Beispiel weigerst Fleisch zu essen, wirst du schnellen Schrittes bei der Ausgabe für Fleisch vorbeizischen, um dann bei Gemüse und Salaten Halt zu machen, die dich allein vom Geruch her schon entzücken.
Sei deshalb bei deiner Gedankenwahl genauso akribisch wie bei deiner Essenswahl. Kommt da irgendein negativer Gedanke daher, der bei dir Einlass sucht, lass ihn, genauso schnell, wie er gekommen ist, auch wieder los. So wird dein Leben im wahrsten Sinne des Wortes ein voller Genuss.

3. Bild:

Da das ganze Universum aus Energie besteht und wir Menschen ein Teil dieses Universums sind, sind wir im Grunde genommen Energiewesen, die unterschiedliche Schwingungen aussenden. Je

nachdem, welche Art von Schwingung wir aussenden, erhalten wir die entsprechende Schwingung zurück.
Damit du dir diese Erläuterung etwas besser vorstellen kannst, erkläre ich es dir anhand eines **Radios.** Wenn du einen gewissen Sender hören willst, musst du exakt die Frequenz dieses Senders im Radio einstellen. Damit gibst du dem Radio das Signal - „bitte diesen Sender" - und das Radio antwortet - „gerne" und spielt die Musik, die du hören willst.
Im übertragenen Sinn bist du dieses Radio. Du sendest durch deine Gedanken und Gefühle ein Signal/eine Schwingung ans Universum aus, und das Universum erhört deine Bitte und schickt dir die entsprechenden Personen, Umstände, Ereignisse oder Erfahrungen zurück, die du dann in Empfang nehmen musst. Du bist also Sender und Empfänger zugleich. Deshalb ist es von so großer Wichtigkeit, dass du dir vollkommen bewusst bist, was du aussendest. **Denn du kannst nur das empfangen, was du selbst ausgesandt hast.** Es geht also nur so: Du sendest gute Gedanken aus und erhältst gute Erfahrungen oder du sendest schlechte Gedanken aus und erhältst schlechte Erfahrungen. Schlechte Gedanken auszusenden und voller Hoffnung darauf wartend gute Erfahrungen zu empfangen, ist aufgrund des Gesetzes der Anziehung vollkommen ausgeschlossen.

4. Bild:

Unsere Gedanken sind wie Samen, die wir aussähen, und unsere Gefühle sind das Wasser, mit dem wir sie gießen. Der **Garten** unserer derzeitigen Existenz ist unser eigenes Resultat und liegt in unserer Verantwortung. Du bist für die Pracht in deinem Garten selbst verantwortlich, denn nur du denkst deine Gedanken, denn nur du hast die entsprechenden Gefühle, denn nur du sprichst

deine Worte aus und nur du handelst mit deinen Taten. Egal, wie verwildert dein Garten auch momentan sein mag, du kannst jetzt damit beginnen, ihn Abschnitt für Abschnitt zu einem wunderschönen Garten werden zu lassen, indem du alles Unkraut (negative Gedanken) jätest und ihn mit viel Liebe pflegst.
Sei dir auch dessen bewusst, dass du nur das ernten kannst, was du gesät hast.
Wenn du Apfelsamen in die Erde legst, wirst du nach einer gewissen Zeit ausschließlich Äpfel ernten können. Und so ist es auch bei uns Menschen: Du säst gute Gedanken aus und erntest dafür Gutes oder du säst schlechte Gedanken aus und erntest dafür Schlechtes.

5. Bild:
Ich habe dir bereits im Kapitel „Gabi - die Seelendame" erzählt, dass wir einen **Kern des Lichtes** besitzen. Diesen Kern kannst du mit einem Apfelkern vergleichen, den du in die Erde säst, pflegst und hegst, und der nach einigen Jahren sofern der Standort passt, reife, süße Früchte trägt, die deinen Gaumen erfreuen. Genauso ist es mit unserem Kern, der unseren natürlichen Seinszustand offenbart. Dieser Kern beinhaltet Liebe, Licht, Bewusstsein, Frieden, Freude, Kreativität und Einssein. Wenn du dir all diese Eigenschaften zu Eigen machst, dann wirst du die süßesten Früchte, die das Leben für dich bereithält, ernten können. Ich sagte schon, dass diese **7 Eigenschaften des Kerns des Lichtes** unseren natürlichen Seinzustand darstellen. Das heißt, lebst du diese Eigenschaften, bist du in deinem wahren Sein angekommen.
Aber wie oft lässt du dich durch andere Personen, Situationen, Ereignisse oder Umstände aus deinem wahren Sein schleudern.

Sind es diese Personen oder Umstände wert, dass du dein wahres Sein, deine Ur-Kraft und dein ganzes Potenzial dafür aufgibst? Jedes Mal, wenn du bemerkst, dass jemand oder etwas in dir ein negatives Gefühl auslöst, darfst du dich an deinen wahren Kern erinnern und dir sagen: **„Ich bin Liebe. Ich bin Licht. Ich bin Bewusstsein. Ich bin Friede. Ich bin Freude. Ich bin Kreativität. Ich bin Eins – danke lieber negative Gedanke, danke liebes negative Gefühl, dass du mich daran erinnert hast, wer ich in Wahrheit bin."**
Wenn du dann wieder deine Aufmerksamkeit und deine Konzentration auf diese dir innewohnenden Werte legst, bist du wieder vollkommen mit dir Eins und ein wunderschönes, aufregendes und verheißungsvolles Leben wartet auf dich. So einfach ist das. Das Einzige, was du nun zu tun hast, ist, dass du viel bewusster mit deinem Leben umgehst. Dazu kannst du dir folgende Frage stellen: „Möchte ich wirklich haben, dass sich die Gedanken, die ich heute denke, in ein paar Tagen, Monaten oder Jahren in meinem Leben verwirklichen?"

Ich hoffe, dass ich dir anhand dieser 5 Beispiele das Gesetz der Anziehung auf eine verständliche Art und Weise nahe gebracht habe.

WICHTIGE AUSSAGEN BEZÜGLICH DES GESETZES DER ANZIEHUNG

Jetzt folgen die verschiedensten Aussagen bezüglich des Gesetzes der Anziehung, die sich im Laufe der Jahre bei meinen Lektüren angesammelt haben, und die ich für dich ausgewählt habe, um dir ein noch besseres Verständnis zukommen zu lassen,

dass du es allein in deiner eigenen Hand hast, wie sich dein Leben gestaltet.
All die nun folgenden Aussagen habe ich deshalb ausgewählt, weil ich dich zum Nachdenken anregen möchte, und weil ich hoffe, dass dir vieles, was bisher in deinem Leben geschehen ist, nun klarer und verständlicher wird. Nimm dir deshalb gerade jetzt die Zeit, die einzelnen Aussagen auf dich wirken zu lassen.
Du kannst es gerne auch so machen, dass du dir irgendeine dieser vielen Aussagen als Begleiter für einen Tag auswählst, der dich immer wieder an deine Fähigkeiten und Talente erinnert.

- **Das, was du denkst, zieht in jedem Moment andere Gedanken an, die dem, was du denkst, gleichen!**

Hast du momentan positive Gedanken, die dir durch deinen Kopf gehen, wirst du aufgrund deiner positiven Einstellung - deiner positiven Schwingung weitere positive Gedanken, Ideen oder Einfälle anziehen.
Bist du hingegen in einer negativen Stimmungslage, musst du dich Schritt für Schritt um sich etwas besser anfühlende Gedanken bemühen, um dich von diesem negativen Ort der Anziehung zu befreien. Ansonsten wirst du weiterhin negative Erfahrungen in dein Leben ziehen. Und deshalb bewirkt das Gesetz der Anziehung, dass dir nur Gedanken zugänglich sind, die zu den von dir ausgestrahlten Schwingungen passen.
Das Gesetz der Anziehung kann dir ausschließlich Erfahrungen liefern, die zu den von dir ausgestrahlten Schwingungen passen. Das Gesetz der Anziehung bringt dich ständig mit Menschen, Situationen und Ereignissen in Berührung, die zu deiner Schwingung passen.

Wenn dir also auffällt, dass eine Person, mit der du in Kontakt gekommen bist, unfreundlich ist, dann kann diese Person nur aus dem einen Grund in dein Leben getreten sein, weil du diese unfreundliche Schwingung selbst in dir hattest, ansonsten wäre diese Person von dir fern geblieben.
So weißt du ab jetzt, dass bei allen negativen, schlechten oder unangenehmen Erfahrungen, die in dein Leben getreten sind, dass du sie aufgrund deiner Schwingung - deiner Gedanken und den entsprechenden Gefühlen - zu dir eingeladen hast. Das Gesetz der Anziehung reagiert weder auf deine Worte noch auf deine Taten sondern ausschließlich auf deine Schwingung, die du aussendest.
So ziehst du das in dein Leben, was du zuvor ausgestrahlt hast.
Die gute Nachricht zu all diesen Informationen über das Gesetz der Anziehung lautet nun: Du hast darüber die vollkommene Kontrolle, weil du selbst deine Gedanken wählst.
Konzentriere dich auf dein eigenes energetisches Gleichgewicht - deine innere Harmonie und den Rest besorgt das Gesetz der Anziehung für dich.

- **Das Gesetz der Anziehung ist die Grundlage jeder Schöpfung!**

So trägst du mit deinem DENKEN zum fortlaufenden SCHÖPFUNGSPROZESS aktiv bei. Und genau aus diesem Grund bist du so immens wertvoll. Jeder Mensch, der sich dafür entschieden hat, auf der Mutter Erde zu leben, kann durch sein Dasein vieles bewirken. Durch sein Denken und Fühlen hat er es selbst in der Hand, ob er mehr Positives oder Negatives für sich selbst und für uns alle erschafft. Das ist doch herrlich!
Jeder von uns ist mit ganz bestimmten Lebensaufgaben auf diese Welt gekommen, die er in die Tat umsetzen möchte. Gelingt es

ihm, dann hat er durch seine Anwesenheit zur Verbesserung der Welt beigetragen. Verfehlt er dieses Ziel aus welchen Gründen auch immer, dann bekommt er immer wieder die Chance, sich auf sein wahres Sein zu besinnen.
Kurz gesagt, kann die wahre Lebensaufgabe aller so beschrieben werden, dass wir einzig und allein die Schwingung unseres wahren Seins in unser aller Leben verwirklichen dürfen.

Als ich endlich begriffen habe, dass ich selbst für alles in meinem Leben aufgrund meiner GEDANKEN und GEFÜHLE - aufgrund meines **SEINS** - verantwortlich bin, ist mir sozusagen ein Licht aufgegangen.

- ⊙ **Jeder erhält genau das, was er ist.**

Das ist doch einfach nur fair und gerecht, oder? Aufgrund dieser Tatsache, ist es verständlich, dass du nur selbstbezogen sein kannst, denn du kannst immer nur aus deiner ganz persönlichen Perspektive wahrnehmen und handeln. Nur du hast deine ganz persönlichen Gedanken und Gefühle, die dir durch deinen Kopf gehen, wenn du ein bestimmtes Ereignis beobachtest. Genau diese Gedanken und Gefühle machen deine Persönlichkeit aus und das ist gut so.

- ⊙ **Deine ganze Macht liegt im Hier und Jetzt! Jeder Moment ist neu. Nutze diese Chance!**

Die einzige Zeit, auf die sich das Gesetz der Anziehung beziehen kann, ist die Gegenwart. So wie du jetzt bist, ziehst du dementsprechende Personen oder Situationen an, die zu deiner momentanen Schwingung passen. Dem Gesetz der Anziehung ist es egal, was du in deiner Vergangenheit alles gemacht hast, wie du warst und wo du überall herumgekommen bist, es ist ihm egal, was du alles für deine Zukunft planst, wie du sein möchtest und wo du dich in 5 Jahren siehst. Der einzige Zeitpunkt, der für das Gesetz der Anziehung relevant ist, ist dieser Augenblick.

- ⊙ **Das Gesetz der Anziehung bringt dir das, was du jetzt bist.**

Bist du jetzt liebevoll, werden dir liebevolle Erfahrungen zuteil.
Bist du jetzt enttäuscht, werden dir weitere enttäuschende Erfahrungen in deinem Leben begegnen.
Bist du jetzt glücklich, wirst du glückliche Erfahrungen erleben.
Bist du jetzt verärgert, bringt dir das Gesetz der Anziehung weitere Erfahrungen in dein Leben, über die du dich ebenfalls ärgern wirst.
So funktioniert das Gesetz der Anziehung. Durch deinen momentanen Ist-Zustand, der durch deine Gedanken gewisse Gefühle in dir entstehen lässt, gibst du dem Universum deine Schwingung bekannt, und das Universum antwortet mit derselben Schwingung auf deine Schwingung mit folgendem Satz: „Dein Wunsch sei mir Befehl!"
Wie du siehst, ist das Gesetz der Anziehung ein sehr korrekter und überaus verlässlicher Diener.

Mein Tipp an dieser Stelle an dich:
Lebe von Augenblick zu Augenblick und sei dir deiner Schwingungsfrequenz (positiv oder negativ) in jedem Augenblick bewusst, dann wirst du dir nur mehr solche Erfahrungen in dein Leben holen, die du gewollt hast.
Weiters ist es sinnvoll, von allen negativen Erlebnissen der Vergangenheit Abstand zu nehmen, da du sie dir ansonsten wieder in deine Gegenwart holst.

Und wenn du dir Pläne, Visionen oder Träume über deine Zukunft machst, gestalte sie dir ausnahmslos so, wie du sie tatsächlich erleben willst, ohne Wenn und Aber.

- ⊙ **Der einfachste Weg zu einem glücklichen, gesunden und wohlhabenden Leben geht mit Sicherheit von einem glücklichen, gesunden und wohlhabenden Moment aus.**

Wenn du mich jetzt fragst: „Wie kann ich mich mit all meinen Sorgen glücklich, gesund und wohlhabend fühlen?" Dann darf ich dir zur Antwort geben: „Du musst dich einfach mit diesen Gefühlen von innen heraus füllen." Wie du einen Kübel unter einen laufenden Wasserhahn stellst und so mit Wasser füllst, damit du anschließend einen vollen Wasserkübel zur Verfügung hast, so darfst du dich ständig mit Liebe, Gesundheit, Wohlstand, Glück, Harmonie, Frieden, Freude oder Dankbarkeit füllen.
Wie kann das funktionieren?
Indem du deine ganze Aufmerksamkeit auf genau diese Dinge wie Liebe, Gesundheit, Wohlstand, usw. lenkst und von allen negativen Erfahrungen deine ganze Aufmerksamkeit abziehst.
Wenn du krank bist, musst du dich so lange mit gesunden Gedanken, Gefühlen und Worten von innen her füllen, bis dein „Kübel für Gesundheit" übergeht und somit deine Gesundheit im Äußeren Wirklichkeit werden kann.
Wenn du finanzielle Schwierigkeiten hast, musst du dich so lange mit reichen, wohlhabenden Gedanken, Gefühlen und Worten von innen her füllen, bis dein „Kübel für finanziellen Wohlstand" übergeht und somit dein finanzieller Wohlstand im Äußeren Wirklichkeit werden kann.

Und nur in dieser Richtung ist es möglich, dass du etwas manifestierst, das du haben willst.

- **Du musst es in dir fühlen, in dir sein, in dir denken und von dir darüber sprechen, als ob du es bereits erhalten hättest. Das ist der Schlüssel zum erfolgreichen, schöpferischen menschlichen Dasein.**

Wenn du wieder gesund sein willst, musst du dich gesund fühlen und gesund denken, denn das Universum und somit das Gesetz der Anziehung zieht das von dir an, was du jetzt ausstrahlst, ob das deinem momentanen tatsächlichen körperlichen Zustand entspricht, ist dem Universum vollkommen egal.

- **Das Universum antwortet dir ausschließlich auf deine von dir in diesem Augenblick ausgestrahlte Schwingung, die du mit deinen Gedanken und Gefühlen aufgefüllt hast.**

Wenn du mich jetzt fragst, weil du ein Mensch bist, der der Ehrlichkeit in seinem Leben einen hohen Stellenwert einräumt, ob es eine Lüge ist, wenn du so tust, als ob, dann darf ich dir folgende ehrliche Antwort geben:
Wenn du krank bist und dich weiterhin auf dein Kranksein konzentrierst, wirst du auch weiterhin krank bleiben, weil du - mit deinen kranken Gedanken aufgrund des Gesetzes der Anziehung, das lediglich auf deine Schwingungen antwortet, diesen körperlichen Zustand bestätigst. In Wahrheit bedeutet Kranksein nur, dass du deine Gesundheit verleugnest, die aber deinem wahren Sein entspricht. Und deshalb kann es nur wünschenswert sein, dich deinem wahren Sein auch körperlich anzunähern, was du aufgrund deiner Aufmerksamkeit und Konzentration auf deine

Gesundheit bewerkstelligen kannst. Aus dieser Sicht ist es also eine Lüge deinem wahren Sein gegenüber, dich weiterhin auf deinen Ist-Zustand (Krankheit) zu konzentrieren, anstatt Gedanken und Gefühle des Gesundseins in dir aufkommen zu lassen, die deine Gesundheit tatsächlich Wirklichkeit werden lassen. Denn dadurch kommst du deinem wahren Sein wieder ein Stückchen näher.

- **Alles, was du erlebst, ist das Resultat deiner Gedanken, Absichten und Überzeugungen, die du hast, und zwar ausnahmslos.**

Diese Aussage nehme ich gleich zum Anlass, dir im Bezug auf schwierige Themen, die sich in deinem Leben momentan als große Herausforderungen darstellen, eine Lösungsmöglichkeit anzubieten. Egal, welches Thema dir momentan Kummer, Sorge, Ärger, Neid, Hass - welchen negativen Gedanken auch immer - bereitet, frage dich einfach: „Welche Gedanken habe ich zu diesem speziellen Thema?" Hol dir das Geschehene aus deinem Speicher hervor und lass alle Gedanken, die dir dazu einfallen, zu. Am besten ist es, wenn du sie dir aufschreibst. Wichtig bei dieser Suche nach den so genannten „Übeltätern" ist es, dass du ehrlich zu dir bist. Schreib also alle Gedanken zu diesem bestimmten Thema nieder, und du wirst erkennen, woran du arbeiten darfst. Mit Sicherheit gibt es den einen oder anderen negativen Gedanken zu diesem speziellen Thema. Und genau diese negativen Gedanken kannst du jetzt durchleuchten und dir wird klar werden, dass du auch die Möglichkeit hast, anders über dieses Thema zu denken. Sei dankbar für diese Erfahrung und bewege dich Schritt für Schritt auf eine positivere Einstellung bezüglich dieses Themas zu. Das kannst du insofern schaffen, indem du dir einen

positiven Aspekt dieses Themas heraussuchst und diesem dann deine vollkommene Aufmerksamkeit schenkst. So weckst du in dir positivere Gedanken, die dir aufgrund des Gesetzes der Anziehung weitere positivere Gedanken zugänglich machen. Nach und nach wirst du dieses zuvor belastende Thema aus einem ganz anderen Blickwinkel betrachten und feststellen, dass du jederzeit deine Gedanken bezüglich jedes Themas ändern kannst, sofern du dies wirklich willst.
Dazu fällt mir eine, meiner Meinung nach, ganz bedeutende Aussage ein, die ich gerne mit dir teilen möchte, weil ich davon überzeugt bin, dass sie dir helfen wird.

- ⊙ **Jedes negative Gefühl, das du in dir aus welchem Grund auch immer zulässt, ist ein Zeichen dafür, dass es noch der Liebe bedarf!**

Eine weitere Hilfestellung möchte ich dir in Bezug auf deine „Absichten" zukommen lassen. Vollende nun folgenden Satz mit deiner Absicht, schreib ihn dir auf ein Blatt Papier und platziere ihn so, dass er dir immer im Blickfeld bleibt. Dieser Satz lautet:
„Eine Sache, die ich am Ende des Tages, des Kurses, der Arbeit, des Projekts zu ändern beabsichtige, ist…"
Nimm am Anfang eher leichte Dinge in Angriff, die dich an dir schon immer irgendwie gestört haben, du es aber bis jetzt versäumt hast, sie bewusst und mit Absicht zu ändern. Wenn du das Tag für Tag tust, wird es dir von Tag zu Tag leichter fallen und schlussendlich enorm viel Freude machen, wenn du nach einem Monat deine alte Gewohnheit losgeworden bist.
Wie schnell sich deine Absicht verwirklicht, kannst du mit diesen 3 Punkten überprüfen:

1. Wie sehr konzentriere ich mich auf meine Absicht?

2. Wie stark sind die korrespondierenden Gefühle?
3. An welche Dinge denke ich sonst noch?

Eine gute Übung, wie sich Aufgaben, die du dir den ganzen Tag über stellst, schneller verwirklichen lassen, sieht wie folgt aus: Bevor du an die „neue" Aufgabe herangehst, stellst du dir diese Fragen: „Was ist mir jetzt wichtig?"
„Was möchte ich erreichen?"
„Wie möchte ich mich dabei fühlen?"
Dann entscheide dich **BEWUSST, WAS DU JETZT WILLST.**

⊙ **Du wirst das, was du am meisten denkst und worauf du deine Aufmerksamkeit am meisten richtest.**

Konzentriere dich deshalb noch mehr auf die Dinge, die sich für dich gut anfühlen und die du wirklich haben willst. Du wirst erkennen, dass du durch den bewussten Einsatz deines Denkens und Fühlens die Resultate überaus wirkungsvoll beeinflussen kannst. Du wirst mit viel geringerem Arbeits- und Zeitaufwand viel bessere Resultate erzielen.

⊙ **Um etwas zu ändern, musst du es so sehen, wie du es haben möchtest, statt es einfach nur weiter zu beobachten.**

Die Energie folgt deiner Aufmerksamkeit. Das bedeutet, dass du alles, dem du deine intensivere Aufmerksamkeit schenkst, in dein Leben ziehst, weil du aufgrund deiner Aufmerksamkeit eine ganz bestimmte Schwingung in dir zulässt, und somit diese Schwingung wieder zu dir zurückkehrt.
Daher ist es von großer Bedeutung, dass du, wenn du grundlegende Veränderungen in deiner Lebenserfahrung vornehmen willst,

grundlegend andere Schwingungen aussendest - du musst Gedanken haben, die sich schon beim Denken anders anfühlen.

⊙ **Nur wenn du glücklich bist, gelangst du an dein Ziel.**

Mit diesem Satz möchte ich dich darauf aufmerksam machen, dass du nur dann deine Wünsche, Visionen oder Ziele verwirklichen kannst, wenn du glücklich bist.
Die Meinung vieler von uns ist, dass wir erst glücklich sein können, wenn wir vollkommen gesund sind, wenn wir unser eigenes Heim beziehen können, wenn sich dieser oder jener Wunsch verwirklicht hat. In Wahrheit ist es aber so, dass du genau diese Wünsche von dir fern hältst, so lange du unglücklich bist. Zuerst musst du angenehme Gefühle in dir aufkommen lassen, damit angenehme Zustände aufgrund des Gesetzes der Anziehung folgen können. Wenn dir das gelingt, bist du der bewusste Schöpfer deines Lebens. Und dies sind doch wahrhaft gute Aussichten - was meinst du?
Denn dein wahres Glück erfährst du nur dann, wenn du entdeckst, dass du allein dafür verantwortlich bist, wie du dich fühlst!

⊙ **Ich bin so, wie ich bin, und ich bin bereit, auch alle anderen so sein zu lassen, wie sie sind!**

Das ist die Kunst des Zulassens, die du dann erreicht hast,

- ✓wenn du andere so sein lassen kannst, wie sie sind.
- ✓wenn du sein kannst, was du bist.
- ✓wenn in dir auch dann positive Gefühle aufkommen, wenn andere negativ über dich denken oder sprechen.
- ✓wenn du in die Welt schauen kannst und die ganze Zeit Freude empfindest.

- ✓wenn du gelernt hast, welche Erfahrungen Freude bereiten.
- ✓wenn du die Disziplin aufbringst, nur an dem teilzuhaben, was Freude bereitet.

Lege dir hinsichtlich der anderen eine bestimmte Haltung zu:
„Sie sind, was sie sind, Schöpfer ihrer eigenen Lebenserfahrung, die einander anziehen, während ich Schöpfer meiner Erfahrung bin und alles in meine Welt hole!"
Die Kunst des Zulassens ist auf alle Fälle ein Thema in unser aller Leben, das der besonderen Aufmerksamkeit und damit der Umsetzung bedarf.
Wie oft passiert es dir, dass du dich über jemanden beschwerst oder andere belehrst, wie sie sich zu verhalten haben. Wie kannst du wissen, welches Verhalten für eine andere Person angemessen ist? Wie kannst du wissen, dass gerade deine Gedanken für eine andere Person ebenfalls die richtigen sind?
Du bist nun mal so, wie du bist. Du erschaffst dir dein eigenes Leben durch deine ganz persönlichen Gedanken und Gefühle, weil du die Welt durch deine ganz persönliche Perspektive wahrnimmst.
Auch wenn dich oft die Vorgangsweise deiner Mitmenschen stört, bist du außer Stande für sie zu denken und zu fühlen. Und das ist gut so.
In diesem Zusammenhang möchte ich dich gerne noch einmal an die Spiegelgesetze erinnern. All das Negative, das dir an anderen auffällt, ist lediglich ein Spiegel deines inneren Seins.
Deine Mitmenschen haben ihre Meinung, egal, was du machst, und du musst ihnen zugestehen, genau dies zu tun. Lasse die Urteile fließen. Eins von zwei Dingen wird passieren: Entweder gibt es für dich eine Wahrheit zu hören oder sie sprechen von sich selbst.

Es ist egal, was andere über dich denken.

Es ist nur wichtig, was du über dich und alles andere denkst. Und wenn du sie denken lässt, was sie wollen – auch über dich und alles andere, dann wird es dir möglich sein, deine Gedanken bei dir zu halten, und du wirst dich gut fühlen, egal, was passiert.

- **Das Kraftvollste, das du überhaupt jeden Tag tun kannst, ist, jeden Tag dein Leben so zu visualisieren, wie du es führen willst.**

Stelle dir deinen Körper, deine Umgebung, deine Beziehungen und dein Leben so vor, wie du sie gern hättest. Bei der Visualisierung ist es absolut wichtig, dass du dich auf das Ergebnis deiner gewünschten Erfahrung konzentrierst und auf das Gefühl, es bereits zu besitzen.

- Wenn du äußere Aktivität zum Eckpfeiler deines Schöpfungsprozesses machst und dabei die Tatsache außer Acht lässt, dass dein **Sein** letztlich **auf energetischen Schwingungen** beruht, schränkst du dein Potenzial damit unnötig ein, denn du kannst den inneren Widerstand, den du durch dein disharmonisches Denken erzeugst, ausschließlich durch harmonische Gedanken-Schwingungen auflösen.

- Der Durchschnitt der Menschheit spricht in einer Konversation über die Dinge, die schlecht funktionieren, die ungerecht sind oder die verändert gehören, anstatt die Schönheit des Lebens und der Welt auszudrücken.

- ⊙ **Bei allen Dingen, die du erlebst, geht es darum, wie du dich dabei fühlst.**

- ⊙ **Sieh nur das Beste in anderen und in dir, und das Gesetz der Anziehung bringt dir nur die erwünschten Dinge.**

- ⊙ **Sei dir bewusst, dass alles, was du gibst, vervielfacht zu dir zurückkehrt.**
  Positive Gedanken haben 100-mal mehr Energie als negative, weil unser übergeordnetes Betriebssystem auf Glück, Gesundheit, Reichtum, Frieden, Vollkommenheit, Schönheit, Harmonie, Freude und Liebe eingestellt ist. Das ist die primäre Programmierung unseres Lebens.

- ⊙ **Erinnere dich, dass ein kleines Lächeln der erste Schritt zu einem positiven Gefühl ist!**

- ⊙ **Sobald du eine Entscheidung aus deinem Herzen triffst, wirst du reich dafür belohnt werden. Andernfalls vergeudest du deine Zeit!**

- ⊙ Die erste Bedingung, um mit anderen in Frieden leben zu können, ist die, mit sich selbst in Frieden zu leben!

- ⊙ <u>Du denkst zig Tausende Gedanken täglich:</u>
  - 3% aufbauende, hilfreiche Gedanken, die dir selbst oder anderen nützen.
  - 25% destruktive Gedanken, die dir selbst oder anderen schaden.

- 72% flüchtige, unbedeutende Gedanken, die nur vergeudete Zeit und Energie sind.

⊙ Wenn du im gegenwärtigen Augenblick bist, verschwinden alle Probleme von selbst, weil Probleme sich an der Vergangenheit oder Zukunft orientieren.
Sich über die Zukunft Sorgen zu machen und die **Süße des Augenblicks** zu verpassen, scheint die Lebensweise der meisten Menschen zu sein.
Das Leben ist ein sich Entfalten von Augenblick zu Augenblick.

⊙ Du kannst im kleinsten Fehlschlag die völlige Katastrophe sehen, und du kannst in der größten Tragödie ein wenig Freude finden. Es ist dir überlassen.
Egal, was passiert, es kommt immer darauf an, wie du darauf reagierst.

⊙ Kleine Änderungen in deinem Denken und kleine Veränderungen in deinem Verhalten haben große Auswirkungen auf dein Leben.

⊙ <u>Das Opferbewusstsein sieht wie folgt aus:</u>

1. Schuldzuweisung
2. Rechtfertigung
3. Beklagen

<u>Der dazugehörige Aktionsplan sieht wie folgt aus:</u>
Wenn du es schaffst, dein Beklagen 7 Tage lang mit Worten und Gedanken aufzugeben, wird sich dein Leben verändern.

- Mit welchen Gefühlen gehst du an die Dinge heran, die du anstrebst? Überprüfe, wie du diesen Dingen emotional gegenüberstehst, mit denen du dich hauptsächlich in deinem Leben beschäftigst.

- Die 10 Gebote waren ursprünglich 4:
    1. **Liebe dich selbst!**
    2. **Liebe andere wie dich selbst!**
    3. **Fühle dich eins mit der Schöpfung!**
    4. **Bring Liebe und Freude in die Welt!**

- **Liebe, was dich umgibt, und du wirst von Liebe umgeben sein! Sei dankbar für das, was du hast, und du bekommst immer mehr dazu!**

- **Du bist permanent mit einem Menschen zusammen, den du über alles liebst. DICH SELBST. Nutze diese einmalige, riesengroße Chance!**

- **Das, was du denkst, tust oder fühlst, weist darauf hin, wer du bist!**
  In einer letzten Analyse ist das Denken die eine große Ursache im Leben.
  Denken ist die wirkliche Aufgabe des Lebens, Macht ist das Ergebnis.
  Diese Macht des Gedankens ist, sofern sie verstanden und korrekt genutzt wird, das großartigste, arbeitssparendste Werkzeug, das du dir nur erträumen kannst.

Deine Fähigkeit zu denken bedeutet, deine Gedanken bewusst so zu lenken, dass sie zu deinem Nutzen und dem Nutzen anderer sind.

MEIN PERSÖNLICHES FAZIT

Als ich dieses Wissen über das Gesetz der Anziehung so nach und nach verstanden habe, habe ich natürlich feststellen müssen, dass ich sehr viel Negatives in meinem Leben zugelassen habe. Ich habe diese Tatsache als gegeben akzeptiert, weil mein vergangenes Denken, Fühlen und Handeln sowieso schon Geschichte war und habe mich vollkommen auf das Jetzt konzentriert. Denn, egal, wie schlecht es dir auch gehen mag, du hast immer die Möglichkeit dein Leben zum Besseren zu wenden, und zwar **JETZT**. Und genau diese Erkenntnis hat mich zu der Überzeugung kommen lassen, dass ich es sicher schaffe, meinen Geist so zu kontrollieren, dass ich weitgehend positive Gedanken in mir entstehen lasse, um meinem wahren Sein wieder sehr nahe sein zu können. Dann ergibt sich alles andere von selbst.

DEN SINN DES LEBENS FINDEN

Als Abschluss dieses durchaus inspirierenden Kapitels möchte ich dir nun die Antwort auf die Fragen aller Fragen geben.

Jeder bringt ganz spezielle Talente mit ins Leben; diese Talente möchten gelebt werden - dazu musst du sie entdecken und entfalten. Jeder Mensch hat etwas anderes zu geben (Vorlieben, Qualitäten, Fähigkeiten, Fertigkeiten, Talente, Begabungen, Erfahrungen). Es gibt Dinge, die nur du aufgrund deiner einzigartigen Qualitäten machen kannst.

Um herauszufinden, welche deine Qualitäten sind, die du leben kannst, kannst du dir selbst Antworten auf die folgenden Fragen geben:

- Was ist mir in meinem Leben wirklich wichtig und bedeutet mir sehr viel?
- Welche Werte sind mir wichtig?
- Was erfüllt mich mit Freude?
- Was mache ich gerne?
- Was habe ich Einmaliges zu geben?
- Was kann ich besonders gut?
- Was mache ich am liebsten?
- Wo bin ich mit dem Herzen dabei?
- Wie stelle ich mir meine ideale Welt vor? Was gehört hier unbedingt dazu? Und wie kann ich mich da persönlich positiv einbringen?

Wenn du wirklich etwas in der Welt bewirken möchtest, dann musst du dich **vielmehr auf deine Stärken konzentrieren!**
Denn, wenn du dich auf deine Stärken konzentrierst, entsteht ganz automatisch in dir ein gutes Gefühl. Und genau dieses gute Gefühl bringt dir aufgrund des Gesetzes der Anziehung weitere gute Ideen, die dein weiteres Tun sehr beflügeln werden.
Du hast so viel zu geben, das du ausschließlich in deinen Stärken findest. Tu das, was dir Spaß macht und dir leicht von der Hand geht.

Wie gibst du, ohne etwas zu erwarten?
Indem du das tust, was dir Spaß macht, was dir am Herzen liegt, was du gerne machst, wo dir das Herz aufgeht, weil du es tun darfst.

Stell dir doch einmal diese Frage:

„Was liebe ich zu tun?"

Dadurch schenkst du dir selbst Liebe und erhältst sie von anderen. So passiert Heilung.
Wenn du tust, was du liebst, fließt Liebe – du bringst sie in Schwung. Letztlich tauschst du Liebe aus, weil du gibst, was du liebst. Du gibst Liebe und wirst diese Liebe auch wieder zurückerhalten – so heilst du letztlich die Welt.

Aufgrund deiner **ehrlichen Antworten** auf diese Frage, wirst du den tieferen Sinn erkennen, wenn du weißt, was dir wirklich wichtig ist. **Und wenn du weißt, wie du deine Liebe ausdrückst – nämlich durch deine Lieblingstätigkeiten, dann werden dir viele beziehungsweise alle Lebenstore aufgehen.**
Du wirst das Leben vieler bereichern, und dein Leben wird ebenso von vielen interessanten Menschen, Ideen und Erfahrungen bereichert werden.
Ergreife diese Chance und integriere Schritt für Schritt deine Lieblingstätigkeiten mehr und mehr in dein Leben, dann wirst du deine wahre Erfüllung leben und dein wahres Sein entdecken.

Genau bei dieser wunderschönen Reise wünsche ich dir von ganzem Herzen das Allerbeste.

DANKSAGUNG

Diese Zeilen möchte ich dafür verwenden, um mich bei allen Personen zu bedanken, die mich in den letzten 6 Jahren unterstützender und helfender Weise auf meinem außergewöhnlichen Lebensweg begleitet haben.
Diejenigen, die ich meine, werden sich, wenn sie diese Worte lesen, sofort angesprochen fühlen, da bin ich mir sicher.
Danke für eure Liebe, euren Mut, eure Zuversicht, euer Wissen, eure Freude, euer Lachen, eure Spontaneität, eure Freundschaft - mit eurer Hilfe habe ich wieder zu mir selbst gefunden.

Ein ganz besonderer Dank gilt meiner Schwester Sabine, die die 23 Bilder, die ich jeweils links vor jedem Kapitel platziert habe, gemalt hat. Außerdem stand sie mir bei einigen computertechnischen Fragen mit Rat und Tat zur Seite. Nochmals recht herzlichen Dank dafür.

Bedanken möchte ich mich auch bei Herrn Björn Goldhausen, der mir sein Foto, das ich auf der Homepage von www.wetter-foto.de entdeckt habe, kostenlos zur Verfügung gestellt hat. Ich denke, dass das Titelbild ganz klar ausdrückt, worum es mir in meinem Buch geht. Vielen herzlichen Dank für diese Ihre Aufnahme.

Weiters möchte ich mich bei Anni Reisenhofer bedanken; sie ist eine ehemalige Fußballtrainerin, die ich kurz vor meinem Unfall eine Woche lang als Betreuerin bei den FICEP Games in Verona kennen lernen durfte und die sich sofort bereit erklärt hat, mein Buch Korrektur zu lesen.

Großer Dank gebührt auch Cornelia Sommer-Hubatschke, der Schwägerin meiner Schwester Sabine, die unter anderem Germanistik studierte und so mit ihrem Fachwissen mein Buch Korrektur gelesen hat und mich auf inhaltliche und gestalterische Verbesserungen aufmerksam machte. Herzlichen Dank für deine Unterstützung, liebe Cornelia.

Abschließend möchte ich mich noch bei meinen Nichten Clara (7Jahre), Nicole (4 Jahre), Nina (3 Jahre) und Neffen Dominik (9 Jahre), David (8 Jahre) bedanken, die mir je eine Sonne für die Innenseiten meines Buchumschlags gemalt haben. Dadurch wollte ich die Unterschiedlichkeit und Heiterkeit unseres Daseins noch deutlicher zum Vorschein bringen.

Ich denke, dass genau aus diesem Grund - jeder hat seine Talente sehr detailliert und harmonisch einfließen lassen - dieses Buch so wertvoll ist.
Alle Personen, die mir bei der Gestaltung dieses Buches geholfen haben, haben mir ihre Fähigkeiten mit viel Freude zur Verfügung gestellt. Ich hoffe, du kannst diese Freude und Liebe spüren. Mir geht mein Herz auf, wann immer ich an der Fertigstellung meines Buches arbeite, weil ich weiß, dass ich etwas geben kann, das dir mit Sicherheit in deinem Leben helfend zur Seite stehen kann, sofern du es so willst.

LITERATURHINWEISE

Berg, Yehuda: „Die Macht der Kabbalah. Von den Geheimnissen des Universums und der Bedeutung unserer Leben", Wilhelm-Goldmann-Verlag, München 2003

Berg, Yehuda: „Die 72 Namen Gottes. Technologie für die Seele", Hans-Nietsch-Verlag, Freiburg 2005

Bessen, Barbara: „Kryon. Neue Botschaften des Lichts", Smaragd Verlag, Woldert 2006

Braco, Josip, Grbavac: „Nach der großen Tragödie", Zagreb 2007

Byrne, Rhonda: „The Secret – Das Geheimnis", Wilhelm-Goldmann-Verlag, München 2007

Byrne, Rhonda: „The Power", Droemer Knaur-Verlag, München 2010

Campobasso, Andreas: „Das Prinzip. Geheimnis zur Erschaffung der gewünschten Realität", Hans-Nietsch-Verlag, Freiburg 2009

Diamond, John: „Die heilende Kraft der Emotionen", VAK-Verlag, Kirchzarten 2005

Diamond, John: „Der Körper lügt nicht", VAK-Verlag, Kirchzarten 2006

Enzinger, Robert: „Wege zum Wohlbefinden. Bioenergetisch-manuelle Behandlungstechniken. Behandlungsbegleitbuch, Stratzing 1999

Haanel, Charles, Francis: „Das Master Key System. Erreiche all das, was du dir im Leben wünschst. Deutsche Erstübersetzung: Helmar Rudolph & Franz Glanz", 2007

Hay, Louise, L.: „Gesundheit für Körper und Seele", Ullstein-Verlag, Berlin 2004

Hicks, Esther & Jerry: „The Law of Attraction. Das kosmische Gesetz hinter „The Secret", Ullstein-Verlag, Berlin 2008

Hicks, Esther & Jerry: „Wie unsere Gefühle die Realität erschaffen. Die Gesetze der Manifestation", Ullstein-Verlag, Berlin 2009

Hicks, Esther & Jerry: „The Law of Attraction *GELD*. Reich mit dem Gesetz der Anziehung", Ullstein-Verlag, Berlin 2009

Hicks, Esther & Jerry: „The Law of Attraction - Liebe. Das Gesetz der Anziehung in der Liebe", Ullstein-Verlag, Berlin 2010

Kane, Ariel & Shya: „Lebe im Augenblick. Verwandeln statt verändern. Die Erfahrung der Unmittelbaren Transformation", Windpferd-Verlag, Oberstdorf 2009

Kinslow, Frank: „Quantenheilung. Wirkt sofort – und jeder kann es lernen", VAK-Verlag, Kirchzarten 2009

Kinslow, Frank: „Quanten Heilung erleben – Wie die Methode konkret funktioniert – in jeder Situation", VAK-Verlag, Kirchzarten 2010

Paungger, Johanna/Poppe, Thomas: „Aus eigener Kraft. Gesundheit und Gesundwerden in Harmonie mit Natur- und Mondrhythmen", Wilhelm-Goldmann-Verlag, München 1996

Plečko, Drago: „Das Mysterium Braco", Zagreb 2006

Plečko, Drago: „Das Mysterium Braco 2", Zagreb 2008

Tolle, Eckhart: „Jetzt. Die Kraft der Gegenwart. Ein Leitfaden zum spirituellen Erwachen", J. Kamphausen-Verlag, Bielefeld 2000

Tolle, Eckhart: „Leben im Jetzt. Lehren, Übungen und Meditationen aus „The Power of Now", Arkana-Verlag, München 2002

DAVID

Clara

Dominik